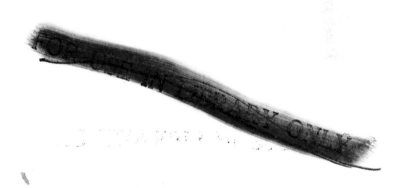

Bibliografía de la Literatura Picaresca:
Desde Sus Orígenes hasta el Presente

A Bibliography of Picaresque Literature:
From Its Origins to the Present

by

JOSEPH L. LAURENTI

The Scarecrow Press, Inc.
Metuchen, N.J.   1973

Library of Congress Cataloging in Publication Data

Laurenti, Joseph L
  Bibliografía de la literatura picaresca desde sus
orígenes hasta el presente.

  1. Picaresque literature--Bibliography. I. Title.
II. Title: A bibliography of picaresque literature
from its origins to the present.
Z5917.P5L35   808.83'3   72-11758
ISBN 0-8108-0572-3

A

JOSÉ LUIS MARTÍN

"Il y a au monde quelque chose, qui vaut
mieux que les jouissances matérielles, mieux
que la fortune, mieux que la santé elle-
même, c'est le dévouement à la science."

Augustin Thierry

ÍNDICE GENERAL

TABLE OF CONTENTS

INTRODUCCIÓN

Esta bibliografía de la literatura picaresca, cronológicamente ordenada, desde sus orígenes hasta nuestros días, intenta cubrir una laguna bibliográfica entre la novela picaresca española y la literatura picaresca de Europa y América.

Muy superior en extensión a caulquier otro, este volumen viene a ser la primera contribución seria a la creciente necesidad de una bibliografía sistemática que facilite y guíe a los estudiantes y jóvenes investigadores del "mundo de la picaresca" en sus estudios y pesquisas.

Nuestro propósito es, pues, presentar una bibliografía que sea el auxiliar modelo para emprender investigaciones, o bien para escribir monografías, artículos o conferencias sobre este campo tan importante y nuevo de la literatura comparada.

En las Ediciones y Traducciones se ha pretendido incluir todas las de las novelas picarescas españolas, por ser éstas las primeras y más importantes de la literatura picaresca mundial.

El cuerpo fundamental de esta bibliografía, que, por su contenido y tendencias actuales, sobrepasa por encima todas las bibliografías publicadas hasta hoy sobre la picaresca, lo forman las publicaciones periódicas: no solamente ensayos, artículos, monografías, etc., sino también otras numerosas publicaciones seriales que, por conveniencia e interés literario abarcan las relaciones literarias entre la picaresca española y la de otras literaturas, ej.: alemana, francesca, inglesa, italiana, latinoamericana, etc.

Con el objeto de reducir al mínimo la extensión de nuestra bibliografía, hemos utilizado numerosas siglas y abreviaturas. En general las abreviaturas de las revistas están formadas por la primera letra de cada palabra del título, ej.: AC - Anales Cervantinos; RFE - Revista de Filología Española; RF - Romanische Forschungen, etc. Finalmente cuando los títulos de las revistas o

vii

periódicos se destinguen por sólo una palabra, ej.: Atenea, Excelsior, Italica, etc., entonces, en la mayoría de los casos, no utilizamos ningunas abreviaturas. La parte de la cita bibliográfica que indica o llama la atención al investigador a un número determinado de una revista, está compuesta según las normas comunes de la Bibliografía Internacional de la PMLA. Es decir, volumen, año, número de la revista y finalmente la paginación del número citado, ej.: xii (1931), no. 10, pp. 10-30.

Y con ello espero poder despedirme definitivamente de los quehaceres bibliográficos sobre la literatura picaresca. "Quizá otro cantará con mejor plectro."

INTRODUCTION

This bibliography of picaresque literature, arranged chrono-
logically, from its origins to the present, attempts to bridge a
bibliographical gap between the Spanish picaresque novel and the
picaresque literatures of Europe and America.

More extensive than any other to date, this volume repre-
sents the first serious contribution to the growing need for a sys-
tematic bibliography that facilitates and guides students and young
scholars of the "world of the picaresque" in their studies and in-
quiries.

Our purpose, then, is to introduce a bibliography of studies
of the European and American picaresque literatures that will serve
as a basic tool for research, as well as for writing monographs,
articles, and lectures in this new and important field of comparative literature.

In the Editions and Translations sections an effort has been
made to include all the Spanish picaresque novels, these being the
first and most important in the world-wide field of picaresque
literature.

The fundamental body of this bibliography, which, in its
coverage and currency, exceeds all the bibliographies published to
date on the picaresque, is comprised of periodical publications:
not only essays, articles, monographs, etc., but also numerous
other serial publications that, for convenience and literary interest,
include the literary relations between the Spanish picaresque and
that of other literatures, e.g., German, French, English, Italian,
Latin American, etc.

With the purpose of reducing to a minimum the extent of
our bibliography, we have utilized a number of initials and abbreviations. In general the abbreviations of the journals are formed by
the first letter of each word of the title, e.g.: AC - Anales Cer-

vantinos; RFE - Revista de Filología Española; RF - Romanische Forschungen, etc. Finally, when the titles of the journals or newspapers are distinguished by a single word, e.g.: Atenea, Excelsior, Italica, etc., in the majority of the cases no abbreviation is used. The part of the bibliographical entry which indicates or calls the attention of the researcher to a determined number of a journal, is composed according to the regular norms of the International Bibliography of the PMLA. That is to say, volume, year, number of the journal and finally the pages of the number cited, as for example: XII (1931), no. 10, pp. 10-30.

And with this I hope definitively to take leave of the bibliographical labors of the picaresque literature. "Forse altri canterà con miglior plettro."

ABREVIATURAS Y SIGLAS

ABBREVIATIONS

a.	año, anno, année.
AAEPC	Anales de la Asociación Española para el Progreso de las Ciencias. Madrid.
Abside	Abside. México.
ABACO	ABACO. Madrid.
ABC	ABC. Madrid.
AC	Anales Cervantinos. Madrid.
ACF	Annuaire du Collège de France. .Paris.
AdL	Anuario de Letras. México.
ADPh	Arbeiten zur deutschen Philologie. Halle.
AE	Acción Española. Madrid.
AEA	Anuario de Estudios Americanos. Sevilla.
AIHM	Archivos Ibero-Americanos de Historia de Medicina. Madrid.
AION-SR	Annali dell'Istituto Universitario Orientale --- Sezione Romanza. Napoli.
ALE	Anales de la Literatura Española. Madrid.
Alhambra	La Alhambra. Granada.
Americas	The Americas. Washington, D. C.
Anales	Anales. Institución de Cultura Española. Buenos Aires.
Apr.	Aprobación.
ARAP	Atti della Reale Accademia di Padova. Padova.
Arbor	Arbor. Revista General de Investigación y Cultura. Madrid.
Arcadia	Arcadia. Berlin.
Archivum	Archivum. Revista de la Facultad de Filosofía y Letras. Oviedo.
ArH	Archivo Hispalense. Sevilla.
ARom	Archivum Romanicum. Genève-Firenze.
ASLA	R. Accademia di Scienze, Lettere ed Arti in Padova. Padova.
ASNS	Archiv für das Studium der Neueren Sprachen. Freiburg/Br. u. München.
Asomante	Asomante. San Juan, Puerto Rico.
ASQR	Anglo-Spanish Society Quarterly Review. London.
Atenea	Atenea. Revista Trimestral de Ciencias, Letras y Artes. Concepción, Chile.
Ateneo	Ateneo. Madrid.
Atlante	Atlante. A Quarterly Review. London.
Atlántida	Atlántida. Revista del Pensamiento Actual. Madrid.

AU	El Averiguador Universal. Madrid.
AUC	Annali della Facoltà di Lettere e Filosofia dell'-Università di Cagliari. Sassari.
AUCE	Anales. Universidad Central del Ecuador. Quito.
Aufbau	Aufbau. Berlin.
AUM	Anales de la Universidad de Murcia. Murcia.
AyL	Armas y Letras. Boletín Mensual de la Universidad de León. México.
BAAL	Boletín de la Academia Argentina de Letras. Buenos Aires.
BAC	Boletín de la R. Academia de Bellas Letras y Nuevas Artes de Córdoba. Córdoba.
BAL	Buenos Aires Literario. Buenos Aires.
BBB	Bulletin du Bibliophile et du Bibliothècaire. Paris.
BBMP	Boletín de la Biblioteca de Menéndez Pelayo. Santander.
BCED	Bulletin du Centre d'Etudes et de Discussion de Littérature General de l'Université de Bordeaux. Bordeaux.
BDPh	Blätter für deutsche Philosophie. Berlin.
BEG	Boletín de Estudios Germánicos. Mendoza.
BHi	Bulletin Hispanique. Bordeaux.
BHS	Bulletin of Hispanic Studies. Liverpool.
BICC	Boletín del Instituto Caro y Cuervo. Bogotá.
BIDP	Boletín Informativo del Seminario de Derecho Político de la Universidad de Salamanca. Salamanca.
BIEL	Boletín del Instituto Español de Londres. London.
BIIH	Boletín del Instituto de Investigaciones Históricas. Buenos Aires, Fac. Fil. y Letras.
BIIL	Boletín del Instituto de Investigaciones Literarias. La Plata.
B. L. H.	Bibliografía de la Literatura Hispánica, por José Simón Díaz. Madrid. 1950-
BRAE	Boletín de la Real Academia Española. Madrid.
BRAH	Boletín de la Real Academia de la Historia. Madrid.
BSA	Papers of the Bibliographical Society of America. New York.
BSE	Brno Studies in English. Sbornik.
BSS	Bulletin of Spanish Studies. Liverpool.
BT	La Basilica Teresiana. Salamanca.
BYUS	Brigham Young University Studies. Provo, Utah.
CA	Cuadernos Americanos. México.
CCLC	Cuadernos del Congreso por la Libertad de la Cultura. Paris.
CdI	Cuadernos del Idioma. Buenos Aires.
CE	Correo Erudito. Madrid.
CH	Cuadernos Hispanoamericanos. Madrid.
CHE	Cuadernos de Historia de España. Buenos Aires.
CHM	Cahiers d'Histoire Mondiale. Paris.

CL	Comparative Literature. Eugene, Oregon.
Clavileño	Clavileño. Revista de la Asociación Internacional de Hispanismo. Madrid.
CLett	Cronache Letterarie. Firenze.
CLit	Cuadernos de Literatura. Madrid.
CM	The Cornhill Magazine. London.
CMRJLB	Compagnie Madeleine Renaud-Jean Louis Barrault. Paris.
Convivium	Convivium. Rivista Bimestrale di Letteratura, Filologia e Storia. Bologna.
CorLit	Correo Literario. Madrid.
Criticón	El Criticón. Madrid.
C. S. I. C.	Consejo Superior de Investigaciones Científicas. Madrid.
CT	La Ciencia Tomista. Salamanca.
CU	Cultura Universitaria. Caracas.
Cultura	Cultura. San Salvador.
CyR	Cruz y Raya. Madrid.
DA	Dissertation Abstracts. A Guide to Dissertations and Monographs Available in Microform. Ann Arbor, Michigan. Univ. Microfilms.
Davar	Davar. Revista Literaria Bimestral. Buenos Aires.
DdY	Diario de Yucatán. Mérida.
DH	Deutsche Haushalt.
Dialoghi	Dialoghi. Rivista Bimestrale di Letteratura, Arti, Scienze. Rome.
Die Welt	Die Welt. Hamburg.
Diss.	Dissertation.
DJPL	Deutsche Jahrbücher für Politik und Literatur. Berlin.
DKB	De-Kluchten en de Blijspelen. Leiden.
DR	Dalhousie Review. Halifax, N. S. Canada.
DVLG	Deutsche Vierteljahrsschrift für Literaturwissenschaft und Geistesgeschichte. Halle.
EA	Études Anglaises. Paris.
EAmer	Estudios Americanos. Sevilla.
Edda	Edda. Nordisk tidsskrift für Literaturforskning. Oslo.
EF	Estudios Franciscanos. Barcelona.
EG	Études Germaniques. Paris.
EH	Estudios Hispánicos. San José, Costa Rica.
EIU	Eurudición Ibero-Ultramarina. Madrid.
EL	Estafeta Literaria. Madrid.
ES	Estudios Segovianos. Segovia.
Escorial	Escorial. Madrid.
Españas	Las Españas. México.
Espectador	El Espectador. Bogotá.
Euphorion	Euphorion. Zeitschrift für Literaturgeschichte. Heidelberg.
Excelsior	Excelsior. México.

EyA	España y América. Madrid.
FC	Fondo Cultural. Barcelona.
FdD	Fanfulla della Domenica. Genova.
Filología	Filología. Buenos Aires.
FL	Filologia e Letteratura. Napoli.
FM	Filología Moderna. Madrid.
FMLS	Forum for Modern Language Studies. St. Andrew, Scotland.
FR	Filologia Romanza. Torino.
FRev	French Review. Ypsilanti, Michigan.
FS	French Studies. Oxford.
GdL	Guía del Lector. Madrid.
Gibralfaro	Gibralfaro. Málaga.
GLL	German Life and Letters. Oxford.
GQ	German Quarterly. Lancaster, Pa.
GR	The Germanic Review. New York.
GRM	Germanische Romanische Monatsschrift. Heidelberg.
Guadalupe	Guadalupe. Madrid.
HA	Herrig's Archiv. Braunschweig.
HisP	Hispania. Paris.
Hispania	Hispania. A Journal Devoted to the Interests of the Teaching of Spanish and Portuguese. Menascha, Wisconsin.
Hispano	Hispanófila. Madrid.
Hochland	Hochland. München.
HR	Hispanic Review. Philadelphia.
Human	Humanidades. La Plata, Argentina.
Humanidades	Humanidades. Revista de Cultura y Literatura Clásicas, Griegas, Latina y Nacional. Comillas.
Humanitas	Humanitas. Tucumán.
Humboldt	Humboldt. Hamburg.
IAL	Índice de Artes y Letras. Madrid.
IEA	La Ilustración Española y Americana. Madrid.
Imparcial	El Imparcial. Madrid.
InsBA	Ínsula. Buenos Aires.
Insula	Ínsula. Madrid.
Inquisiciones	Inquisiciones. Buenos Aires.
IRom	Ibero-Romania. Zeitschrift für Spanische, Portugiesische und Katalanische Sprache und Literatur. München.
Italica	Italica. Evanston, Illinois.
JDS	Jahrbuch der deutschen Schiller-Gesellschaft. Stuttgart.
JEGP	Journal of English and Germanic Philology. Urbana, Illinois.
JHI	Journal of the History of Idea. Lancaster, Pa.
JMG	Jahrbuch für Münchener Geschichter. München.

Jornadas	Jornadas. Paris.
JWH	Journal of World History. Paris.
KFLQ	Kentucky Foreign Language Quarterly. Lexington, Kentucky.
Kollasuyo	Kollasuyo. La Paz, Bolivia.
Kriterion	Kriterion. Belo Horizonte, Brazil.
KRQ	Kentucky Romance Quarterly. Lexington, Kentucky.
La Nación	La Nación. Buenos Aires.
Language	Language. Baltimore.
LGRPh	Literaturblatt für Germanische und Romanische Philologie. Leipzig.
Listener	The Listener. London.
LL	La Lectura. Madrid.
LLN	Les Langues Néo-Latines. Paris.
LR	Les Lettres Romanes. Lovain.
LS	Literatura Sovietica. Moscú.
MdF	Mercure de France. Paris.
Mediterráneo	Mediterráneo. Valencia.
Merkur	Merkur. Stuttgart, Baden-Baden.
MF	Miscellanea Francescana. Roma.
ML	Modern Language. Richmond, Va.
MLF	The Modern Language Forum. Los Angeles, Cal.
MLJ	The Modern Language Journal. Menasha, Wisconsin.
MLN	Modern Language Notes. Baltimore.
MLQ	Modern Language Quarterly. Seattle, Wash.
MLR	Modern Language Review. Cambridge, England.
MM	Münchener Museum. München.
MP	El Mundo Pintoresco. Madrid.
MPh	Modern Philology. Chicago.
MQ	Midwest Quarterly. Lincoln, Nebraska.
MS	Manuscrip, Manuscrito
MSAH	Miscelánea de Estudios Árabe y Hebráicos. Granada.
MSI	Miscellanea di Studi Ispanici. Pisa.
Nacional	El Nacional. México, Caracas.
NC	La Nouvelle Critique. Paris.
Neophilologus	Neophilologus. Amsterdam.
NN	Notes and Queries. London.
Nosotros	Nosotros. Buenos Aires.
Novel	Novel. A Forum on Fiction. Providence, R. I.
NRF	La Nouvelle Revue Française. Paris.
NRFH	Nueva Revista de Filología Hispánica. Méjico.
NSN	New Statesman and Nation. London.
NSp	Die Neueren Sprachen. Frankfurt-Berlin-Bonn.
NT	Nuestro Tiempo. Madrid.
NVD	The New "Vida Hispánica." London.
OR	L'Osservatore Romano. Città del Vaticano.

OUR	Oesterreichisch-Ungarische Revue. Wien.
PH	La Palabra y el Hombre. Xalapa, México.
PhP	Philologica Pragensia. Praga.
PhQ	Philological Quarterly. Iowa City, Iowa.
PMLA	Publications of the Modern Language Association. Menasha, Wisconsin.
PSA	Papeles de Son Armadans. Palma de Mallorca.
PZSL	Poetica. Zeitschrift für Sprach-und Literaturwissenschaft. München.
QIA	Quaderni Ibero-Americani. Torino.
RABM	Revista de Archivos, Bibliotecas y Museos. Madrid.
RAH	Revista del Ateneo Hispanoamericano. Buenos Aires.
RB	Revue Bleue. Revue de Cours Littéraires de la France. Paris.
RBAM	Revista de la Biblioteca, Archivo y Museo del Ayuntamiento de Madrid. Madrid.
RBLI	Rassegna Bibliografica della Letteratura Italiana. Pisa.
RByd	Revista Bibliográfica y Documental. Madrid.
RC	Revue Contemporaine. Paris.
RCHA	Revista Crítica Hispano-Americana. Madrid.
RCHM	Revista de Ciencias y Humanidades de la Universidad de Montevideo. Montevideo.
RCL	Revista de la Facultad de Ciencias y Letras. La Habana, Cuba.
RCon	Revista Contemporánea. Madrid.
RdB	Revue de Belgique. Bruxelles.
RdE	Revista de Espiritualidad. Madrid.
RdG	Revista de Guatemala. Guatemala.
RdL	Revista de Libros. Madrid.
RDM	Revue des Deux Mondes. Paris.
RdP	Revista de Pedagogía. Madrid.
REEP	Revista de la Escuela de Estudios Penitenciarios. Madrid.
Refund.	Refundido - da.
Reimp.	Reimpresión (es).
REJ	Revue des Etudes Juives. Paris.
RELV	Revue de l'Ensignement des Langues Vivantes. Paris.
RenN	Renaissance News. New York.
Res.	Reseña (s).
RES	Review of English Studies. Oxford.
Revista	Revista. Barcelona.
RF	Romanische Forschungen. Köln.
RFE	Revista de Filología Española. Madrid.
RFH	Revista de Filología Hispánica. Buenos Aires.
RG	Revue Germanique. Paris.
RHi	Revue Hispanique. New York - Paris.

RHLF	Revue d'Histoire Littérarire de la France.	Paris.
RHM	Revista Hispánica Moderna. New York.	
RI	Revue Indepéndente. London.	
RIA	Revista Iberoamericana. Pittsburgh, Pa.	
RIE	Revista de Ideas Estéticas. Madrid.	
RIn	Revista de las Indias. Bogotá.	
RIS	Revista Internacional de Sociología. Madrid.	
RJ	Romanistisches Jahrbuch. Hamburg.	
RLA	Revue des Livres Anciens. Paris.	
RLC	Revue de Littérature Comparée. Paris.	
RLit	Revista de Literatura. Madrid.	
RLM	Rivista di Letterature Moderne. Asti.	
RLV	Revue des Langues Vivantes. Bruxelles.	
RMCI	Rassegna Mensile della Cultura Italiana. Roma.	
RN	Romance Notes. Chapel Hill, N. C.	
RNE	Revista Nacional de Educación. Madrid.	
RO	Revista de Occidente. Madrid.	
Romania	Romania. Paris.	
RP	Romanistica Pragensia. Praga.	
RPh	Romance Philology. Berkeley, Cal.	
RR	The Romanic Review. New York.	
RRom	Revue Romane. Copenhagen.	
RSH	Revue des Sciences Humaines. Lille.	
RSIB	Rendiconto delle Sessioni della Accademia delle Scienze dell'Istituto di Bologna, Classe di Scienze Morali. Bologna.	
RUB	Revue de l'Université du Bruxelles. Bruxelles.	
RUBA	Revista de la Universidad de Buenos Aires. Buenos Aires.	
RUM	Revista de la Universidad de Madrid. Madrid.	
RUS	Rice University Studies. Houston.	
RyF	Razón y Fe. Madrid.	
s. a.	Sin año.	
Saitabi	Saitabi. Valencia.	
SAQ	South Atlantic Quarterly. Durham, N. C.	
SC	Stendhal Club. Grenoble.	
SEL	Studies in English Literature. Tokyo.	
s. f.	Sin fecha.	
SemM	Seminario Murciano. Murcia.	
SeR	Sewanee Review. Sewanee, Tenn.	
Serapeum	Serapeum. Zeitschrift für Bibliothekwissenschaft, Handschriftenkunde und Altere Literatur. Leipzig.	
s. i.	Sin imprenta.	
s. l.	Sin lugar.	
SM	Sammlung Metzler. Stuttgart.	
SoRev	Southwest Review. Dallas, Texas.	
SPE	Semanario Pintoresco Español. Madrid.	
SPh	Studies in Philology. Chapel Hill, N. C.	
SR	Southern Review. Baltimore.	
SRen	Studies in the Renaissance. New York.	
SRev	Spanish Review. New York.	

SRL	The Saturday Review of Literature. New York.
SSF	Studies in Short Fiction. Newberry, S. C.
Sur	Sur. Buenos Aires. Málaga.
Symposium	Symposium. A Quarterly Journal in Modern Literatures. Syracuse, N. Y.
Thesavrvs	Thesavrvs. Boletín del Instituto Caro y Cuervo. Bogotá.
Times	Times Literary Supplement. London.
TNL	Tijdschrift voor Nederlandsche Taal - en Letterkunde te Leiden. Leiden.
Torre	La Torre. Río Piedras, Puerto Rico.
TQ	Texas Quarterly. Austin, Texas.
TR	La Table Ronde. Paris.
TSE	Texas Studies in English. Austin, Texas.
UA	Universidad de Antioquia. Medellín, Colombia.
ULH	Universidad de la Habana. La Habana, Cuba.
Universal	El Universal. Caracas.
Universidad	Universidad. Zaragoza.
UPB	Universidad Pontificia Bolivariana. Medellín, Colombia.
V.	Vid.
Verbum	Verbum. Buenos Aires.
VKR	Volkstum und Kultur der Romanen. Hamburg.
WuW	Welt und Wort. Literarische Monatschrift. Bad. Wörishofen.
WW	Wirkendes Wort. Düsseldorf.
YCGL	Yearbook of Comparative and General Literature. Bloomington, Indiana.
YFS	Yale French Studies. New Haven, Conn.
ZfdPh	Zeitschrift für deutsche Philologie. Halle.
ZfD	Zeitschrift für Deutschkunde. Leipzig.
ZfVL	Zeitschrift für Vergleichende Literaturgeschichte. Berlin.

I. BIBLIOGRAFÍAS

1. SIMÓN DÍAZ, J. Manual de bibliografía de la literatura española. Barcelona: Editorial Gustavo Gili, Sociedad Anónima, 1963. vii + 603pp. V. pp. 127-28, 134-36, 163-67, 190-92, 197, 206, 225-26, 228-29, 236, 241, 264-65, 298-99, 302-303.

2. RICAPITO, JOSEPH V. Toward a Definition of the Picaresque: A Study of the Evolution of the Genre Together with a Critical.... Los Angeles: University of California. 1966. xi + 651pp. Tesis doctoral inédita de la Universidad de California, Los Angeles. Aportaciones bibliográficas sobre La vida de Lazarillo de Tormes (1554), Vida de Guzmán de Alfarache (1599) y Vida del Buscón (1626). DA, XXVII, p. 2542-A.

3. LAURENTI, JOSEPH L. Ensayo de una bibliografía de la novela picaresca española (1554-1964). Madrid: C. S. I. C., 1968. 152pp. (Cuadernos Bibliográficos, XXIII).

4. _____. "Bibliografía" (En Estudios sobre la novela picaresca española. Madrid: C. S. I. C., 1970, pp. 121-37). (Anejos de Revista de Literatura, 29).

1

II. ANTOLOGÍAS

A) Españolas

5. LA NOVELA picaresca. Selección hecha por Federico Ruiz
Morcuende. Madrid: Imp. de la Revista de Archivos,
1922. 206pp. 19cm. (Biblioteca Literaria del Estudiante, XXIV).
Otra edición. _____ Madrid. 1935. 263pp. + Índice.
8o.

6. LA NOVELA picaresca española. Introducción, selección,
prólogos y notas por Ángel Valbuena Prat. Madrid:
Edit. M. Aguilar. Gráf. Ultra, S.A., 1943. lxxiv +
1958pp. 8o.
Otras ediciones. _____ Madrid. 1946, 1962, 1966.

7. LA NOVELA picaresca. Selección, introducción y notas, por
José García López. Barcelona: Editorial Rauter. Imp.
Hispanoitaliana, 1946. 183pp. + 1 hoja + 3 láminas.
8o. (Biblioteca Hispania, 1).

8. LA NOVELA picaresca. La vida de Lazarillo de Tormes.
El Diablo Cojuelo, Luis Vélez de Guevara. Vida de don
Gregorio Guadaña, Antonio Enriquez Gómez. Barcelona:
Iberia-J Gil Editores. Imp. Viuda J. Ferrer Coll. 1947.
250pp. + 1 hoja. 8o. (Col. Obras Maestras).

9. LA NOVELA picaresca. Textos escogidos... Edición, prólogo,
selección y vocabulario de J. del Val. Madrid: Ediciones Taurus, 1960. 589pp.
Contiene: La Celestina (1400), Lazarillo de Tormes
(1554), El Guzmán de Alfarache (1599) I, Rinconete y
Cortadillo (1613), La vida del Buscón (1626).
Otra edición. _____ Madrid: Taurus, 1965. 589pp.

10. CASTELLANOS, ROSARIO, ed. Novela picaresca española.
México: Herrero Hnos, 1962. 332pp. (Clásicos Her-
rero).
Contiene: Lazarillo de Tormes (1554), El Diablo
Cojuelo (1641), El Buscón (1626), Rinconete y Cortadillo
(1613).

11. LA PICARESCA Española. Prólogo por Julián Marías. Barcelona: Edics. Nauta, con grabs., 1968. 2 vols.
Vol. I: Vida de Lazarillo de Tormes (1554); Segunda

2

parte de la vida de Lazarillo de Tormes... (1620), por Juan de Luna; Rinconete y Cortadillo (1613); Vida del escudero Marcos de Obregón (1618).
Vol. II: Vida del escudero Marcos de Obregón (cont.); El diablo cojuelo (1641) y La vida del Buscón... (1626).

B) Alemanas

12. BAADER, HORST, ed. Spanische Schelmenromane, I. Herg., mit Anmerkungen und einer Nachwort versehen von... Das Leben des Lazarillo von Tormes. Seine Freuden und Leiden. Übertragen von Helene Henze Mateo Alemán: Das Leben des Guzmán von Alfarache. Übertragen von Rainer Specht. München: Carl Hanser, 1964. 879pp. (Spanische Schelmenromane, Bd. I.). V. también Spanische Schelmenromane, Bd. II. München, 1965. Contiene: El Buscón, trad. de H. Koch; Marcos de Obregón, trad. de R. Specht..

C) Francesas

13. ROMANS Picaresque Espagnols. La vie de Lazare de Tormes. Mateo Alemán, La vie de Guzmán d'Alfarache. Francisco de Quevedo, La vie de l'Aventurier Don Pablos de Segovie. Introduction, Chronologie, Bibliographie par M. Molho. Traductions, Notes et Lexique par M. Molho et J. F. Reille. Dijon, 1968. clxxvii + 658pp.

D) Italianas

14. ROMANZI Picareschi Spagnuoli. Lazzarino di Tormes. Mateo Alemán: Guzmán de Alfarache. Francisco de Quevedo y Villegas: Storia della vita del mariuolo Don Paolo. Vicente Espinel: Marcos de Obregón. Alonso de Castillo y Solorzano: La Faina di Siviglia. Scelta e versione dallo spagnolo di Nardo Languasco. Milano: A. Garzanti, 1943. xxiv + 301pp. (Scrittori Stranieri. Il Fiore delle Letterature in Traduzioni Italiane. Collezione Concepita e Diretta da V. Errante e da F. Palazzi. B1945.).

15. ROMANZI Picareschi. Anonimo, Alemán, Cervantes, Quevedo. Traduzione dallo Spagnolo, note e introduzione di Fernando Capecchi. [Contiene:] Casi e avversità della vita di Lazzarino del Tormes. Alemán Mateo: Prima parte della vita del paltoniere Guzmán de Alfarache. Mateo Alemán: Seconda parte della vita di Guzmán de Alfarache, specola della vita umana. Miguel de Cervantes Saavedra: Rinconete y Cortadillo. Francisco de Quevedo: Storia della vita del paltoniere chiamato Don Paolo, modello dei vagabondi e specchio dei furfanti. Firenze: G. C. Sansoni, 1953. xxviii + 658pp.

3

16. RACCONTI Picareschi Spagnoli. Prefazione di G. B. Ricci.
Bologna: Ediz. Capitol, 1961. 338pp.
Contiene: Lazarillo de Tormes (1554); Rinconete y
Cortadillo (1613); El Buscón (1626).

16a. DEL MONTE, ALBERTO, ed. Narratori picareschi spagnoli
del Cinque e Seicento. Milano: Vallardi, 1965. 2 vols.
Pp. 820 y 624. ("Scala Reale, Antologie Letterarie
Dirette da Enrico Falchi, 5-6.).
Contiene: Anonónimo: Lazarillo de Tormes (1554);
Mateo Alemán: Guzmán de Alfarache (1599); Mateo
Alemán: Segunda parte de la vida del Guzmán de Al-
farache (1604); Mateo Luján de Sayavedra: Segunda parte
de la vida del pícaro Guzmán de Alfarache (1602); Miguel
de Cervantes: Rinconete y Cortadillo (1613); López de
Ubeda: La pícara Justina (1605); Alonso Jerónimo de
Salas Barbadillo: La hija de Celestina (1612); Carlos
García: Historia del ladrón Andrés (1619); Juan de Luna
Segunda parte de la vida de Lazarillo de Tormes ...
(1620); Francisco de Quevedo: El Buscón... (1626);
Martín de Tovar: Don Raimundo el entretenido (1627);
María de Zayas y Sotomayor: El castigo de la miseria
(1635); A. Castillo de Solórzano: El bachiller Trapaza
(1637); Antonio Enríquez Gómez: Vida de don Gregorio
Guadaña (1644).

4

III. COLECCIONES AMPLIAS Y SELECCIONES

A) Españolas

17. NOVELISTAS anteriores a Cervantes. Madrid: Rivadeneyra, 1846. xxxvi + 690pp. 25cm. (Biblioteca de Autores Españoles, III.).
Contiene: Lazarillo de Tormes (1554); Anónimo; Segunda parte de Lazarillo de Tormes (1555); Mateo Alemán: El Guzmán de Alfarache (1599); Mateo Luján de Sayavedra: Segunda parte de la vida del pícaro Guzmán de Alfarache (1602); Juan de Luna: Segunda parte de la vida de Lazarillo de Tormes... (1620).
Reimp.: Madrid, 1848, 1876, 1944.

18. NOVELISTAS posteriores a Cervantes. Colección revisada y precedida de una noticia crítico--bibliográfica por Cayetano Rosell. Madrid: Rivadeneyra, 1851-54. 2 vols. (Biblioteca de Autores Españoles, XVIII-XXIII.).
TOMO I
Noticia de las obras y autores que se incluyen en este tomo. (Pp. v-xiv).
4. VICENTE ESPINEL. Relaciones de la vida del Escudero Marcos de Obregón. (Pp. 377-479).
6. JERÓNIMO DE ALCALÁ YÁÑEZ Y RIBERA. El donado hablador Alonso, mozo de muchos amos. (Pp. 491-584).
TOMO II
EUSTAQUIO FERNÁNDEZ DE NAVARRETE. Bosquejo histórico sobre la novela española. (Pp. v-c).
7. ALONSO JERÓNIMO DE SALAS BARBADILLO. El curioso y sabio Alejandro, fiscal de vidas ajenas. (Pp. 1-19).
8. LUIS VÉLEZ DE GUEVARA. El diablo cojuelo. Verdades soñadas y novelas de otra vida traducidas a ésta. (Pp. 21-43.)
9. FRANCISCO LÓPEZ DE UBEDA. La pícara Justina. (Pp. 47-167.).
10. ALONSO DE CASTILLO SOLÓRZANO. La garduña de Sevilla y anzuelo de las bolsas. (Pp. 169-234.)
11. _____. La inclinación española. (Pp. 246-55.)
12. _____. El disfrazado. (Pp. 246-55.)
13. ANTONIO ENRIQUEZ GÓMEZ. Vida de Don Gregorio Guadaña. (Pp. 257-83.)
14. VIDA y hechos de Estebanillo González. (Pp. 285-368.)

17. FRANCISCO SANTOS. Día y noche de Madrid.
Discurso de lo más notable que en él pasa. (Pp. 377-
443.)
27. MARÍA DE ZAYAS Y SOTOMAYOR. El castigo
de la miseria. (Pp. 551-60.)
Reimp.: Tomo I. Madrid: Hernando. 1898 y 1925.
Tomo II. Madrid: Edit. Hernando. 1932. Madrid,
1945.

19. NORTHUP, G. T. Selections from the Picaresque Novel. Ed.
esc. with Introd., Notes and Vocab. New York, 1935.
xii + 267pp.
Bibliografía, p. ix.

20. LA NOVELA picaresca. Intro., selección y notas de J. M.
Lope Blanch. Mexico: Universidad Nacional Autónoma.
1958. 156pp.

B) Alemanas

21. RAUSSE, HUBERT, ed. Schelmennovellen. Lazarillo de
Tormes. Francisco de Quevedo: Der Spitzbube Don
Pablo.--Mateo Alemán: Guzmán de Alfarache.--Miguel
de Cervantes Saavedra: Isaak Winkelfelder und Jobst von
der Schneid. Regensburg.
V. nos. 710-11.

c) Francesas

21a. MORCEAUX choisis des auteurs picaresques des XVIe et
XVIIe siècles. Paris, 1954. 32pp. (Col. Mil Renglones).

IV. ESTUDIOS Y CONCEPTOS
SOBRE LA ETIMOLOGÍA DE "PÍCARO"

22. DIEZ, FRIEDRICH C. Etymologisches Wörterbuch der Romanischen Sprachen. Bonn: Marcus, 1878. 820pp. V. p. 245.

23. VITU, AUGUSTE C. J. Le jargon du XVe siècle. Étude philologique. Paris: Charpentier, 1884. 542pp. 8°. Con un vocabulario analítico.

24. HAAN, FONGER DE. "Pícaros y ganapanes,·" (en Homenaje a Menéndez y Pelayo en el año vigesimo de su profesorado. Estudio de erudición española con un prólogo de D. Juan Valera... II. Madrid: Juárez, 1899. 2 vols. V. pp. 149-90.

25. BONILLA Y SAN MARTÍN, A. "Etimología de pícaro," RABM, V (1901), pp. 374-78.

26. KÖRTING, GUSTAV. Lateinisch-Romanisches Wörterbuch. Paderborn, 1901. V. pp. 648-49. Reimp.: New York: G. E. Stechert, 1923. 1374pp. V. p. 747, no. 1.

27. FOULCHÉ-DELBOSC, R. "Ganapán," RHi, IX (1902), pp. 488-89.

28. MENÉNDEZ PIDAL, R. "Sufijos átonos en español," en Bausteine zur Romanischen Philologie. Festgabe für Adolfo Mussafia zum 15 Februar 1905. Halle: Niemeyer, 1905. 715pp. V. pp. 388-89.

29. CEJADOR Y FRAUCA, J. La lengua de Cervantes. Gramática y diccionario de la lengua castellana en el Ingenioso Hildalgo Don Quijote. II. Madrid: Ratés, 1906. 2 vols. V. pp. 857-58.

30. MOREL-FATIO, A. "Pícaro," Romania, XXXV (1906), p. 120.

31. BERNARD, G. Les écrivains castillans. Antologie de la littérature espagnole depuis ses origines jusqu'à nos jours, avec des notices historiques, biographiques et critiques, par... Paris: J. de Gigord, 1910. vii + 304pp.

7

32. MAYER-LÜBKE, W. Romanisches Etimologisches Wörterbuch. Heidelberg: Winter, 1911-1920. 1092pp. V. núm. 6476a.

33. GAUCHAT, L. "Lazarillo de Tormes und die Anfange des Schelmenromans," ASNS, XIX (1912), pp. 430-44.

34. BONILLA Y SAN MARTÍN, A. "Las más antiguas menciones de 'ganapán' y 'pícaro'," RCHA, I (1915), pp. 172-73. También en "Los pícaros cervantinos" de su libro Cervantes y su obra, 1910, pp. 142-61, y en la edición de Schevill de los Entreméses de Cervantes, p. 176 y siguientes.

35. SANVISENTI, B. "Alcune osservazioni sulla parola 'pícaro'," BHi, XVIII (1916), pp. 237-46.

36. ALONSO CORTÉS, N. "Sobre el Buscón," RHi, XLIII (1918), n°. 1, p. 33.

37. MÉRIMÉE, ERNEST. Précis d'histoire de la littérature espagnole. Paris: Garner, 1922. 670pp. V. p. 234, n. 1.

38. SALDAÑA, QUINTILIANO. "El pícaro en la literatura y en la vida española," NT, XXVI, (1926), p. 205.

39. CALABRITTO, GIOVANNI. I romanzi picareschi di Mateo Alemán e Vicente Espinel. Malta: Valletta, 1929. 228 pp. V. p. 23.

40. NYKL, ALOIS R. "Pícaro," RHi, LXXVII (1929), pp. 172-86. Se inclina a creer que la etimología de "pícaro", es "Picard", como Covarrubias.

41. GILLET, J. E. "Ganapán," MPh, XXVII (1930), n°. 4, pp. 495-98.

42. MULERTT, W. [Estudio sobre la etimología de "pícaro."] VKR, III (1930), pp. 146-48.

43. SPITZER, LEO. "Pícaro," RFE, XVII (1930), pp. 181-82.

44. GARCÍA DE DIEGO, V. "Notas etimológicas. Picardia," RFE, XVIII (1931), pp. 13-14.

45. CIROT, GEORGES. "Pícaro," BHi XXXIV (1932), p. 94.

46. GEERS, G. J. "Pícaro-Flamenco-Pichelingue," en Mélanges de Philologie, Offerts à Jean-Jeacques Salverda de Grave à l'Occasion du Soixante Dixième Année par ses Amis et ses Éleves. La Haya-Batavia: Volters, 1933. 424pp.

8

V. pp. 132-38.

47. PESEUX-RICHARD, H. "A propos du mot pícaro," RHi, LXXXI (1933), 1. re partie, pp. 247-49.

48. SANVISENTI, B. "Pícaro," BHi, XXXV (1933), pp. 297-98.

49. MULERTT, W. "Frankospanische Kulturberuhrungen," ARom, XIX (1934), pp. 129-48.

50. KRAPPE, ALEXANDER H. "Spanish Etymologies," ARom, XVIII (1934), pp. 430-32.

51. WAGNER, M. L. "Pícaro," ARom, XIX (1935), pp. 113-22.

52. COVARRUBIAS, SEBASTÍAN DE. Tesoro de la lengua castellana o española. Barcelona: Horta, 1943. 1093pp. (Ed. de Martín de Riquer).
    V. p. 869a.

53. MALDONADO DE GUEVARA, F. "Para la etimología de pícaro picar," BBMP, XXI (1945), pp. 524-25.

54. HOYAS, A. DE. "Sobre la etimología de pícaro," AUM (1949-50), pp. 393-97.

55. FRUTOS GÓMEZ DE LAS CORTINAS, J. "El antiheroe y su actitud vital (Sentido de la novela picaresca)," CLit, VII (1950), pp. 97-143.
    V. pp. 135-36.

56. MAY, T. E. "Pícaro: a Suggestion," RR, XLIII (1952), pp. 27-33.

57. _____ . "El pino de Ícaro," Clavileño, IV (1953), pp. 6-15.

58. COROMINAS, JOAN. Diccionario crítico etimológico de la lengua castellana. III. Madrid: Gredos, 1954.
    V. vol. III (768a, b.).

59. SENDER, RAMÓN. "El pícaro español en los EE. UU," Universal (1 de octubre de 1955), p. 3.

60. ALONSO PEDRAS, M. Enciclopedia del idioma; diccionario histórico y moderno de la lengua española (siglo XII al XX), etimológico, tecnológico e hispanoamericano. III. Madrid: Aguilar, 1958. III vols.
    V. p. 3260b.

61. BÉMOL, M. "Un petit problème franco-espagnol: d'ou vient Figaro?," en Espagne et littérature français. Paris: Didier, 1961. Pp. 39-55). (Société Française de Littérature Comparée. Actes du 4⁰ Congrés National. Toulouse.

9

1960).
¡ Relaciona a pícaro con Figaro!

62. BEST, O. F. "Para la etimología de pícaro," NRFH, XVII (1963-64), pp. 352-57.

63. SCUDIERI RUGGIERI, J. "Picacantones e pícaros. Contributo alla storia del mondo picaresco," en Studi di letteratura spagnola. Roma, 1965. Pp. 211-23.

64. BEST, O. F. "Zur Etymologie von pícaro," NSp, XV (1966), pp. 197-203.

65. RONCAGLIA, A. "Due schede provenzali per gli amici ispanisti, II. Picarel," en Studi di letteratura spagnola. Roma, 1966. Pp. 135-39.

66. SÁNCHEZ Y ESCRIBANO, F. "Pícaro no consta en el libro de Guisandos de Ruperto Nola," RN, IX (1967), nº. 1, 163-65.

67. GONZÁLEZ-OLLÉ, F. "Nuevos testimonios tempranos de pícaro y palabras afines," IRom, I (1969), p. 56-58.

V. GENERALIDADES

68. PÉREZ DE HERRERA, C. Discursos del amparo de los legítimos pobres y reducción de los fingidos, y de la fundación y principio de los albergues. Madrid, 1598. Obra fundamental para el estudio del ambiente social en la novela picaresca. London. British Museum. 521 e 23.

69. SIMONDE DE SISMONDI, J. -CH. -L. De la littérature du Midi de l'Europe. Paris: Crapelet, 1813. 4 vols. V. tomos III y IV "Histoire de la littérature espagnole."

70. ARIBAU, BUENAVENTURA C. "Discurso preliminar," (en su Novelistas anteriores a Cervantes.) V. nº. 17.

71. SPICKER, H. "Der Spanisch Aretin," Serapeum (31 de mayo de 1847), nº. 10, pp. 154-55.

72. CASTRO, ADOLFO DE, ed. Curiosidades bibliográficas Madrid: Rivadeneyra, 1855. 556pp. (Biblioteca de Autores Españoles, 36.).
Edición, con un estudio preliminar de la Crónica de don Francesillo de Zúñiga, criado... de Carlos V.

73. LA FOND, E. "Les humoristes espagnols," RC (15 juin 1858.).

74. RASCOE, THOMAS. The Spanish Novelists. London: Warne, 1868. 515pp. V. pp. 25-120.

75. CARBONERES, MANUEL. Picaronas y alcahuetes; o, la mancebía de Valencia. Valencia: Imp. de El Mercantil, 1876. 140pp. 21cm.

76. ANÓNIMO. "Picaresque Romances," SR, II (1887), pp. 146-71.

77. RIBTON-TURNER, C. J. A History of Vagrants and Vagrancy and Beggards and Begging... Illustrated. London: Chapman & Hall. 1887. xx + 720pp. 8º.

78. GARRIGA, FRANCISCO J. "Estudio de la novela picaresca," RCon, XVI (30 de diciembre de 1890), pp. 561-75; XVII (30 de enero de 1891), pp. 135-46, 283-89.

11

Reimp.: Madrid: Hernández, 1891. 39pp.

79. GILES Y RUBIO, J. Origen y desarrollo de la novela picaresca. Universidad Literaria de Oviedo. Discurso leído
en la solemne apertura del curso académico de 1890 a
1891 por ____. Oviedo: Vicente Brid., 1890. 52pp.
31cm.

80. CLARKE, H. B. Spanish Literature. An Elementary Hand-
book with Index... London, Edinburgh: R. and R.
Clark, 1893. xii + 228pp.

81. WARREN, F. M. A History of the Novel Previous to the 17th
Century. New York: Holt, 1895. 361pp.
V. pp. 284-322.

82. DELATTRE, P. Le cerveau picaresque. Bruxelles, 1896.
114pp.
Generalidades sobre los conceptos pícaros y picardía.

83. SALILLAS, RAFAEL. El delincuente español: El lenguaje.
Madrid, 1896. 344pp.

84. ____. El delincuente español: Hampa. Madrid, 1898.
Muchos capítulos y pasajes de ambas obras versan
sobre la novela picaresca española.

85. DÍAZ, EDUARDO. L'Espagne picaresque. Paris: Charles,
1897. 324pp.
Libro de viajes. De vez en cuando se alude a la
psicología del pícaro español.

86. CHANDLER, FRANK W. Romances of Roguery... Part I.
The Picaresque Novel in Spain. New York: Macmillan,
1899. vii + 483pp.
Trad. española: La novela picaresca en España.
Trad. de P. A. Martín Robles. Madrid, 1913. 248pp.
25cm.

87. ____. The Literature of Roguery. Boston, New York,
1907. 2 vols.
Reimp.: New York, 1958. 584pp. (Burt Franklin
Bibliographical Series, 9.).

88. EVELETH, FREDRICH W. La novela picaresca and its Influence on Subsequent Literature. Diss. New York, 1899.
Tesis doctoral inédita de la New York University.

89. CLARKE, H. B. "The Spanish Rogue - Story (Novela de
Pícaros), " en Studies in European Literature. Taylorian
Lectures, 1889-1890. Oxford: Clarendon, 1900. 370pp.
V. pp. 313-49.

12

90. MÉRIMÉE, E. [Nota bibliográfica sobre el libro de Chandler: Romances of Roguery.]. BHi, II (1900), pp. 48-49.

91. MOREL - FATIO, A. [Nota bibliográfica sobre el libro de Chandler: Romances of Roguery.]. BHi, II (1900), pp. 42-43.

92. SEEBERT, J. "El gusto picaresco oder der Schelmenroman," DH, XXVII (1901).

93. BONILLA Y SAN MARTÍN, A. ed. La vida del pícaro compuesta por gallardo estilo en tercia rima por el dichosísmo y bienafortunado capitán Longares de Angulo. RHi, IX (1902), pp. 295-330.
Obra anónima del siglo XVI.

94. PICARDÍAS clásicas. Chascarrillos, epigramas, canciones, letrillas, jácaras y romances olvidados o desconocidos de Baltasar de Alcázar, Jerónimo de Camargo y Zárate, Gutierre de Cetina, Bartolomé José Gallardo, Tomé Hernández, Lorenzo de Medina Antonio de Mendoza y Luis Vélez. Sácalas a luz, en edición de 500 ejemplares numerados para bibliófilos, Dionisio Pérez. Madrid: Imp. de Manuel Alonso, 1902. 48pp 8º.
Ejemp. Urbana, Ill. University of Illinois.

95. HAAN, FONGER DE. An Outline of the History of the "Novela Picaresca" in Spain. Diss. New York: M. Nijhoff, 1903. 5 hojas + 125pp. 23cm.

96. V. FITZMAURICE-KELLY, J. [Nota bibliográfica sobre el libro de Fonger de Haan: An Outline of the History of the "Novela Picaresca" in Spain.]. RHi, X (1903), pp. 296-301.

97. HENARES, RAMÓN DE. "El testamento del pícaro pobre," en BONILLA Y SAN MARTÍN, A. Anales de la literatura española. Madrid: Tello, 1904. 299pp.
V. pp. 64-74.

98. SERRANO JOVER, A. "El hampa española y la administración de justicia en la novela picaresca," IEA, XLIX (1905) 2º. semestre, pp. 202-3, 218-19 y 231-32.

99. MISCH, GEORG. Geschichte der Autobiographie. Leipzig und Berlin: Teubner, 1907. vii + 422 pp. 8º.
Reimp.: Leipzig, Berlin, 1931. xii + 472pp. 8º.
Se estudia la forma autobiográfica en la literatura.
Se dedica atención, por tanto, a la novela picaresca.

100. V. CELESTINA, or the Tragi-comedy of Calisto and Melibea...
Edited, with Introduction on the Picaresque Novel and Appendices by H. W. Allen. London. 1908. 8º.

Otra edición ____ London: Routledge, 1923. 345pp.

101. RAUSSE, H. "Die novela picaresca und die Gegenreformation," Euphorion (1909), 8º. suplemento, pp. 6-10.

102. GIANNINI, ALFREDO. "Nel mondo dei pícaros," CLett, I (5 giugno 1910), no. 7, p. 1.

103. PÉREZ PASTOR, C. "Pícaros," en Noticias y documentos relativos a la historia y literatura española. Madrid, 1910 [1911]. Pp. 431-32. (Memorias de la Academia Española, X.).

104. REYNIER, G. Le roman réaliste au XVIIe siècle. Paris: Hachette, 1914. 395pp. 8º.
Los capítulos I, II y III versan sobre la novela picaresca española.

105. COTARELO Y MORI, E. "Refranes glosados de Sabastián de Horozco," BRAE, II (1915), pp. 645-94.

106. ORTEGA Y GASSET, J. "La picardía original de la novela picaresca," LL (1915), pp. 337-79.
V. también t. II de sus Obras completas. Madrid: Rev. de Occidente, 1957-1962, pp. 121-25.

107. ZARANDIETA MIRABENT, E. El "golfo" en la novela picaresca y el "golfo" en Madrid. Madrid: Real Academia de Jurisprudencia y Legislación, 1916. 30pp. 22cm.

108. ZURITA, MARCIANO. Pícaros y donosos; sonetos al modo clásico y al moderno estilo. (Portada de V. Macho) Madrid, 1916. 174pp.

109. ROJAS CARRASCO, G. La novela picaresca en la literatura española. Santiago de Chile, 1919. 132pp. (Memoria Presentada al Instituto Pedagógico de la Universidad de Santiago de Chile, 1919).

110. ALONSO, AMADO. "Lo picaresco de la picaresca," Verbum, XXII (1920), pp. 321-38.

111. DOUGLAS, SIR GEORGE B. T. "The Picaresque Novel," CM, XLIX (July-Dec., 1920), pp. 563-74.

112. MARTÍNEZ RUIZ, J. (AZORÍN). Lo fatal en Castilla XIII. Madrid: Caro Raggio, 1920. 193pp.
V. pp. 127-36.

113. BACCI, LUIGI. Letteratura Spagnuola Illustrata. Milano: Vallardi, 1923. 367pp.
Sobre el realismo en la novela picaresca.

14

114. FRANK, WALDO. "The First Rogue," SRL, II (1926), p. 561.

115. _____. Virgin Spain. (Scenes from the Spiritual Drama of a Great People). New York: Boni and Liveright, 1926. 301pp.
    Otra edición _____ New York: Duell, Sloan and Pierce, 1942. 323pp.

116. MILLÉ Y GIMÉNEZ, J. "Miscelánea erudita. VI: Sobre la 'Picaresca' en Alcalá," RHi, LXVIII (1926), pp. 194-99.

117. PLACE, E. B. Manual elemental de novelística española. Madrid, 1926. 133pp.
    Sobre la "Novela picaresca," pp. 119-23.

118. SALDAÑA, QUINTILIANO. "El pícaro en la literatura y en la vida española," NT, XXVI (septiembre, 1926), no. 333, pp. 193-218; (noviembre, 1926), no. 335, pp. 103-37; (diciembre, 1926), no. 336, pp. 213-46.

119. SUÁREZ, MIREYA. La novela picaresca y el pícaro en la literatura española. Madrid: Imp. Latina, 1926. 240 pp. + 1 lám. 18 cm.

120. ATKINSON, W. "Studies in Literary Decadence. I: The Picaresque Novel," BSS, IV (1927), pp. 19-27.

121. MOLDENHAUER, G. "Spanische Zensur und Schelmenroman," en Estudios eruditos in memoriam de A. Bonilla y San Martín, con un prólogo de Jacinto Benavente...I Madrid: Ratés, 1927-1930. 2 vols.
    V. pp. 223-39.

122. KIRKPATRICK, F. A. "The First Picaresque Romance," BSS, V (1928), pp. 147-54.

123. PEREYRA, C. "Soldadesca y picaresca," BBMP, XX (1928), pp. 74-94.

124. PETRICONI, H. "Zur Chronologie und Verbreitung des Spanischen Schelmenromans," VKR, I (1928), pp. 324-42.

125. DEL VALLE, JOSÉ C. "El pícaro," en sus Obras de... I. Guatemala, Tegucigalpa, 1929, pp. 253-56.

126. VOSSLER, K. Realismus in der spanischen Dichtung der Blütezeit. Münich: Bayerische Akademie der Wissenschaften, 1926. 22pp.
    Trad. de M. García Blanco. Tres motivos de literatura románica. Salamanca, 1929.

15

127. BELL, AUBREY F. G. "Notes on the Spanish Renaissance,"
RHi, LXXX (1930), pp. 319-52.

128. LANGEARD, P. "Un roman picaresque inédit: El Guitón
Honofre (1604) de Gregorio Gonçález, "RHi, LXXX
(1930), pp. 718-22.
El ms. inédito de esta novela picaresca está en la
biblioteca del Smith College, Northampton, Massachusetts.

129. BATAILLON, M. Le roman picaresque. Introd. et notes.
Paris. [1931.] 156pp. (Les cent chefs-doeuvre étran-
gers.)
Estudio y texto en francés, selección del Lazarillo
Guzmán de Alfarache y del Buscón. Nota bibl., pp. 40-
41.

130. ALONSO, DÁMASO. "Escila y Caribdis de la literatura española," CyR, VII (1933), pp. 78-101.
Sobre Quevedo y la picaresca.

131. F[ERNÁNDEZ] MONTESINOS, J. "Gracián o la picaresca
pura," CyR, 15-vii, (1933), no. 4, pp. 39-63.

132. HERRERO GARCÍA, M. "Ascética y picaresca," AE, V
(1933), pp. 33-41 y 135-43.

133. SÁNCHEZ TRINCADO, J. L. La novela picaresca española.
Valencia. 1933. 1 vol.

134. GARCÍA MERCADAL, J. Estudiantes, Sopistas y Pícaros.
Madrid. 1934. 271pp.
Otra edición ____ Buenos Aires: Espasa-Calpe,
1954. 209pp. (Col. Austral, 1. 180.).

135. PENZOL, P. "Algunos itinerarios en la literatura castellana,"
EIU, V (1934), pp. 288-313.
Se refiere a la topografía de las principales novelas
picarescas.

136. SIMPSON, L. B. "A Precursor of the Picaresque Novel in
Spain: El libro de la vida y costumbres de Don Alonso
Enríquez, caballero noble desbaratado, " Hispania (1934),
First Special Number, pp. 53-62.

137. CASTRO, AMÉRICO. "Perspectiva de la novela picaresca,"
RBAM, XII (1935), pp. 123-38.
También en su Hacia Cervantes. Madrid: Taurus,
1960, 2. ª ed. revisada, pp. 112-34.

138. PRAAG, J. A. VAN. "La guía y avisos de foresteros de
Antonio Liñán y Verdugo y el filósofo del Aldea de Baltasar Mateo Velázquez, " BHi, XXXVII (1935), pp. 10-
26.

139. DUNSTAN, FLORENCE J. Medical Science in the Picaresque Novel. Diss. Austin: The University of Texas, 1936. 255pp.
Tesis doctoral inédita.

140. FARINELLI, ARTURO. "Consideraciones sobre los caracteres fundamentales de la literatura española, " en su Divagaciones hispánicas. I. Barcelona: Bosch, 1936. 2 vols. V. vol. I, pp. 77-115.

141. PRAAG, J. A. VAN. "La pícara en la literatura española, " SRev, III (1936), pp. 63-74.

142. BOURNE, JOHN H. "A Picaresque Poem, " HR, V (1937), pp. 346-48.

143. HERRERO GARCÍA, M. "Nueva interpretación de la novela picaresca, " RFE, XXIV (1937), pp. 343-62.

144. PRAAG, J. A. Van. "Des problèmes du roman picaresque espagnol, " RUB, X, nouvelle série (1938), pp. 302-10.

145. WILSON, WILLIAM E. "Wages and the Cost of Living in the Picaresque Novel, " Hispania, XXI (1938), pp. 173-78.

146. HENRÍQUEZ UREÑA, P. "Ello, " RFH, I (1939), pp. 209-29.
V., en especial, pp. 213-15.

147. SCHEVILL, RUDOLPH. "Erasmus and Spain, " HR, VII (1939), pp. 93-116.
V., en especial. pp. 112-13.

148. WILSON, WILLIAM E. "The pícaro discusses Work and Charity, " BSS, XVI (1939), pp. 37-42.

149. ALARCÓN, A. "La novela picaresca española, " Kollasuyo, II (1940), pp. 161-75.

150. CASTRO, AMÉRICO. "Lo hispánico y el erasmismo, " RFH, II (1940), pp. 1-34.
V. pp. 28-29.

151. DELOGU, FRANCESCO M. Introduzione allo studio dei romanzi picareschi. Messina: Ferrar, 117pp.

152. VOSSLER, K. Algunos caracteres de la cultura española. Madrid: Espasa-Calpe, 1941. 163pp.
Pp. 88-89 versan sobre la novela picaresca.

153. MIQUEL Y PLANAS, R. El espejo de Jaime Roig traducido al castellano y precedido de una introducción al libro del Arcipreste de Talavera y al Espejo de J. Roig.

Barcelona, 1942. cxvi + 543pp. (Clásicos Españoles de Lengua Catalana).

154. MONTOLIU, MANUEL DE. "El alma picaresca," en su El alma de España y sus reflejos en la literatura del Siglo de Oro. Barcelona: Edit. Cervantes [Clarosó], 1942. 2 hojas + 752pp. + 1 hoja. 21 cm. V. pp. 254-354.

155. TODESCO, VENANZIO. "A proposito di una nuova interpretazione del romanzo picaresco," Convivium, XX (1942), pp. 152-161.

156. HERRERO GARCÍA, M. "Del disfraz del pícaro," CE, III (1943), entrega XIX, pp. 31-32. Se refiere a la costumbre de taparse un ojo con un parche.

157. DÍAZ PLAJA, G. "La literatura española como documento social," RIS, IV (1944), pp. 149-75.

158. GONZÁLEZ BLANCO, P. Vindicación y honra de España. México: Talleres Tip. Modernos, 1944. 740pp. V. pp. 539-63.

159. GARCÍA LÓPEZ, J. V. "Introducción," en La novela picaresca. Selección, introducción y notas. Barcelona: Edit. Rauter, S. A. 1946. 185pp. 8º. V. pp. 5-14.

160. SALINAS, P. "El 'héroe' literario y la novela picaresca española. Semántica e historia literaria," RUBA, IV (1946), no. 1, pp. 75-84.

161. CASTRO, AMÉRICO. España en su historia. Buenos Aires: Losada, 1948. 709pp. V. cap. X. Sobre el pensamiento judáico en la novela picaresca. V. también su La realidad histórica de España. México: Porrúa. 1954. 678pp.

162. DELEITO Y PIÑUELA, J. "La vida picaresca," en su La mala vida en la España de Felipe IV. Madrid, 1948, pp. 113-44.

163. BATAILLON, MARCEL. "Recherches sur les pauvres dans l'ancienne Espagne: Roman picaresque et idées sociales," ACE (1949), pp. 209-14.

164. CAMPUZANO, ELIZABETH. "Ciertos aspectos de la novela picaresca," Hispania, XXXII (1949), pp. 190-97. Niega el erasmismo en el genero picaresco.

165. FRUTOS GÓMEZ DE LAS CORTINAS, J. "El antihéroe y su

actitud vital (Sentido de la novela picaresca)," CLit,
VII (1950), pp. 97-143.

166. GRANJEL, L. S. "La figura del médico en el escenario de
la literatura picaresca," AIHM, II (1950), pp. 493-527.
V. también no. 139.

167. PEREDA VALDÉS, I. La novela picaresca y el pícaro en
España y América. Montevideo, 1950. 141pp.

168. ESPINOSA, AURELIO M. (Hijo). "El estudiante pícaro en
el cuento tradicional," en Estudios Dedicados a Menéndez
Pidal. Tomo III. Madrid: C. S. I. C., 1952. pp.
247-64.

169. MALDONADO DE GUEVARA, F. "La teoría de los géneros
literarios y la constitución de la novela moderna," en
Estudios Dedicados a Menéndez Pidal. Tomo III.
Madrid, C. S. I. C., 1952, pp. 299-320.

170. PARKER, A. A. Valor actual del humanismo español.
Madrid: Ateneo, 1952. 37pp.
V. pp. 16-38.

171. PONS, JOSEPH. "Le Spill de Jaume Roig," BHi, LIV (1952),
pp. 5-14.
Se estudia los antecedentes autobiográficos del género
picaresco. V., a este respecto, no. 153.

172. ALONSO, AMADO. "Lo picaresco en la literatura picaresca,"
Anales, III (1953), no. 2.

173. CANEVA, RAFAEL. "Picaresca: anticaballería y realismo,"
UA, CX (1953), pp. 373-89.

174. FERNANDÉZ, SERGIO. Ventura y muerte de la picaresca.
México: Studium, 1953. 254pp.
Se estudia la picaresca de Cervantes, Lazarillo de
Tormes (1554), La hija de Celestina (1612) y el Peri-
quillo de las gallineras (1668).

175. _____. "El pícaro heroico," Guadalupe, I (1953), pp. 39-
49.

176. GILI GAYA, S. "La novela picaresca en el siglo XVI," en
Historia General de las Literaturas Hispánicas. Tomo
III. Madrid, 1953, pp. 81-103.

177. _____. "Apogeo y desintegración de la novela picaresca,"
en ídem, pp. iii-xxv.

178. _____. "Evolución histórica de la novela picaresca," en
ídem, pp. 92-116.

19

179. GÓMEZ DE LA SERNA, G. "Del Miño al Bidasoa, notas de un vagabundaje," Clavileño, IV (1953), 76 ff.

180. GUILLÉN, CLAUDIO. The Anatomies of Roguery: A Comparative Study in the Origins and the Nature of Picaresque Literature. Diss. Cambridge, Mass., 1953. Tesis doctoral inédita de la Harvard University.

181. ROLAND, BROTHER A. "La psicología de la novela picaresca," Hispania, XXXVI (1953), no. 4, pp. 423-26.

182. BEBERFALL, LESTER. "The Pícaro in Context," Hispania, XXXVII (1954), no. 3, pp. 288-92.

183. GIUSSO, LORENZO. "Un romanzo picaresco," Dialoghi, II (1954), pp. 55-62.

184. JUNG, C. G. Der göttliche Schelm. Ein indianischer Mythenzyklus von Paul Radin, Karl Kerényi und... Zürich: Rhein Verlag, 1954. 219pp.

185. OLIVEROS, W. "Sobre una de las contribuciones más operantes en la literatura universal," Revista, III (1954), nos. 135-36.

186. SILVA MELERO, V. La novela picaresca como problema criminológico. Madrid, 1954. Un volumen en 4º.

187. ÁLVAREZ, G. E. Le thème de la femme dans la picaresque espagnole. Groningen: Wolters, 1955. 22pp.

188. BOUCHARD, ADELIN. La sociedad española a través de la novela picaresca (estudio histórico). Diss. Madrid, 1955. Tesis doctoral inédita de la Universidad de Madrid.

189. CAPDEVILA, ARTURO. "Un gran calumniado: el niño," Nacional (30 de junio de 1955).

190. CARILLA, EMILIO. "La novela picaresca española," UPB, XXX (1955), pp. 319-35.

191. MARTÍNEZ ALFONSO, A. La figura del soldado en la novela picaresca. Puerto de Santa María: Instituto Laboral, 1955.

192. SENDER, R. J. "El pícaro español en EE. UU," Universal, (1 de octubre de 1955). Ediciones norteamericanas de novelas picarescas.

193. TODA OLIVA, E. "Amanecer en la picaresca española," Atenea, CXXII (1955), pp. 309-23.

194. RAMÓN, MICHEL R. Nueva interpretación del pícaro y de la novela picaresca española hecha a base de un estudio de las tres obras maestras del género. Diss. Evanston, Ill., 1955. 301pp. Tesis doctoral inédita de la Northwestern University. DA XVII (1957), 3, p. 635.

195. DEL MONTE, A. Il romanzo picaresco, a cura di A. D. M. Napoli: Ed. F. S. I., edizioni scientifiche italiane, 1957. 8 + 449pp. (Colland di letteratura moderne, sezione spagnola diretta da S. Battaglia, I B. 1957).

196. _____. Itinerario del romanzo picaresco spagnolo. Firenze: Sansoni, 1957. viii + 132pp. Trad. española: Itinerario de la novela picaresca española. Barcelona: Editorial Lumen, 1971. 205pp (Palabra en el Tiempo.).

197. FERNÁNDEZ ÁLVAREZ, M. "El hidalgo y el pícaro," Arbor, XXXVIII (dic. 1957), no. 144, pp. 362-74. Ídem en su Economía, sociedad y corona. Ensayos históricos sobre el siglo XVI. Madrid: Ediciones de cultura hispánica, 1963. pp. 69-83.

198. GUILLÉN, C. "Literatura como sistema," FR, XII (1957), pp. 1-29. V., en especial, pp. 23-6.

199. RAMÍREZ DE ALDA GARCÍA, M. El pícaro en su medio geográfico. Diss. Murcia, 1957. Tesis inédita de la Universidad de Murcia. V. también no. 135.

200. TORRE REVELLO, J. "Sixteenth Century Reading in the Indies," Americas, XIV (1957-58), pp. 175-82.

201. ÁLVAREZ, G. E. El amor en la novela picaresca española. El Haya: Van Goor Zonen, 1958. 163pp. (Utrecht Rijksuniversiteit Spaans Portugues en Ibero-Americans Institut. Publicaciones.).

201a. BREHM Y SINNHOLD, J. La muerte en la novela picaresca. Diss. Madrid, 1958. Tesis inédita de la Universidad de Madrid.

202. DOOLEY, D. J. "Some Uses and Mutations of the Picaresque," DR, XXXVII (1958), pp. 363-77.

203. MAS, L. W. "Aspectos sociales en la novela picaresca," NVH, VI (1958), pp. 3-15.

204. PRAAG, J. A. VAN. Problemen om de Spaanse Schelmenroman. Utrecht, 1958. 20 pp.

205. _____. "La vida y costumbres de la Madre Andrea, novela picaresca anónima," RLit, XIV (1958), nos. 27-28, pp. 111-69.

206. ALZIATOR, FRANCESCO. Pícaro e folklore ed altri saggi di storia delle tradizioni popolari. Firenze, 1959. 226pp.
Se estudia la tradición folklórica del Lazarillo, Buscón y Guzmán de Alfarache.

207. GOYTISOLO, JUAN. "La picaresca, ejemplo nacional," y "La herencia de la picaresca," en su Problemas de la novela. Barcelona: Seix Barral, 1959. 141pp.
V. pp. 87-94 y 95-106.

208. GRASS, RONALD. "Morality in the Picaresque Novel," Hispania, XLII (1959), no. 2, pp. 192-98.

209. HACKELSBERGER-LIANG, MIMI. Die Frauengestalten im spanischen Schelmenroman. Diss. München, 1959.
Tesis doctoral inédita de la Universidad de München.

210. STAMM, JAMES RUSSELL. Didactic and Moral Elements in the Spanish Picaresque Novel. Diss. Palto Alto, Cal., 1959. 215pp.
Tesis doctoral inédita de la Stanford University. DA, XX (1960), n. 3, p. 676.

211. _____. "The Use and the Type of Humor in the Picaresque Novel," Hispania, XLII (1959), no. 4, pp. 482-87.

212. AYALA, FRANCISCO. "Formación del género novela picaresca," CCLC (1960), no. 44, pp. 79-87. También en su Experiencia e invención. Madrid: Taurus, 1960. 261pp.
V. en especial, pp. 127-47 y 159-70.

213. BORGERS, O. "Le roman picaresque. Realisme et fiction," LR, XIV (1960), pp. 295-305, y XV (1961), pp. 23-38, 135-48.

214. CABALLERO BONALD, J. M. "La picaresca: la constante histórica del realismo," Espectador (19 de junio de 1960).

215. CRIADO DE VAL, M. "La picaresca," en su Teoría de Castilla la Nueva... Madrid: Gredos, 1960. 382pp. (Biblioteca Románica Hispánica, 2.).
V. pp. 225-60, 270-72, 331-52.

216. KENISTON, H; (ed.). Libro de la vida y costumbres de don Alonso Enríquez de Guzmán. Madrid: Atlas, 1960, 364pp.

22

V. p. LXII. Se estudia, en particular, la forma
autobiográfica de esta obra con la del género picaresco.

217. LÁZARO CARRETER, F. Tres historias de España (discurso
pronunciado en la solemne apertura del curso académico
1960-61). Salamanca: Universidad de Salamanca, 1960.
31pp.
Estudio de tres obras maestras del Renacimiento y
Barocco españoles: Lazarillo de Tormes (1554), Guzmán de Alfarache (1599) y El Buscón (1626), cada una
en diferentes perspectivas vitales y temporales.

218. BĚLIČ, OLDŘICH. "La novela picaresca española y el
realismo," RP, II (1961), pp. 5-15.

219. IZQUIERDO IZQUIERDO, LUCIO C. Autopsicología del pícaro.
Diss. Barcelona, 1961.
Tesis doctoral inédita de la Universidad de Barcelona.

220. PÉREZ MAYOR, J. La sociedad española a través de la
novela picaresca. Diss. Murcia, 1961.
Tesis doctoral inédita de la Universidad de Murcia.

221. SERRANO PONCELA, S. "Ámbitos picarescos," Ínsula,
CLXXI (1961), p. 1 y p. 14.

222. GUILLÉN, C. "Towards a Definition of the Picaresque," en
Proceedings of the Third Congress of the ICLA. The
Hague, Holland, 1962, pp. 252-66.

223. NAGY, EDWARD. "El pícaro y la envoltura picaresca,"
Hispania, XLV (1962), no. 1, pp. 57-61.

224. ROMBERG, B. Studies in the Narrative Technique of the
1st Person Novel. Stockholm: Almquist-Wiksell, 1962,
379pp.

225. ZAMORA VICENTE, A. ¿ Qué es la novela picaresca?
Buenos Aires: Columba, 1962. 68pp.

226. BATAILLON, MARCEL. "L'honneur et la matière picaresque,"
ACF (1963), pp. 485-90.

227. BĚLIČ, OLDŘICH. "La novela picaresca como orden artís-
tico," ULH, XXVII (sept-oct., 1963), no. 163, pp. 7-30.

228. _____. Španělský Pikareskní Román a Realismus. Praha:
Universita Karlova, 1963. 232pp. (Philologica. Mono-
graphia IV.).

229. CRIADO DE VAL, M. "Santa Teresa de Jesús en la gran
polémica española: Mística frente a picaresca," RdE,
XXII (1963), nos. 87-89, pp. 376-84.

23

230. TESTAS, J. L'Espagne picaresque et studieuse. - Estudiantes de antaño. Textes presentées et annotés par... Paris: A. Hatier, 1963. xlviii + 32pp.

231. VÁZQUEZ DE PRADA, A. "La moralité dans le roman picaresque," (trad. por P. Werrie), TR (dic. 1963), no. 191, pp. 65-81.

232. LAURENTI, JOSEPH L. "Imágenes e impresiones de ciudades italianas en las novelas picarescas españolas del Siglo de Oro," RF, 76 Band (1964), 3./4 Heft, pp. 334-52.

233. _____. "Impresiones y descripciones de las ciudades españolas en las novelas picarescas del Siglo de Oro," BBMP, XL (1964), nos. 1, 2, 3y 4, pp. 309-26.

234. POLAINO, LORENZO ORTEGA. La delincuencia en la picaresca. Sevilla, 1964. 101pp.
Se analiza minuciosamente la gran abundancia de términos jurídicos penales y procesales o curiales, que aparecen en las novelas picarescas, el Libro de buen amor, las Novelas ejemplares, el Corbacho y la Celestina para deducir de ellos lo que constituye una infracción de la ley.

235. AVALLE-ARCE, JUAN B. "Tres comienzos de novela," PSA, XXXVII (1965), pp. 181-214.

236. FRADEJAS SÁNCHEZ, L. "Aparición de la novela picaresca," AUCE (1965), no. 94, pp. 367-78.

237. CAÑEDO, JESÚS. "La naturaleza en la novela picaresca," RLit, XXX (1966), nos. 59-60, pp. 5-38.

238. _____. "El curriculum vitae del pícaro," RFE, XLIX (1966), 1º. -4, pp. 125-180.
V. también nos. 232, 233.

239. FIGUEROLA, CRISTINA. "Soledad y compañía en la novela picaresca," EL (1966), no. 346, pp. 3 y 5.

240. GUILLÉN, C. "L. Sánchez, G. de Pasamonte y los inventores del género picaresco," en Homenaje a Rodríguez Moñino. Madrid: Castalia, 1966, pp. 221-31.

241. MARAVALL, J. A. "La picaresca como fenómeno social," Conférence prononcée à l'Institut d'Etudes Hispaniques et Hispano-Américaines de la Faculté des Lettres de Toulouse, le 6 déc. 1966.

242. TODOROV, TZVETAN. "Les catégories du récit littéraire," Communications, no. 8, en Communications, Recherches sémiologiques, l'annalyse structurale du récit.

24

Paris: Seuil, no. 8, 1966, pp. 125-51.

243. AUBRUN, CHARLES V. "La gueuserie aux XVIe et XVIIe siècles en Espagne et le roman picaresque," en Littérature et société, problèmes de methodologie en sociologie de la littérature. Colloque de Bruxelles. Université Libre de Bruxelles, 1967. 222pp. V. pp. 137-45.

244. _____. "Los 'Desgarrados' y la picaresca," en Cervantes - Sonderheft. Beiträge zur Romanischen Philologie. Berlin: Rutter und Loening, 1967, pp. 201-06.

245. BRUN, FELIX. "Pour une interpretation sociologique du roman picaresque," en Littérature et société, problèmes de methodologie en sociologie de la littérature. Colloque de Bruxelles. Université Libre de Bruxelles, 1967, pp. 127-35.

246. DÍAZ PLAJA, G. "En torno a la picaresca," en su Lecciones Amigas. Barcelona: E. D. H. A. S. A., 1967, pp. 133-66.

247. HANRAHAN, THOMAS. La mujer en la novela picaresca española. Introducción por Rafael M. de Hornedo. Madrid: José Porrúa Turanzas, 1967, 128pp.

248. LAURENTI, JOSEPH L. "Notas sobre el contagio y la exaltación de la vida picaresca en el Barroco," QIA, V (1967), no. 34, pp. 81-86.

249. MILLER, STUART. The Picaresque Novel. Cleveland: Press of Case Western Reserve University, 1967, 124pp.

250. PARKER, A. A. Literature and the Delinquent: The Picaresque Novel in Spain and Europe 1599-1753. Edinburgh University Press, 1967. x + 195pp. Trad. Española: Madrid: Gredos, 1971. 217pp.

251. ALFARO, GUSTAV V. "El despertar del pícaro," RF, Band LXXX (1968), pp. 44-52.

252. _____. "Geneología del pícaro," AdL, VII (1968-69), pp. 189-200.

253. DÍAZ-PLAJA, G. "Gitanismo y picaresca," ABC, IX (1968).

254. GUEDJ, AIME. "Structure du monde picaresque," NC (1968), no. special, pp. 82-7.

255. MARÍAS, JULIÁN. "La idea de la vida humana en la novela picaresca," La Nación (23 de junio de 1968), sec. 4ª., p. 1.

256. PRAAG, J. A. VAN. "Des problèmes du roman picaresque espagnol, " RUB, X (1968), pp. 302-20.

257. YNDURÁIN, FRANCISCO. "La novela desde la segunda persona. Análisis estructural, " en su Prosa novelesca actual. Madrid, 1968, pp. 177-80.

258. BATAILLON, MARCEL. Pícaros y picaresca. Madrid: Taurus, 1969. 252 pp. (Col. "Pérsiles, " 37.).

259. CAÑEDO, J. "Tres pícaros, el amor y la mujer, " IRom, I (1969), no. 3, pp. 193-227.
V. también, sobre este tema, nos. 141, 187, 209, 247, 281.

260. CORRALES, EGEA J. "La novela picaresca, " Ínsula (enero de 1969), no. 266, pp. 3 y 15.

261. CROS, EDMUND. "Publications récentes sur le roman picaresque, " BHi, LXXI (1969), nos. 3-4, pp. 730-34.

262. PIKARISCHE Welt: Schriften zum europäischen Schelmenroman. Darmstadt: Hersg. von Helmut Heindenreich, 1969. viii + 472pp. (Wege der Forschung. B. 163.).
Contiene trabajos de:
Frank W. Chandler. "Definition der Gattung" (1907);
José Ortega y Gasset. "Die originelle Schelmerei des Schelmenromans" (1910-1915);
Frederick C. Tarr. "Die thematische und künstlerische Geschlossenheit des Lazarillo de Tormes" (1927);
Leo Spitzer. "Zur Kunst Quevedos in seinem Buscón" (1927);
Helmut Petriconi. "Zur Chronologie und Verbreitung des spanischen Schelmenromans" (1928);
Amado Alonso. "Das Pikareske des Schelmenromans" (1929);
André Jolles. "Die literarischen Travestien. Ritter-Hirt-Schelm" (1931);
Américo Castro. "Perspektive des Schelmenromans" (1935);
Jonas Andries van Praag. "Die Schelmin in der spanischen Literatur" (1936);
Enrique Moreno Báez. "Enthält der Guzmán de Alfarache eine didaktische Aussage?" (1945);
Pedro Salinas. "Der literarische Held und der spanische Schelmenroman. Bedeutungswandel und Literaturgeschichte" (1946);
Alexander A. Parker. "Zur Psychologie des Pikaro in El Buscón" (1947);
Maurice Gravier. "Die Einfalt des Simplicissimus" (1951);
C. C. Jung. "Zur Psychologie der Schelmenfigur (1954);
J. Corominas. "Das Wort pícaro" (1957);

Sherman Eoff. "Oliver Twist und der pikareske Roman
Spaniens" (1957);
Robert B. Heilman. "Variationen über das Pikareske
(Felix Krull)" (1958);
Ihab H. Hassan. "Der Antiheld in der modernen englis-
chen und amerikanischen Prosa" (1959);
Richard W. B. Lewis. "Der pikareske Heilige" (1959);
Roland Grass. "Der Aspekt des Moralischen im pika-
resken Roman" (1959);
Lothar Schmidt. "Das Ich im Simplicissimus" (1960);
Jurij Striedter. "Der Schelmenroman in Russland" (1961);
Claudio Guillén. "Zur Frage der Begriffsbestimmung
des Pikaresken" (1962);
Richard Alewyn. "Der Roman des Barock" (1963);
Marcel Bataillon. "La picaresca. Gedanken zu López
de Ubedas La pícara Justina" (1963);
Werner Welzig. "Der Wandel des Abenteurertums"
(1963);
Robert Alter. "Die Unkorrumpierbarkeit des pikaresken
Helden" (1964);
Helmut Heidenreich. "Bibliographie zur pikaresken Lit-
eratur" (1968).

263. FORESTI, C. "Aplicación de las 'Formas simples' de Jolles
al análisis de la novela picaresca española," BEG, VI, (1967).

263a. MAINER, JOSÉ C. "Notas a una nueva edición de la picaresca," Ínsula (1969), no. 266, pp. 3 y 14.

263b. OSORIO RODRIGUEZ, J. M. La novela picaresca. León:
Everest, 1969. 254pp.

264. ROSSI, GIUSEPPE CARLO. "Classici spagnoli," OR (9 otto-
bre 1969), no. 233, pp. 3 y 7.

265. SIEBER, HARRY. "Some Recent Books on the Picaresque,"
MLN, LXXXIV (1969), no. 2, pp. 318-30.

266. ALFARO, GUSTAV V. "El cuento intercalado en la novela
picaresca," Hispano, XIV (1970), no. 40, pp. 1-8.

267. DEHENNIN, ELSA. "En pro de una explicacion literaria de
la novela picaresca o la novela picaresca a la luz de
la poetica," (en Actas del tercer congreso de hispanistas,
celebrado en México, D. F. del 26 al 31 de agosto de
1968. México: El Colegio de México, 1970, pp. 249-55.

268. LAURENTI, JOSEPH L. Estudios sobre la novela picaresca
española. Madrid: C.S.I.C., 1970. xii + 143pp.
(Anejos Revista de Literatura 29.).

269. RICO, FRANCISCO. La novela picaresca y el punto de vista.
Barcelona: Seix Barral, 1970. 141pp.

27

269a. BURÓN, ANTONIO. Hacia una evaluación exacta de lo que
se entiende por literatura picaresca. Diss. Minneapolis,
Minnesota, 1971.
Tesis doctoral inédita de la Universidad de Minnesota.

269b. HERRERA PUGA, P. Sociedad y delincuencia en el Siglo de
Oro. Aspectos de la vida sevillana en los siglos XVI y
XVII. Granada, 1971. 481pp.

269c. MESA, CARLOS E. "Divagaciones sobre la literatura picaresca," Thesavrvs, XXVI (1971), no. 3, pp. 558-617.

VI. INFLUENCIAS Y RELACIONES LITERARIAS CON OTRAS LITERATURAS Y GÉNEROS LITERARIOS

Alemania y Austria

270. REINHARDSTÖTTNER, KARL VON. "Aegidius Albertinus der Vater des deutschen Schelmenromans," JMG, II (1888), pp. 13-16.

271. SCHULTHEISS, ALBERT. Der Schelmenroman der Spanier und seine Nachbildungen. Hamburg, 1893. 62pp. (Sammlung gemeinverständlicher wissenschaftlicher Vorträge, Neue Folge, 7. Serie, Band 27, Heft 165.)

272. PAYER, RUDOLF VON. "Der Schelmenroman unter besonderer Berucksichtigung seiner Verbreitung in Oesterreich," OUR, VII (1899), p. 294.

273. RAUSSE, HUBERT. Zur Geschichte des spanischen Schelmenromans in Deutschland. Münster, 1908. 41pp. (Münsterschen Beiträge zur Neuren Literatur Geschichte, Heft VIII.).

274. BERTRAND, J. J. A. "L. Tieck et le roman picaresque," RG, X (1914), no. 4, pp. 443-61.

275. FORSTREUTER, KARL. Die deutsche Icherzahlung. Eine Studie zu ihrer Geschichte und Technik. Berlin: Ebering, 1924. 155pp.

276. GERHARD, M. Der deutsche Entwicklungsroman bis zu Goethes "Wilhelm Meister." Diss. Halle, 1926.

277. JENISCH, E. "Vom Abenteurer - zum Bildungsroman," GRM, XIV (1926), pp. 339-51.

278. KISSEL, K. Grimmelshausens Lektüre. Diss. Giessen, 1928.
Tesis doctoral inédita de la Universidad de Giessen.

279. ALEWYN, R. "Grimmelshausen - Probleme," ZfD, XLIV (1930), pp. 89-102.

280. _____. Johan Beer. Studien zum Roman des 17. Jh. Diss. Leipzig, 1932.

281. HATFIELD, THEODORE M. "Some German Pícaras of the 18th Century," JEGP, XXXI (1932), pp. 509-29.

282. JOLLES, A. "Die literarischen Travestien: Ritter-Hirt-Schelm," BDPh, VI (1932-33), pp. 281-94.

283. LUGOWSKI, C. "Literarische Formen und lebendiger Gehalt im Simplicissimus," ZfD, XLVIII (1934), pp. 622-34.

284. GIEFER, G. Held und Umwelt in Grimmelshausens "Simplicissimus." Diss. Frankfurt, 1937. Tesis doctoral inédita de la Universidad de Frankfurt.

285. RAUHUT, FRANZ. "La picaresca española en la literatura alemana," RFH, I (1939), pp. 237-56.

286. LIVESCU, G. Grimmelshausens "Simplicissimus" als Bildungsroman. Diss. Jena, 1942. Tesis doctoral inédita de la Universidad de Jena.

287. KÖNIG, H. Reuters "Schelmuffsky" als Typ der barocken Bramarbas-Dichtung. Diss. Hamburg, 1945. Tesis doctoral inédita de la Universidad de Hamburg.

288. PEISER, W. Spitzbuben und Vagabunden. Eine Blütenlese aus dem span. Schelmenroman. Basel, Mainz: Amerbach-Verlag, 1950. 223pp. 8º.

289. SCHOLTE, J. H. Der "Simplicissimus" und sein Dichter. Diss. Tübingen, 1950. Tesis doctoral inédita de la Universidad de Tübingen.

290. GRAVIER, M. "La simplicité de Simplicissimus," EG, VI (1951), pp. 163-68.

291. SEIDLIN, O. "Picaresque Elements in Thomas Mann's Work," MLQ XI (1951), pp. 183-200.

292. WEIL, H. "The Conception of the Adventurer in German Baroque Literature," GLL, VI (1952-53), pp. 285-91.

293. ERNST, F. "Grimmelshausens Simplicissimus und seine spanischen Verwandten," Merkur, VII (1953), pp. 753-64. También en Aus Goethes Freundeskreis und andere Essays. Berlin-Frankfurt, 1955, pp. 161-88.

294. HIRSCH, A. "Barockroman und Aufklärungsroman," EG, IX (1954), pp. 98-111.

295. GUENTHER, H. "Der ewige Simplicissimus: Gestalt und Wandlungen des deutschen Schelmenromans," WuW, X (1955), pp. 1-5.

296. SEIDLIN, O. "Pikareske Züge in Werke Thomas Manns," GRM, XXXVI (1955), pp. 22-40. Idem en Von Goethe zu Thomas Mann. Göttingen, 1963, pp. 162-84. (Van den Hoeck Reihe. Bd. 170.).

297. TOBER, K. "Christian Reuters Schelmuffsky," ZfdPh, LXXIV (1955), pp. 127-50.

298. BECK, WERNER. Die Anfänge des deutschen Schelmenromans. Studien zur frühbarocken Erzählung. Zürich: Juris - Verlag, 1957. 179pp. 23cm. (Zürcher Beiträge zur Vergleichenden Literaturgeschichte, Herg. von Fritz Ernst, Dd. 8.).

299. HIRSCH, A. Bürgertum und Barock im deutschen Roman. Zur Entstehungsgeschichte des bürgerlichen Weltbilders. Köln Graz: Böhlau Verlag, 1957. xii + 163pp. (Literatur und Leben, Neue Folge, Bd. 1.).

300. KOSCHLIG, M. "Das Lob des Francion bei Grimmelshausen," JDS, I (1957), pp. 30-73.

301. ROHRBACH, G. Figur und Charakter: Strukturuntersuchungen an Grimmelshausens "Simplicissimus." Diss. Bonn, 1957 (1959).
Tesis doctoral inédita de la Universidad de Bonn.

302. ANTKOWIAK, A. "Schelm und Schelmenroman zu einer Form plebjischer Tradition in der Literatur," Aufbau, XIV (1958), pp. 68-77.

303. HEILMAN, ROBERT B. "Variations on Picaresque (Felix Krull)," SeR, LXVI (1958), pp. 547-77.

304. GUTZWILLER, P. Der Narr bei Grimmelshausen. Diss. Basel [Bern], 1959.
Tesis doctoral de la Universidad de Basel.

305. WELZIG, W. "Ordo und Verkehrte Welt bei Grimmelshausen," ZfdPh, LXXVIII (1959), pp. 424-30; y vol. LXXIX (1960), pp. 133-41, V. también: Beispielhafte Figuren: Tor, Abenteurer und Einsiedler bei Grimmelshausen. Graz-Köln: Böhlaus Nach., 1963.

306. MÜLLER-SEIDEL, W. "Die Allegorie des Paradieses in Grimmelshausens Simplicissimus," en Medium Aevum Vivum. Festschrift für W. Bulst. Heidelberg, 1960, pp. 253-78.

307. SCHMIDT, L. "Das Ich im Simplicissimus," WW, X (1960), pp. 215-20.

308. TONELLI, G. "Christian Reuter e la società tedesca del Seicento," Memorie dell'Accademia delle Scienze di

31

Torino, serie 3^a, t. V, pte, II (1960), no. 3, pp. 215-320.

309. KNIGHT, K. G. "The Novels of J. Beer (1665-1700)," MLR, LVI (1961), pp. 194-211.

310. MARTINI, F. "Der Bildungsroman: Zur Geschichte des Wortes und der Theorie," DVLG, XXXV (1961), pp. 44-63.

311. AYRENSCHMALZ, A. Zum Begriff des Abenteuerromans: Eine gattungstheoretische Untersuchung. Diss. Tübingen, 1962. Tesis doctoral de la Universidad de Tübingen.

312. SCHAFER, W. E. "Laster und Lastersystem bei Grimmelshausen," GRM, XLIII (1962), pp. 233-43.

313. SCHRAMM, E. "Der pikareske Roman," en Die Einwirkung der spanische Literatur auf die Deutsch. Deutsche Philologie im Aufriss. ed.: W. Stammler. Berlin-Bielenfeld-München: Erich Schmidt Verlag, 1962, vol. II, pp. 274-80.

314. VARA REYES, R. P. "Notas a dos novelas de J. Beer," FM (1962), nos. 7-8, pp. 101-35.

315. WEYDT, G. "Adieu Welt. Weltklage und Lebenscrückblick bei Guevara, Albertinus und Grimmelshausen," Neophilologus, XLVI (1962), pp. 105-25.

316. ALEWYN, R. "Der Roman des Barock," (en Formkräfte der Deutschen Dichtung vom Barock bis zur Gegenwart, Vorträge gehalten im deutschen Haus. Paris, 1961-1962.) Reimp.: Göttingen: Vandenhoeck und Ruprecht, 1963. pp. 21-34. (Vandenhoeck Reihe, 169.).

317. PETRICONI, H. "Abenteur und kein Ende," RJ, XIV (1963), pp. 27-44.

318. HILLER, R. L. "The Sutler's Cart and the Lump of Gold," GR, XXXIX (1964), pp. 137-44. Sobre B. Brecht.

319. KREMER, M. Die Satire bei J. Beer. Diss. Köln, 1964. Tesis doctoral inédita.

320. HECHT, W. "Christina Reuter," SM, XLVI (1966), pp. 18-40.

321. SCHÄFER, W. E. "Tugendlohn und Sündenstrafe in Roman und Simpliziade," ZfdPh, LXXXV (1966), pp. 481-200.

32

322. SCHUMANN, WILLY. "Siederkehr des Schelme," PMLA, LXXXI (1966), pp. 467-74.

323. HAIDUK, MANFRED. "Der bürgerliche Schelm Felix Krull," ADPh, II (1966): pp. 61-70.

324. HOFFMANN, W. "Grimmelshausens Simplicissimus nicht doch ein Bildungsroman?," GRM, XLVIII (1967), pp. 166-80.

324a. MEINERS, IRMGARD. Schelm und Dümmling in Erzählung des deutschen Mittelalters. München: Beck, 1967. 214pp. 25cm. (Münchener Texte und Untersuchungen zur Deutschen Literatur des Mittelalters, Bd. 20.). Bibliografía, pp. 191-214.

325. WILL, WILFRIED VAN DER. Pikaro Heute. Metamorphosen des Schelms bei Thomas Mann, Doblin, Brecht, Grass. Stuttgart, Berlin, Köln, Mainz: Kohlhammer, 1967. 77 pp. 18 cm. (Lebendiges Wissen.). Trad. en parte: "El pícaro, hoy; su metamorfosis," Humboldt, a. 9 (1968), no. 35, pp. 49-56.

326. HERMSDORF, KLAUS. Thomas Manns Schelme: Figuren und Strukturen des Komischen. (GS). Berlin: Rütter & Loening, 1968. 385pp. 21cm. (Germanische Studien.).

327. JACOBSON, J. W. "A Defence of Grimmelshausen's Courasche," GQ, XLI (1968), pp. 42-54.

328. REICHARD, DIETER. Von Quevedos "Buscón" zum deutschen Avanturier. Bonn: Bovier, 1970. 201pp. 23cm. (Studien zur Germanistik, Anglistik und Komparatistik, 7.).

328a. RÖTZER, HANS G. Pikaro - Lanstörzer - Simplicius. Darmstadt: Wissenschaftliche Buchgesellschaft, 1971. 200pp. 4º.
V. también nos. 272, 885, 893, 920, 927, 1342, 1920.

Checoeslovaquia

329. PYTLÍK, RADKO Y LAISKE, MIROSLAV. Bibliografie Jaroslava Háska. Soupis Jeho díla a literatury o něm. [con grabado] Praha, 1960. 335pp. 8º. (Edice Náradní Knihovny v Praze. sv. 10.).

330. _____ .Jaroslav Hašek. Praha, 1962. 139pp. 8º. (Edice "Profily. " sv. 6.).

331. PETR, PAVEL. Hašeks "Schwejk" in Deutschland. Perlin:

Rütter & Loening, 1963. 249pp. 25cm. (Neue Beiträge
zur Literaturwissenschaft, 19.).
Tesis doctoral de la Univ. de Leipzig. Se estudia la
obra del novelista checo, Jaroslav Hašek, El buen soldado Svejk (1920-21).

332. STERN, J. P. "On the Integrity of the Good Soldier Schweik,"
FMLS, II (1966), pp. 14-24.

Literatura clásica

333. THOMPSON, SOMERVILLE. The Extent and Use of Classical
Reference in the Spanish Picaresque Novel. Diss. Palo
Alto, Cal. 1938. 315pp.
Tesis doctoral inédita de la Stanford University. Hay
un resumen en Stanford University Abstracts of Disserta-
tions. Stanford, 1939, vol. XIV, pp. 77-79.

334. MURILLO, LOUIS A. El estoicismo de la novela picaresca
española. Diss. Los Angeles, 1949. 88pp.
Tesis inédita de la University of Southern California,
Los Angeles.

335. MANCINI, G. "Classicismo e novela picaresca," AUC,
XVIII (1950), 60pp. Estratto.

336. HEINE, R. Untersuchungen zur Romanform des Apuleius von
Madaura. Diss. Göttingen, 1962. (1963). Tesis doctoral inédita de la Universidad de Göttingen.

337. V. COLIE, ROSALIE L. Paradoxia Epidemica. The
Renaissance Tradition of Paradoxa. Princeton: Princeton University Press, 1966, p. 296. V. nos. 449, 954,
985, 1012, 1048.

Literatura contemporánea

338. ORTEGA Y GASSET, J. "Una primera vista sobre Baroja.
(La picardía original de la novela picaresca)," LL (1915),
373 ff.; "Ideas sobre Pío Baroja. (El tema del aven-
turero)," El Espectador, I (1916), en sus Obras completas, II (1950), pp. 71-74, 121-25.

339. NEWMAN, MARY ADDISON. The Pícaro and his Modern
Counterpart. Diss. Nashville, Tenn, 1947. Tesis inédita de la Vanderbilt University. Se publicó un extracto en Vanderbilt University Abstracts of Theses.
Nashville, Tenn. , 1947, p. 78. Se comparan los pícaros clásicos con algunos personajes de las novelas de
Pío Baroja y Blasco Ibáñez.

340. V. COSSÍO, J. M. DE. "Prólogo" a C. J. Cela. Nuevas andanzas y desventuras de "Lazarillo de Tormes." Madrid, 1948; Barcelona, 1955, pp. 9-20.

341. EOFF, S. "A Galdosian Version of Picaresque Psychology," MLF, XXXVIII (1953), pp. 1-12.

342. WASMUTH, HANS W. "La novela picaresca y las aventuras en la literatura contemporánea," BEG, III (1955), pp. 76-84.

343. V. PÉREZ MINIK, D. "El sentido vigente de la novela picaresca," en su Novelistas españoles de los siglos XIX y XX. Madrid, 1957, pp. 9-65.

344. O'FAOLAIN, S. The Vanishing Hero. Studies in Novelists of the Twenties. London: Eyre & Spottiswoode. 222pp. 23 cm. Reimp.: Boston: Little Brown, 1957. 204pp. 21cm; Study of the Hero in the Modern Novel. New York: Grosset & Dunlap, 1957. 240pp. (The University Library. UL-43.).

345. LEWIS, R. W. B. The Picaresque Saint. Representatives Figures in Contemporary Fiction. Philadelphia: Lippincot, 1959. 317pp. Reimp.: London: Victor Gollancz, 1960, 317pp. 8º.

346. PRAAG-CHANTRAINE, J. VAN. "Chronique des lettres espagnoles. Actualité du roman picaresque," Symposium, XIV (May 1959), no. 156, pp. 121-23.

347. TORRE, G. DE. "Vagabundeos críticos por el mundo de Cela," RHM, XXVIII (1962), pp. 151-65.

348. PRAAG-CHANTRAINE, J. VAN. "El pícaro en la novela española," RHM, XXIX (1963), no. 1, pp. 23-31.

349. AYALA, H. "Zunzunegui et le roman picaresque," LLN, LIX, III (1965), no. 174, pp. 23-31.

350. GÓMEZ LANCE, B. R. "Picarismo en las novelas de J. A. Zunzunegui," Asomante, XXI (1965), no. 2, pp. 50-59.

351. _____. La actitud picaresca en la novela española del siglo XX. México: Costa-Amic, 1968, 172pp. Diss. Washington University, Mo., 1959. DA, XX (1960), no. 107, p. 2805.

352. MARISTANY, L. "La concepción barojiana de la figura del golfo," BHS, XLV (1968), pp. 102-22.

353. CARRO CELADA, E. Picaresca, milagrería y milandanzas

en la via lactea. Madrid: Edit. Prensa Española,
1971. 233pp.

353a. DOMINGO, JOSÉ. "La 'florida picardía' Mario Lacruz,
Dario Fernández Flores, Gabriel G. Badell," Insula,
a. XXVII (1972), no. 303, pp. 6-7.
V. también nos. 985, 1005.

Francia

354. [LAMBERT, L'ABBÉ]: Mémoires et aventures de Dom Íñigo
de Pancarilla en Espagne. Paris, 1764. 2 partes.
Novela picaresca anónima en francés. Hay episodios
que provienen de la novela picaresca española.

355. COLLMAN, O. "Gil Blas und di Novela picaresca," HA,
XLVI (1870), pp. 219-50.

356. BRUNETIÈRE, FERDINAND. "L'influence de l'Espagne dans
la littérature française," RDM, CIV (1891), pp. 215-26.

357. FRIES, B. "Goethe und Lesage," Euphorion, XXI (1914), pp.
568-72.

358. V. FARINELLI, ARTURO. Ensayos y discursos de crítica
literaria hispano-europea. Roma: Treves, 1925.
275pp.

359. ROGERS, PAUL P. "Spanish Influence on the Literature of
France," Hispania, IX (1926), pp. 205-35.

360. SERRURIER, C. "Julien Sorel, une réincarnation du pícaro,"
en Mélanges de Philologie Offerts à J. J. Salverda de
Grave. Groningen-Paris, 1933, pp. 272-83.

361. GREIFELT, ROLF. "Die Übersetzungen des spanischen
Schelmenromans in Frankreich im 17 Jahrhundert," RF,
L (1936), pp. 51-84.

362. KRAEMER, ERIK V. Le type du faux mediant dans les
lettèratures romanes depuis le moyen âge jusqu'au XVIIe
siècle. Tomo XIII. Helsingfors, 1944. (Societas
Scientiarum Fennica. Commentationes Humanarum Lit-
terarum.).

363. CORDASCO, F. "Llorente and the Originality of Gil Blas,"
PhQ, XXXVI (1947), pp. 206-18.

364. ROMAINS, J. "Lesage et le roman moderne," FRev, XXI
(1947), 97-99.

365. DE SACY, S. "Le miroir sur la grande route: les romans

36

de Stendhal et le roman picaresque, " MdF, CCCVI (1949), no. 1029, pp. 64-80.

366. LEVIN, H. "From Priam to Birotteau, " YFS, VI (1950), 75-82.

367. BARRIÈRE, P. "Sur le roman picaresque en France, " BCED, I (1951-52), pp. 1-18.

368. DUMAY, RAYMOND. "Les bons apôtres de la littérature picaresque, " CMRJLB, XIV (1955), pp. 31-36.

369. VERDEVOYE, PAUL. "La novela picaresca en Francia, " Clavileño, VI (1955), no. 35, pp. 30-37.

370. CORNEILLE, M. La police et ses prévôts dans la littérature picaresque (1599-1642). Paris: Mémoires d'études superieures, 1956. 126pp.

371. GIRAUD, R. D. The Unheroic Hero in the Novels of Stendhal, Balzac, and Flaubert. New Brunswick, 1957. Tesis doctoral inédita de la Rutgers University.

372. ADAM, A. "Le roman français au XVIIe siècle, " en Romanciers du XVIIe siècle: Sorel, Scarron, Furetière, Mme. La Fayette. Paris, 1958, pp. 7-57.

373. ÁLVAREZ, S. I. "La picaresca española y la literatura existencialista, " Humanidades, X (1958), pp. 207-12.

374. BENÍTEZ CLAROS, R. Existencialismo y picaresca. Madrid: Ateneo, 1958. 38pp. (Col. "O crece o muere".).

375. DURAND, G. "Lucien Leuwen ou l'héroisme à l'envers, " SC, I (1959), pp. 200-25.

376. CADOREL, R. Scarron et la nouvelle espagnole dans le "Roman comique. " Diss. Aix-en-Provence, 1960; "Les nouvelles espagnoles du Roman comique, " RLC, XXXVI (1962), pp. 244-52.

377. MYLNE, V. "Structure and Symbolism in Gil Blas, " FS, XV (1961), pp. 134-45.

378. BRUN, F. Strukturwandlungen des Schelmenromans: Lesage und seine spanischen Vorgänger. Diss. Zürich, 1962. Tesis inédita de la Universidad de Zürich.

379. STACKELBERG, J. VON. "Die Moral des Gil Blas, " RF, LXXIV (1962), pp. 345-60.

380. MORAWE, B. "Der Erzähler in den Roman comiques, "

Neophilologus, XLVII (1963), pp. 187-97.

381. DÉDÉYAN, C. Lesage et "Gil Blas." Diss. Paris, 1965.
Tesis doctoral inédita.

382. GOEBEL, G. Zur Erzähltechnik in den "Histoires comiques"
des 17. Jh. (Sorel-Furetière). Diss. Berlin, 1965.

383. FROHOCK, W. M. "The 'Picaresque' in France before Gil
Blas," YFS, XXXVIII (1967), pp. 222-29.

384. DELAY, F. "Vies picaresques," NRF, 17e année (1969), no.
195, pp. 441-47. (Reseña).

385. RATHJE, J. "La Vie genereuse des Mercelots, Gueuz et
Boesmiens. Un récit picaresque de la fin du XVIe
siècle," ASNS, 206 Bd. (1969), 121 Jhg, no. 4, pp.
261-66.
Se estudia la obra de Pechon de Ruby [pseud.]: La
Vie genereuse des Mercelots, Gueuz et Boesmiens, contenant leur façon de vivre, subtilitez et gergon, mis en
lumière par M. Pechon de Ruby, gentilhomme breton,
ayant esté avec eux en ses jeunes ans, où il a exercé
ce beau mestier - Plus a esté adjousté un dictionnaire
en langage blesquin, avec l'explication en vulgaire. -
A Lyon, par Jean Juilleron. - 1596. - Avec permission. 39pp. 8o.
V. también nos. 40, 43, 87, 88, 100, 111, 118, 387,
868, 869, 875, 879, 919, 1010, 1011, 1925a, 2019,
2022a, 2027, 2028.

Holanda

386. BRINK, JAN TEN. "Gebrand Andriaenz Bredero," DKB, III
(1889), pp. 182-212.

387. VLES, J. Le roman picaresque holandais des XVIIe et
XVIIIe siècles et ses modèles espagnols et français.
Gravenhage [LA Haye]. 1926. 184pp. 8o.
Bibliografía, pp. 173-77.
Res.: PASTOR FUSTER, J. RFE, XV (1928), pp.
305-6.

388. PRAAG, J. A. VAN. "Der nederlandsche Vetalig van een
weinigbekenden spaanschen Schelmenroman," TNL, XLIX
(1930), pp. 63-70.

389. KRAG, E. "Oprinnelsen til den realistiske roman," Edda,
XLIV (1945), pp. 1-15.

390. TERLINGEN, J. H. "Un hispanista neerlandés del siglo
XVII, Guilliam de Bay," en Homenaje a J. A. van

Praag. Amsterdam, 1956, pp. 123-37.

391. ÁLVAREZ, GUZMÁN Y LECKER, J. "Una transmisión del Lazarillo a la comedia holandesa, " RFE, XLV (1962), pp. 293-98.

Hungría

392. REMENYI, J. "J. Jeno Tersánszky; Writer of Picaresque Stories," SAQ, LII (July 1953), pp. 391-98). V. también nos. 1280, 1345.

Inglaterra y EE. UU.

393. THE PICAROON; or, the Merchant Smuggler. A Tale of the Sea, by the author of "Makanna," 2nd ed. London: Saunders and Otley, 1845. 3 vols. 20cm.

394. HUME, MARTIN. Spanish Influence on English Literature. London: Nash, 1905. 322pp. V., en especial, pp. 156-57. Reimp.: New York: Haskell House, 1964. 322pp.

395. BELLESSORT, A. "Les romans picaresque de Daniel Defoe, " RB, LVIII (1920), no. 14, pp. 442-45.

396. HENDRIX, W. S. "Quevedo, Guevara, Lesage, and The Tatler," MPh, XIX (1921), pp. 177-86.

397. LAWRENCE, A. "L'influence de Lesage sur Smollett," RLC, XII (1923), pp. 533-45.

398. WHAREY, J. B. "Bunyan's Mr. Badman and the Picaresque Novel," TSE, IV (1924), pp. 49-61.

399. FLORES, ANGEL. Spanish Literature in English Translation. A Bibliographical Syllabus. New York: Wilson, 1926. 82pp. V. pp. 19-20, p. 27.

400. HASKELL, G. Picaresque Elements in Smollett's Novels. Diss. Syracuse, 1929. Tesis doctoral inédita de la Syracuse University, New York.

401. HABEL, URSULA. Die Nachwirkung des pikaresken Romans in England... Breslau: Pribatsch's Buch, 1930. 77pp. (Sprache und Kultur der germanisch-romanischen Volker. A. Anglistische Reiche, IV, 3.).

402. KNAPP, L. M. "Smollett and Lesage's The Devil upon

Crutches," MLN, XLVII (1932), pp. 91-93.

403. THOMAS, H. "The English Translations of Quevedo's La vida del Buscón," RHi, LXXXI, 2ᵉ ptie (1933), pp. 282-99.

404. BOWERS, F. T. "Thomas Nashe and the Picaresque Novel," en Humanistic Studies in Honor of J. C. Metcalf. New York, 1941, pp. 12-27.

405. PANE, REMIGIO U. English Translations from the Spanish, 1484-1943: A Bibliography. New Brunswick: Rutgers University Press, 1944. 218pp.
V. pp. 7-8, 25-26, 167-68.

406. PRITCHETT, V. S. "Search for Historical Parallels in a New Edition of Thomas Nashe's The Unfortunate Traveler Takes us Directly to the Elizabethan Analogy," NSN, XXXV (1948), p. 297.

407. WILSON, E. M. "Rule a Wife and Have a Wife and El sagaz Estacio," RES, XXIV (1948), pp. 189-94.

408. CROCKETT, HAROLD K. The Picaresque Tradition in English Fiction to 1770: A Study of Popular Backgrounds with Particular Attention to Fielding and Smollett. Diss. Urbana, Illinois, 1953.
DA, XIV (1954), no. 2, pp. 355-56.
Tesis doctoral inédita de la Universidad de Illinois.

409. RUSSEL, P. E. "A Stuart Hispanist: James Mabbe," BHS, XXX (1953), pp. 75-84.

410. _____. "English Seventeenth-Century Interpretation of Spanish Literature," Atlante, I (1953), pp. 65-77.

411. PEÑUELAS, M. C. "Algo más sobre la picaresca: Lázaro y Jack Wilton," Hispania, XXXVII (1954), pp. 443-45.

412. RODRÍGUEZ TORRAS, F. Justina y Moll Flanders, primeras figuras de la picaresca española e inglesa. Diss. Barcelona, 1956. Tesis doctoral inédita de la Univ. de Barcelona.

413. EOFF, SHERMAN. "Oliver Twist and the Spanish Picaresque Novel," SPh, LIV (1957), pp. 440-47.

414. WATT, IAN P. The Rise of the Novel: Studies in Defoe, Richardson and Fielding. Berkeley: University of California Press, 1957. 319pp. 23cm.
Reimp.: London: Chatto & Windus, 1957. 319pp.
Berkeley: University of California Press, 1962. 319pp 23cm.

415. PÉREZ DE AYALA, R. "Rinconete y Cortadillo en Oliver Twist, " en su Principios y finales de la novela. Madrid, 1958, pp. 67-69.

416. HASSAN, I. H. "The Anti-Hero in Modern British and American Fiction, " en Proceedings of the 2nd Congress of the International Comparative Literature Association at the University of North Carolina, September 8-12, 1958. Chapel Hill: The University of North Carolina Press, 1959, vol. I, pp. 309-23.

417. PANTŮČKOVÁ, L. "The Newgate School of Romance and its Place in English Literature of the 1830ies, " BSE, I (1959), pp. 103-114.

418. PRAZ, M. Crisi dell'eroe nel romanzo vittoriano. Firenze, 1952; versión inglesa: The Hero in Eclipse in Victorian Fiction. New York, 1956. Vid. también "Eroi senza eroismo, " en Studi sulla letteratura dell'Ottocento in onore di P. P. Trompeo. Napoli, 1959, pp. 338-49.

419. ALONSO, DÁMASO. "The Spanish Contribution to the Modern European Novel, " JWH, VI (1960-61), Part II, pp. 878-97.

420. MCCOMBIE, F. "Count Fathom and El Buscón, " NN, VII (1960), pp. 297-99.

421. HOLLINGSWORTH, J. K. The Newgate Novel 1830-47: Bulwer, Ainsworth, Dickens, Thackeray. Diss. New York, 1961.
Tesis doctoral inédita de la Columbia University.

422. O'CONNOR, WILLIAM VAN. "Two Types of 'Heroes' in Post-War British Fiction, " PMLA, LXXVII (1962), pp. 168-74.

423. PRITCHETT, V. S. "Saints and Rogues, " Listener (Dec. 6, 1962), pp. 957-59.

424. RANDALL, DALE B. J. The Golden Tapestry: A Critical Survey of Non-Chivalric Spanish Fiction in English Translation (1543-1657). Durham, N. C.: Duke University Press, 1963. viii + 262pp.
V. pp. 57-64, 164-218. V. no. 405.

425. SCHLAUCH, M. Antecedents of the English Novel, 1400-1600 from Chaucer to Deloney. Warszawa: PWN - Polish Scientific Publishers, 1963. viii + 264pp. 22cm.
V. cap. VII, pp. 206-45.

426. AUBRUN, CH. V. "De la picaresque dans ses rapports avec la realitè ou don Quichotte et le Gentleman, " EA, XVII (1964), no. 2, pp. 159-62.

427. ALONSO, DÁMASO. "La novela española y su contribución a
la novela realista moderna," CdI, I (1965), pp. 17-43.

428. ALTER, ROBERT. Rogue's Progress: Studies in the Picaresque Novel. Cambridge, Mass., 1965. xi + 148pp.

429. PAULSON, R. "The Fool-Knave Relation in Picaresque
Satire," RUS, LI (1965), no. 2, pp. 59-81.

430. HANSEN, J. T. The Novels of Joyce Cary: Uses of the
Picaresque. Diss. Eugene, Oregon, 1965.
Tesis doctoral inédita de la Univ. of Oregon. DA,
XXXVI (1966), p. 5435.

431. KAULA, D. "The Low Style in Nashe's The Unfortunate
Traveller," SEL, VI (1966), pp. 43-57.

432. BROICH, ULRICH. "Tradition und Rebellion: Zur Renaissance des pikaresken Romans in der englischen Literatur
der Gegenwart," PZSL, I (1970), no. 2, pp. 214-29.

433. FROHOCK, W. M. "The Idea of Picaresque," YCGL, XVI
(1967), pp. 43-52.

434. GIDDINGS, R. The Tradition of Smollett. London: Methuen,
1967. iii + 215pp.

435. VALENCIA, WILLA F. The Picaresque Tradition in the Con-
temporary English and American Novel. Diss. Urbana,
Ill., 1968. viii + 185pp.
Tesis doctoral inédita de la Universidad de Illinois.

435a. SCHLEUSSNER, BRUNO. Der neopikareske Roman. Pikareske Elemente in der Struktur Moderner englischer
Romane 1950-1960. Bonn: H. Bouvier & Co., 1969.
201pp. (Abhandlungen zur Kunst -, Musik - und Lit-
eratur-wissenschaft, 61.).

436. PASTALOSKY, ROSA. Henry Fielding y la tradición picaresca.
Buenos Aires: Solar-Hachette, 1970. 139pp.

436a. WARNER, JOHN M. "Smollett's Development as a Novelist,"
Novel, V (Winter 1972), no. 2, pp. 148-61.
V. también nos. 74, 87, 100, 111, 202, 880, 926,
974, 1427, 1871.

Estados Unidos

437. MORBY, E. "William Dean Howells and Spain," HR, XIV
(1946), pp. 187-212.

438. MERIWETHER, FRANK T. The Rogue in the Life and Hu-

mour of the Old Southwest. Diss. Baton Rouge, Louisiana, 1952.
Tesis doctoral inédita de la Louisiana State University.

439. FROHOCK, W. R. The Novel of Violence in America, 1920-1950. Dallas: Southern Methodist University Press, 1950. 216pp. 24cm.
Reimp.: Dallas, 1958. 238pp.

440. GINDIN, J. "The Reassertion of the Personal," TQ, I (1958), pp. 126-34.

441. METZGER, CHARLES R. "The Adventures of Huckleberry Finn as Picaresque," MQ, V (1964), no. 3, pp. 249-56.

441a. COX, JESSICA B. A Literary Interpretation of "The Adventures of Augie March" by Saul Bellow (1935) and the Spanish Picaresque Novel. Normal, Illinois, 1967. ii + 79pp.
Tesis inédita de la Illinois State University.

442. FROHOCK, W. R. "Saul Bellow and His Penitent Pícaro," SoRev, LII (1968), pp. 36-44.
V. también nos. 192, 416.

Italia

443. MASSARANI, T. "Il romanzo picaresco e i manieristi in Ispagna e in Italia," (en su Storia e fisiologia dell'arte di ridere, per cura di Giulio Natali. Milano: U. Hoepli Edit., 1901, vol, II. xii + 508pp.). (Dal Risorgimento delle Lettere in Europa all'apogeo e alla Decadenza).

444. FORD, J. D. M. "Possible Foreign Sources of the Spanish Novel of Roguery," en Anniversary Papers by Colleagues and Pupils of George Lyman Kittridge... Boston and London: Ginn, 1913, 462pp.
V. pp. 289-93.

445. CALABRITTO, GIOVANNI. I romanzi picareschi di Mateo Alemán e Vicente Espinel.
V. no. 39.

446. PARDUCCI, A. "Motivi italiani nel romanzo picaresco spagnolo," Convivium, XI (1939), pp. 302-14.

447. TODESCO, VENANZIO. "I promessi sposi e il romanzo picaresco," ARAP, XVIII (1939-1940), pp. 349-61. (Nuova serie, vol. 56. Memorie della Classe di Scienza Morale.).

448. RAUHUT, FRANZ. "Vom Einfluss des spanischer Schelmen-

43

romans auf des italienische Schriftum, " RF, LIV (1940), pp. 152-61.

449. GILLET, JOSEPH. "The Squire's Dovecote, " en Frank Pierce, ed.: Hispanic Studies in Honor of I. González Llubera. Oxford: Dolphin, 1959. 440pp.
V. pp. 135-38.
Se alude a fuentes italianas y clásicas.
V. también nos. 867, 892, 1056, 1343, 1347, 1354-55, 1410, 1418, 1421, 1424, 1432.

Portugal

450. PRADO COELHO, J. DO. Dicionário das literaturas portuguesa, galega e brasileira. Porto, 1960. 610pp.
V. el concepto "picaresco. "

451. V. FERNÃO MENDES PINTO. Peregrinação e outras obras.
Texto crítico, prefácio, notas e estúdo por Antonio Antonio José Saraiva. Lisboa: Sá da Costa, 1961. (Col de Clásicos Sá da Costa).

452. SARAIVA, A. J. "Fernão Mendes Pinto ou a sátira picaresca de ideología senhorial, " en su Historia da cultura em portugal, III. Lisboa, 1962, pp. 343-96.

453. CARMO, JOSÉ A. P. DO. O pícaro e os caminhos de Santiago. Rio de Janeiro: Gráfica Olímpica Editóra, 1965. 15pp.

454. TRULLEMANS, U. M. Huellas de la picaresca en Portugal.
Madrid-Göteborg: Ínsula, 1968, 255pp. 21cm.
Para bibliografía adicional sobre la picaresca en Portugal, vid. pp. 221-28.

455. _____. "A Relíquia d'Eça de Queirós. Notes sur la structure d'on anti-roman picaresque, " RRom, VI (1971), no. 1, pp. 85-113.
V. también no. 930.

Rusia

456. STREIDTER, J. Der Schelmenroman in Russland. Ein Beitrag zur Geschichte des russichen Roman vor Gogol.
Wiesbaden, 1962. 296pp.
V. también nos. 262, 923, 933, 991.

Hispanoamerica

457. WAGNER, M. L. "Ein mexicanisch - spanischer Schelmenroman: Der Periquillo Sarniento des José Joaquín

44

Fernández de Lizardi, 1816, " ASNS, XXXIV (1916), pp. 76-100.

458. MONJARDÍN, FEDERICO F. "El Lazarillo de ciegos caminantes de Concolorcorvo: ¿Quién fue su author?, " BIIH, VII (1928), no. 37, pp. 30-32.

459. VARGAS UGARTE, R. , S. J. "En pos del verdadero autor de El Lazarillo, " BIIH, VII (1929), no. 39, pp. 16-19.

460. GONZÁLEZ ROJO, E. "Picaresca mexicana, " Excelsior [México] (31 de julio de 1936).

461. NÚÑEZ, L. "Nuevo Periquillo, " Revista de Revista [México] (agosto de 1938).

462. MORBY, E. S. "¿ Es Don Segundo Sombra novela picaresca?, " RIA, I (1939), pp. 375-80.

463. JARNÉS, BENJAMÍN. "Retonos de Lazarillo, " La Nación (14 de enero de 1940).

464. BUSANICHE, JOSÉ LUIS. "La incógnita de El Lazarillo, " (en El Lazarillo de ciegos caminantes desde Buenos Aires hasta Lima. Buenos Aires, 1942, pp. ix - xix.).

465. XAMMAR, LUIS FABIO. "Perspectiva de Concolorcorvo, pícaro, " La Prensa [Buenos Aires] (4 de julio de 1943).

466. GARCÍA CAMPOS, E. Garambullo: Historia de un pícaro sin fortuna. Novela. México, 1945.

467. ZAMORA PLOWES, L. Quince uñas y Casanova, aventureros: Novela histórica picaresca con 2000 notas históricas, biográficas, toponímicas, geneológicas, folklóricas, etc. México: Talleres gráficos de la Nación, 1945. 2 vols.

468. HERRERA, FLAVIO. "La picaresca española y la guatemalteca, " RdG, II (abril-junio 1952), no. 5, pp. 5-17.

469. SOLÍS, EMMA. Lo picaresco en las novelas de Fernández Lizardi. México, D. F. , 1952. 106pp.
    Tesis mimeografada de la Universidad Nacional Autónoma de México.

470. HOGAN, MARGARITA B. Picaresque Literature in Spanish America. Diss. New York, 1954.
    Tesis doctoral inédita de la Columbia University.

471. AZEVES, ÁNGEL H. "El viejo Viscacha de Martín Fierro, " RLC, XXX (1956), pp. 257-60.

472. REAL DÍAZ, JOSÉ J. "Don Alonso Carrió de la Vandera,

45

autor del Lazarillo de ciegos caminantes," AEA, XIII (1956), pp. 387-416.

473. BUENO, SALVADOR. "Hondura y picardía de José Rubén Romero," en La letra como testigo. Santa Clara: Cuba, 1957, pp. 61-89.

474. GRASS, ROLAND. "José Rubén Romero: Lo picaresco y la Revolución Mexicana," Excelsior (29 de septiembre de 1957).

475. CASTILLO PUCHE, J. L. "Pícaros americanos y pícaros españoles," EL (1961), no. 208, pp. 1, 9-11.

476. GARGANIGO, JOHN F. "Pito Pérez: ¿Héroe o antihéroe?," Nacional (10 de febrero de 1963).

477. LIDA DE MALKIEL, M. R. "Una anécdota de Facundo Quiroga," HR, XXXI (1963), pp. 61-64. Sobre el escudero en el Lazarillo de Tormes.

478. LINDO, HUGO. "¿Picaresca americana?," Cultura (octubre-diciembre de 1963), no. 30, pp. 17-23.

479. MAZZARA, R. A. "Some Picaresque Elements in Concolor-corvo's El Lazarillo de ciegos caminantes," Hispania, XLVI (1963), no. 2, pp. 323-27.

480. WEBER DE KURLAT, F. "El teatro del siglo XVI y la novela picaresca," en Lo cómico en el teatro de Fernán González de Eslava. Buenos Aires: Universidad de Buenos Aires, Fac. de Fil. y Letras, 1963. 252pp. (Instituto de Literatura Española, Monografía, 2.).

480a. HERNÁNDEZ ROSA, C. Algunas consideraciones sobre la novela picaresca mexicana. México, 1965. 248pp. 22cm.

480b. CASTELLANOS, ROSARIO. Juicios sumarios. Xalapa: Univ. Veracruzana, 1966. 434pp. V. pp. 190-203. Sobre el Lazarillo de Tormes y La vida inútil de Pito Pérez.

481. SALOMON, NOËL. "Introduction a J. -J. Fernández de Lizardi romancier malgre lui," (en Mélanges a la memoire de Jean Sarrailh. Paris: Centre de Recherches de l'Institut d'Études Hispanique, 1966, t. II, pp. 325-43.).

482. ARLT, ROBERTO. Las muchachas de Buenos Aires. Aguafuertes porteñas. Seguido de pícaras sin historia. Buenos Aires: Edicom, 1969. 164pp. Novela.

483. BLACKBURN, CAROL R. The Picaresque Novel in México.
Diss. Urbana, Illinois, 1969. 149pp.
DA, XXXI (1970), no. 2, pp. 751A-752A.
V. también nos. 1060, 1637, 1894.

Influencias judáicas

484. LIDA DE MALKIEL, M. R. "Del judaismo español: Yosep
ben Meir Ibn Zabara," Davar, XXXVI (1951), p. 7.

485. CASTRO, AMÉRICO. "Un aspecto del pensar hispano-judio, "
Hispania, XXXV (1952), pp. 161-72.
Idem en España y su historia. Buenos Aires:
Losada, 1948, cap. X.

486. BATAILLON, MARCEL. "Les nouveaux chrétiens dans
l'essor du roman picaresque, " Neophilologus, XLVIII
(1964), pp. 283-98.

487. BEST, O. F. "Das judische Erbe in frühen spanischen
Schelmenroman, " Die Welt (11 de nov. de 1965).

Teatro

488. ANÓN. COMEDIA nueva en un acto. A pícaro, pícaro y
medio. Valencia. Con licencia. Imp. de Ildefonso
Pompié, 1817. 21pp. 4º.
Entremés anónimo del siglo XIX.
Ejemplar: Madrid. Biblioteca Nacional. Sig. U.
8715.

489. CAÑIZARES, JOSÉ DE. El Picarillo en España. 1899.
En Ochoa y Ronna, Eugenio de. Tesoro del teatro
español, vol. V, pp. 361-429.

490. MARTÍNEZ RUIZ, J; (AZORÍN). "El teatro y la novela, "
en "Los valores literario, " de Obras completas, vol.
XI. Madrid: Caro Raggio, 1919-1923. 307pp.
V. pp. 199-204.

491. CRAWFORD, J. P. W. "The pícaro in the Spanish Drama
of the Sixteenth Century, " en Schelling Anniversary Papers by His Former Students. New York: Century,
1923. 341pp.
V. pp. 107-16.
V. también su Spanish Drama Before Lope de Vega.
Philadelphia: University of Pennsylvania Press, 1937,
pp. 104-05.

492. ENTRAMBASAGUAS, J. DE. "Un aspecto interpretativo de
El retablo de las maravillas, (Picaresca, papancia,

discreción)," Mediterráneo, XVII - XX (1947), pp. 308-19.

Tir. ap. Valencia: Facultad de Filosofía y Letras, Universidad Literaria, 1950. 12pp.

493. LEY, CHARLES D. El gracioso en el teatro de la península (Siglos XVI - XVII). Madrid: Revista de Occidente, 1954. 263pp.

494. BAQUERO GOYANES, M. "El entremés y la novela picaresca," (en Estudios Dedicados a Menéndez Pidal, vol. IV. Madrid: C. S. I. C., 1956, pp. 215-46).

495. WEBER DE KURLAT, F. "El teatro anterior a Lope de Vega y la novela picaresca," Filología, VI (1960), pp. 1-27.

496. _____. "El teatro del siglo XVI y la novela picaresca." V. no. 480.

497. ASENSIO, E. "El entremés y los géneros contiguos," (en su Itinerario del entremés desde Lope de Rueda a Quiñones de Benavente... Madrid: Gredos, 1965, pp. 24-40).

498. SAINETES de la vida picaresca. A cura de X. Fabregas. Barcelona, 1967. 128pp.

499. NAGY, E. "El aspecto picaresco-cortesano en Hombre pobre todo es trazas de Pedro Calderón de la Barca," IRom, III (1971), no. 1, pp. 44-59.
V. también no. 988.

Prólogos

500. LAURENTI, JOSEPH L. "Observaciones sobre la estructura de los prólogos en las novelas picarescas españolas de los siglos XVI, XVII y XVIII," AION-SR, XI (1969), no. 1, pp. 74-83.

501. _____. "El prólogo en la novela picaresca española," en su Estudios sobre la novela picaresca. Madrid: C. S. I. C., 1970, pp. 1-22.

502. _____. Los prólogos en las novelas picarescas españolas. Madrid: Castalia, 1971. 140pp.
Para la bibliografía sobre los estudios proemiales en la picaresca, vid. pp. 51-7.

VII. LAZARILLO DE TORMES (1554)

A) Bibliografías

503. MACAYA Y LAHMANN, E. Bibliografía del Lazarillo de
     Tormes. San José, Costa Rica: Convivio, 1935. 164pp.

504. KELLER, D. S. "Lazarillo de Tormes 1554-1954: An
     Analytical Bibliography of Twelve Recent Studies," His-
     pania, XXXVII (1954), pp. 453-56.

505. LAURENTI, JOSEPH L. "Ensayo de una bibliografía del
     Lazarillo de Tormes (1554) y de la Segunda parte de
     la vida de Lazarillo de Tormes... de Juan de Luna
     (1620)," AION-SR, VIII (1966), no. 2, pp. 265-317.

506. _____. "Ensayo de una bibliografía del Lazarillo de
     Tormes (1554) y de la Segunda parte de la vida de
     Lazarillo de Tormes... de Juan de Luna (1620): Suple-
     mento," AION-SR, XIII (1971), no. 2, pp. 293-330.

B) Ediciones

1. Españolas

507. LA vida de Lazarillo de / Tormes y de sus fortunas: y /
     aduersidades. Nueuamente impressa, / corregida, y de
     nueuo añadi/da en esta suguda (sic) im/pression. /
     Véndese en Alcalá de Henares, en / casa de Salzedo
     Librero, Año / de M. D. L. III. Fué Impressa esta
     presente / obra en Alcalá de Henares en casa / de
     Salzedo Librero a veynte / y seis de Febrero de Mil /
     y Quinientos y Cin / quenta y quattro Años. 16º. 46 ff.

508. LA vida de Lazarillo / de Tormes: y de sus / fortunas y
     aduer / sidades. / 1554. / Impresso en Burgos en /
     casa de Juan de Junta. Año de / mil y quinientos y
     cinquen / ta y quatro Años. / 8º. 48 ff.

509. LA VIDA DE / LAZARILLO DE / Tormes, y de sus for /
     tunas y aduer / sidades. / EN ANVERS. / 1554. /
     Con Priuilegio Imperial. / 12º. 48 ff.
     A continuación:
     LA SEGUN / DA PARTE DE LAZA / RILLO DE TOR-
     MES; Y / de sus fortunas y ad / uersidades. / EN

ANVERS / En casa de Martin Nuncio, a la en / seña de
de las dos Cigüeñas. M. D. LV. / Con Priuilegio Imperial. 67 ff.

510. LA VIDA DE LAZA / RILLO DE TOR / MES, Y DE SUS
FOR / tunas, y aduersi / dades. / EN ANVERS, / En
el Unicornio dorado, en ca / sa de Guillermo Simon. /
M. D. L. V. / 12º. 94pp.
A continuación:
LA SEGUN / DA PARTE DE LAZA / RILLO DE TOR-
MES, Y / de sus fortunas, y ad / uersidades. / EN
ANVERS, / En el unicornio dorado, en / casa de
Guillermo Simón. / M. D. L. V. / Con Priuilegio
Imperial. 83 ff.

511. Lazarillo de Tormes Castigado. Impresso con licencia, del
Consejo de la santa Inquisición...
A continuación:
Propaladia de Bartolomé de Torres Naharro, y Lazarillo
de Tormes. En Madrid: por Pierre Cosin, M. D.
LXXIII. 417 ff.
En el folio 373, empieza el Lazarillo de Tormes
(1554).

512. LA VIDA / DE LAZARILLO / DE TORMES, / Y de sus
fortunas y aduersidades. / En Milán, Ad instança de
Antoño de Antoni. / M. D. LXXXVII En Milán, por
Iacobo María Meda. / M. D. LXXXVII / Con licenca
de los superiores. / 4 + 75 ff.
En el folio 30 empieza la Segunda parte anónima de
Amberes, de 1555:
LA SEGUNDA PARTE / DE LAZARILLO DE / TORMES.
/ y de sus fortunas y aduersidades...

513. LA VIDA / DE LAZARILLO / DE TORMES, / y de sus
fortunas y aduer / sidades. / EN LA OFICINA PLANTI-
NIANA, M. D. XCV. Amberes, 1595. 95ff.

514. LA VIDA. DE / LAZARILLO / DE TORMES, / y de sus
fortunas y aduersidades. / EN BERGEMO. M. D.
XCVII. / A instanza de Antoño de Antoni. 4 + 75ff.
En el folio 30 empieza la Segunda parte anónima:
LA SEGUNDA PARTE / DE LAZARILLO DE / TORMES.
/ y de sus fortunas y aduersidades. /
Igual a la edición de 1587. V. no. 512.

515. LAZARILLO / DE TORMES / castigado. / Agora nueuamente impresso / y emendado. / Con LICENCIA / EN
MADRID, Por Luis Sánchez, / Año M. D. XCIX. 70ff.

516. LAZARILLO / DE TORMES. NUE / vamente corregido. /
Con Licencia de la sancta / Inquisición, y del Ordinario.
En Barcelona / En casa de Sebastián de Cormellas /

Año 1599. 40ff.

517. LA vida de Lázaro de Tormes y de sus fortunas y aduersidades. En Roma. Por Antonio Facchetto, 1600. Con Licencia de los Superiores. 108pp.

518. LA / VIDA DE LAZARIL / LO DE TORMES. / Y de sus fortunas y aduersidades. / LA VIE DE LAZARILLE / DE TORMES, / Et de ses fortunes et aduersitez. / TRADVCTION NOVVELLE, / Raportée et conferée avec l'espagnol, / PAR NICOLAS et PIERRE BON / FONS, en leur boutique, au quatries - / mepillier de la grand' SALLE du PALAIS. / 1601. / AUEC PRIUILEGE du Rol. / 238pp.
Edicón parisina.
Texto español-francés. V. también no. 730.

519. LA VIDA / DE / LAZARILLO DE TORMES, / y de sus fortunas y / aduersidades. / EN LA OFICINA PLAN-TINIANA/M. C. CII. / Amberes, 1602. 120pp.

520. GALATEO / Español / Agora nueuamente impres / so, y emendado. / AUTOR LUCAS / Gracián Dantisco, cria / do de su Magestad. / Y DE NUEVO VA / añadido el destierro de la ig /norancia, que es, Quaterna / rio de auisos conuenientes a / este nuestro Galateo. Y la vi / da de Lazarillo de Tor / mes, castigado. / CON LICENCIA. / EN VALLADOLID, Por Luis Sánchez / Año de 1603. / A Costa de Miguel Martinez. / 6 + 295pp.
El Lazarillo de Tormes (1554) comienza en la p. 217:
LAZARILLO / DE TORMES / Castigado / Agora nueuamente im / presso, emen / dado. / CON LICENCIA. / EN VALLA. DOLID. / Por Luys Sanchez / Año M. DCIII. /

521. GALATEO Español. Agora nuevamente impresso, y emendado. Autor Lucas Gracián Dantisco... Y de nuevo va añadido al destierro de la ignorancia, que es Quaternario de avisos comvenientes a este nuestro Galateo. Y la vida de Lazarillo de Tormes, castigado. Medina del Campo, Christoual Lasso y Francisco García, 1603. 6 + 282pp.

522. LAZARILLO de Tormes Castigado. Agora nuevamente impresso y emendado. Alcalá. En casa de Justo Sánchez Crespo. Alcalá, 1607. 70pp.

523. LA vida de Lazarillo de Tormes: y de sus fortunas y adversidades. La vie de Lazarille de Tormes: et des ses fortunes et adversitez. Nouvelle traduction, Rappor-tée et conferée avec l'espagnol. Par M. P. B. P. (M. P. B. Parisien.) A. Paris, Par Nicolas Bonfons, 1609.

51

252pp.
Texto español-francés.

524. JUAN BAUTISTA BIDELO. La Vida de Lazarillo de Tormes, y sus Fortunas y Adversidades. En Milán. M. D. C. X. V. Milán, 1615. 6 + 178pp.

525. LA vida del Lazarillo de Tormes, y de sus fortunas y aduersidades. La vie de Lazarille de Tormes: et de ses fortunes et aduersitez. Nouvelle traduction, rapportée et conferée auec l'espagnol. Par M. P. B. P. (M. P. B. Parisien.) A. Paris, chez Adrian Tiffaine, rue des deux portes a l'Image nostre Dame. M. DC. XVI. Paris, 1616. 239pp.

526. LAZARILLO / DE TORMES. NVE / uamente corre / gido. Con licencia de la Sancta / Inquisición, y del / Ordinario. / En Barcelona. / En casa de Sebastian de Cormellas. / Año 1620. 40ff.

527. VIDA DE / LAZARILLO / DE TORMES. / CORREGIDA, Y EMENDADA / Por I. DE LVNA Castellaño, / Interprete de la lengua / Española. / Dirigida al illustrissimo Señor Don / CHRISTIANO DE OSTERHOVSEN, / Cavallero de la Camara de su Alteça / el elector de Saxonia. / [Vignette] / EN PARIS. / En casa ROLET BOVTONNÉ, en el / Palacio, en el corredor de los presos, / cerca de la Chancilleria. / M. D. XX [Por M. DC. XX.] / Con Preuilegio del Rey. / Paris, 1620. 5 + 120pp.
A continuación:
SEGUNDA PARTE, / DE LA VIDA DE / LAZARILLO / DE TORMES. / SACADA DE LAS / Coronicas (sic) Antiguas de Toledo. / Por I. DE LVNA Castellaño, / Interprete de la lengua / Española. / Dirigido a la illustríssima / Princesa Doña / HENRIETTE DE ROHAN. / EN PARIS. / En casa ROLET BOVTONNÉ, en el / Palacio, en el corredor de los presos; / cerca de la Chancilleria. / M. D. XX [Por M. DC. XX] / Con Preuilegio del Rey. / 5 + 168pp.

528. VIDA DE / LAZARILLO / DE TORMES. / CORREGIDA, Y EMENDADA. Por H. DE LUNA Castellaño, / Interprete de la lengua Española / En Zaragoça / Por PEDRO DESTAR, a los Señales del Feniz. / M. D. XX [Por M. DC. XX.]. Zaragoza, 1620. 5 + 120pp.
A continuación:
SEGUNDA PARTE, / DE LA VIDA DE / LAZARILLO / DE TORMES. / SACADA DE LAS / Coronicas antiguas de Toledo. / Por H. DE LVNA Castellaño, / Interprete de la lengua / Española. / Dirigido a la Illustrissima / Princesa Doña / HENRIETTE DE ROHAN. / En Zaragoça / PEDRO DESTAR, a los Señales del Feniz. / M. D. XX. [Por M. DC. XX.] Zaragoza, 1620. 5 +

168pp.
Edición contrahecha en Paris. V. no. 527.

529. LAZARILLO / DE TORMES. / Con Licencia de la Sancta In- / qui / sición, y del Ordinario, / 5 / EN BARCELONA / Por Hieronymo Marguerit, / Año 1621. / 40ff.

530. LA vida de Lazarillo de Tormes; y de sus fortunas y ad- versidades. Lisboa: Antonio Alvarez, 1626.

531. GALATEO / ESPAÑOL / AORA NUEVAMENTE / Impresso y emendado. AUTOR LUCAS GRA /CIAN DANTISCO, criado de su Magestad. / Y DE NUEVO VA / añadido el destierro de la igno / rancia, que es Qualernario de auisos convenientes a este nues / tro Galateo. / Y la vida de / Lazarillo de Tormes / castigado. / Año 1632. / Con licencia. / EN MADRID, Por la viuda de / Alonso Martin. / A costa de Domingo Gonçalez. / 192ff. La vida de Lazarillo de Tormes empieza en el folio 143: LAZARILLO / DE TORMES / CASTIGADO. / Aora nueuamente im / presso y emendado. / CON LICENCIA. / EN MADRID, Por la viu / da de Alonso Martin, Año 1632.

532. VIDA DE / LAZARILLO / DE TORMES. / CORREGIDA Y EMENDADA / Por H. DE LVNA Castellaño, / Interprete de la lengua / Española. En Zaragoça, / Por PEDRO DESTAR, a los Señales / del Feniz. M. DC. LII. / 6 + 120pp. A continuación: SEGUNDA PARTE, / DE LA VIDA DE / LAZARILLO / DE TORMES. / SACADA DE LAS / Coronicas antiguas de Toledo. / Por H. / DE LVNA Castellaño, / Inter- prete de la lengua / Española. / Dirigido a la illustris- sima / Princesa Doña / HENRRIETTE DE ROHAN. / EN Zaragoça, Por PEDRO DESTAR, a los Señales del Feniz / M. DC. LII. / 6 + 169pp. Reimpresión de la edición de 1620. V. no. 528.

533. LA vida de Lazarillo de Tormes, y de sus fortunas y aduersidades. LA vie de La Lazarille de Tormes, Et de ses infortunes et aduersitez. Reueue et corrigée par H. de Luna. Et traduite en François par L. S. D. A Paris, chez Pierre Bovdovyn proche a la porte des grands Augustins, a l'Image S. Augustin. Antoine Sommaville, M. DC. LX. 549pp.

534. LA VIDA / DEL LAZARILLO / DE TORMES, / y de sus fortunas y aduersidades. / LA VIE / DE LAZARILLE / DE TORMES, / Et de ses infortunes et aduersitez. / Reuue et corrigée par H. DE LVNE / natif de Cas-

tille, Intérprete de la Langue Espagnolle. / Et traduite
en François / par L. S. D. / A PARIS, CHEZ AVGUS-
TIN COVRBE, au / Palais, en la Salle des Merciers, /
a la Palme / M. DC. LX. 239pp.
A Continuación:
SECONDE PARTIE / DE LA VIE / DE LAZARILLE /
DE TORMES, / Tirée des vieilles Chroniques / de
Tolede.
Sigue:
SEGVNDA PARTE / DE LA VIDA / DE LAZARILLO /
DE TORMES, / Sacada de las Coronicas anti / guas de
Toledo. Paris, 1660.
Esta Segunda parte, de Juan de Luna, va de la p. 241 a
549.

535. LA vida del Lazarillo de Tormes, y de sus fortunas y aduer-
sidades.
La vie de Lazarille de Tormes, et de ses infortunes
et aduersitez. Reueue et corrigée par H. de Lvne natif
de Castille, Intérprete de la Langue Espagnole. Et tra-
duite en François par L. S. D. A. Paris, chez Geofroy
Marche, rue Sainct Iaques, a la Ville de Romê. M. DC.
LX.
A continuación:
SECONDE partie de la vie de Lazarille de Tormes,
Tirée des vieilles Chronique de Tolede.
SEGVNDA parte de la vida de Lazarillo de Tormes,
Sacada de las Coronicas antiguas de Toledo. Paris,
1660.

536. LA vida del Lazarillo de Tormes, y de sus fortunas y aduersidades.
LA vie de Lazarille de Tormes, et de ses infortunes
et aduersitez. Reueue et corrigée par H. de Lvne natif
de Castille, Intérprete de la Langue Espagnole. Et traduite en François par L. S. D. A. Paris, Arnould Cotinet, rue des Carmes, au Petit Iesus. M. DC. LX.
549pp.
A continuación:
SECONDE partie de la vie de Lazarille de Tormes,
Tirée des vieilles Chronique de Tolede.
SEGVNDA parte de la vida de Lazarillo de Tormes,
Sacada de las Coronicas antiguas de Toledo. Paris,
1660. 549pp.

537. LA vida del Lazarillo de Tormes, y de sus fortunas y aduersidades.
LA vie de Lazarille de Tormes, et de ses infortunes et
aduersitez. Reueue et corrigée par H. de Lvne natif
de Castille, Intérprete de la Langue Espagnole. Et
traduite en François par L. S. D. A. Paris, chez I.
Hanocq et I. Laisne, sur le Quay des Augustins, a la
Fleur de Lys, proche le Pont Neuf. M. DC. LX.

54

A continuación:
SECONDE partie de la vie de Lazarille de Tormes,
Tirée des vieilles Chronique de Tolede.
SEGVNDA parte de la vida de Lazarillo de Tormes,
Sacada Sacada de las Coronicas antiguas de Toledo.
Paris, 1660. 549pp.
La mayoría de los bibliógrafos consideran estas
cinco ediciones de los Lazarillos una sola y misma
impresión hecha por Antonio Sommaville.

538. LAZARILLO / DE TORMES / HISTORIA ENTRETENIDA. /
En que se cuenta sus dichos y sutilezas. / EN LISBOA.
CON LICENCIA. Por DOMINGO CARNERO / Año 1660.
/ 24ff.

539. LAZARILLO de Tormes castigado... Novela del gran Soldán,
con los amores de la linda Axa y el Príncipe de Nápoles.
Preguntas y respuestas del Deseo y el Reposo, en verso.
Cuento de Amor. Zaragoza: Ibar, 1660. 112pp.

540. GALATEO / ESPAÑOL. AORA NVEVAMENTE / impreso, y
enmendado. / AUTOR, LUCAS GRA/cian Dantisco, criado de su / Magestad. / Y DE NUEVO VA / añadido el
destierro de la ig / norancia, que es, Quaternario / de
auisos conuenientes a este nuestro Galateo. Y la vida
de Lazarillo de Tormes / castigado. / DIRIGIDO / A
DON IVAN BAV / tista Manuel de Venauente. / CON LI-
CENCIA. / En Madrid. / Por Andrés Gar / cía de la
Iglesia. Año 1664. / A costa de Alonso Núñez de Mon /
tenegro, Mercader de libros. / 6 + 214ff.
Sigue:
LAZARILLO / DE / TORMES / CASTIGADO. / Ahora
nueuamente impreso, y / enmendado. / CON / LICEN-
CIA. / En Madrid. Por Andrés García de la Iglesia.
Año 1664. / CON / LICENCIA / EN/MADRID / POR /
ANDRÉS GARCÍA / DE LA / IGLESIA / Año 1664.

541. GALATEO / ESPAÑOL, / AORA NUEVAMENTE / impresso,
y enmendado. / SV AUTOR/ LVCAS GRACIAN DANTISCO
/ criado de su Magestad. / VA AÑADIDO / EL DESTI-
ERRO / DE IGNORANCIA, / Que es Quaternario de
avisos conve / nientes a este nuestro Galateo. / Y LA
VIDA / DEL LAZARILLO / DE TORMES, / CASTIGADO.
/ Con licencia: En Madrid, en la Impren / ta de Fran-
cisco Martínez Abad, en la / Calle de Atocha. Año 1722.
4 + 271pp.
En la página 204 empieza la Vida de Lazarillo de
Tormes: VIDA DE / LAZARILLO / EL DE TORMES,
/ CASTIGADO. /
Aora nueuamente impresso, y en / mendado.

542. GALATEO / ESPAÑOL. AORA NUEVAMENTE / impresso,
y enmendado. / AUTOR LUCAS GRA / cian Dantisco,

55

criado de su / Magestad. / Y DE NUEVO VA / añadi-
do el Destierro de la ig / norancia, que es, Quaternario
/ de auisos conuenientes a este nuestro Galateo. Y la
vida de Lazarillo de Tormes / castigado. / DIRIGIDO /
A DON IVAN BAV / tista Manuel de Venauente. / Con
licencia / En Madrid, en la Im / prenta de Juan Sanz.
Año. 1722. / 4 + 285pp.
En la página 215 empieza la Vida de Lazarillo de
Tormes:
VIDA DEL / LAZARILLO / DE TORMES, / CASTIGADO.
/ Aora nuevamente impresso, y en / mendado. /

543. GALATEO Español, aora nvevamente impresso, y enmendado.
Sv autor Lvcas Gracián Dantisco criado de su Magestad.
Va añadido el Destierro de Ignorancia, Que es Quaternario de avisos convenientes a este nuestro Galateo. Y
la Vida del Lazarillo de Tormes, castigado. Con licencia. En Madrid, Pedro Joseph Alonso y Padilla, 1728.
8 + 285pp.

544. GALATEO / ESPAÑOL, / AORA NUEVAMENTE / impreso y
enmendado. SV AUTOR / LUCAS GRACIAN DANTISCO,
/ criado de su Magestad. / VA AÑADIDO EL DESTIERRO
/ de Ignorancia, que es Quaternario de avisos / convenientes a este nuestro / Galateo. Y LA VIDA / DEL
LAZARILLO DE TORMES, / castigado. / Con licencia.
En Madrid: a costa de D. Pedro Joseph / Alonso y Padilla, Librero de Camara del Rey. / Se hallara en su
Imprenta, y Librería, Calle / de Santo Thomas. Año
1746. / 9 + 285pp.
En la p. 215 empieza la Vida de Lazarillo de Tormes:
VIDA / DEL / LAZARILLO / DE TORMES, / CASTI-
GADO. / AORA NUEVAMENTE / impresso, y enmen /
dado.

545. GALATEO / ESPAÑOL, AORA NUEVAMENTE / impresso, y
enmendado / SU AUTOR / LUCAS GRACIÁN DANTISCO, /
criado de su Magestad. / VA AÑADIDO EL DESTIERRO
/ de Ignorancia, que es Quaternario de avisos / convenientes a este nuestro Galateo. / Y LA VIDA / DEL
LAZARILLO DE TORMES, / castigado, / CON LICEN-
CIA DEL REAL CONSEJO. / En Valencia: Por Benito
Montfort, año 1769. / Se hallará en su misma imprenta.
/ 8 +240pp.
Sigue:
VIDA / DEL / LAZARILLO / DE TORMES, / CASTI-
GADO. / AORA NUEVAMENTE / impresso, y enmen /
dado. / 2 + 73pp.

546. GALATEO / ESPAÑOL, / SU AUTOR / LUCAS GRACIÁN
DANTISCO, / criado de su Magestad. / AÑADIDO / EL
DESTIERRO DE IGNORANCIA / que es Quaternario de
avisos convenientes a este nuestro Galateo. / Y LA

VIDA / DEL LAZARILLO DE TORMES, / castigado. /
EN MADRID. / POR DON JOSEP DE URRUTIA. / AÑO
DE 1789. 4 + 234pp.
Sigue:
VIDA / DEL / LAZARILLO / DE / TORMES / CASTI-
GADO. / AORA NUEVAMENTE / impresso y enmendado.
/ 3 + 71pp.

547. GALATEO ESPAÑOL: / SU AUTOR / LUCAS GRACIÁN
DANTISCO, / criado de S. M. / AÑADIDO / EL DES-
TIERRO DE IGNORANCIA, QUE ES / QUATERNARIO DE
AVISOS CONVENIEN / TES A ESTE NUESTRO / GALA-
TEO: Y LA VIDA / DEL LAZARILLO DE TORMES,
CASTIGADO. / CON LICENCIA: BARCELONA. / EN
LA OFICINA DE JUAN FRANCISCO PIFERRER, / IM-
PRESOR DE S. M. / M. DCC. XCVI. / 3 + 234pp.
Sigue:
VIDA / DEL LAZARILLO / DE / TORMES, / CASTI-
GADO / AHORA NUEVAMENTE / impreso, y enmen /
dado. / 3 + 71pp.

548. GALATEO / ESPAÑOL, / AORA NUEVAMENTE / impresso,
y enmendado. / SU AUTOR / LUCAS GRACIÁN DANTIS-
CO, / criado de su Magestad. / VA AÑADIDO EL DES-
TIERRO / de Ignorancia, que es Quaternario de avisos
/ convenientes a este nuestro Galateo: Y LA VIDA /
DEL LAZARILLO DE TORMES, castigado / CON LI-
CENCIA: En Madrid [s. a.]. 4 + 240pp.
Sigue:
VIDA / DEL LAZARILLO / DE / TORMES, / CASTI-
GADO. / AORA NUEVAMENTE / impresso, y enmen /
dado. / 3 + 73pp. Ejemplar: New York. Hispanic So-
ciety of America.

549. VIDA de Lazarillo de Tormes. Madrid, 1800. [s. i.].
Ejemplar: New York. Hispanic Society of America.

550. VIDA de Lazarillo de Tormes. Cotejada con los mejores
exemplares y corregida por J. J. Keil. Gotha: C.
Stendel, 1810. 138pp.

551. VIDA / DEL / LAZARILLO / DE TORMES / CASTIGADO: /
AHORA NUEVAMENTE / impreso y enmendado. / CON
LICENCIA EN MADRID, / AÑO M. DCCC. XI. / 79pp.

552. LA VIDA / DEL / LAZARILLO DE TORMES, / Y SUS FOR-
TUNAS Y ADVERSIDADES. / POR D. DIEGO HURTADO
DE MENDOZA. / NUEVA IMPRESIÓN. / MADRID. /
En la imprenta de Sancha y se halla en París / en la
Librería de Teófilo Barrios el hijo, en / el Quai Vol-
taire, No. 11. / Año 1813. xii + 111pp.

553. LA vida de Lazarillo de Tormes, y de sus fortunas y adver-

57

sidades. Nueva edición. Burdeos: P. Beaume, 1816.
xii + 111pp.

554. LA VIDA / DE LAZARILLO DE TORMES, / Y DE / SUS
FORTUNAS Y ADVERSIDADES. / POR DON DIEGO HUR-
TADO DE MENDOZA. / NUEVA EDICIÓN. / FILADEL-
FIA: / EN LA IMPRENTA DE MATÍAS CAREY E HI-
JOS. / 1821. / xvi + 142pp.

555. LA VIDA / DEL LAZARILLO DE TORMES / Y SUS FOR-
TUNAS Y ADVERSIDADES. / POR D. DIEGO HURTADO
DE MENDOZA. / NUEVA EDICIÓN / NOTABLEMENTE
CORREGIDA E ILUSTRADA. / PARIS, IMPRENTA GAUL-
TIER LAGUIONIE, / 1827. 170pp.
En la p. 149 empieza "La vida del pícaro" (en tercia
rima).

556. VIDA / DE LAZARILLO DE TORMES, / CASTIGADO: /
ahora nuevamente impreso / y enmendado. / Se hallará
de venta en la IMPRENTA / titulado Ramos y compañía;
plazuela / de los Trujillos, No. 3, cuatro bajo, pró /
ximo á San Martín. / Madrid, 1829. 79pp.

557. VIDA / DEL LAZARILLO / DE TORMES, / Y SUS FOR-
TUNAS Y ADVERSIDADES: POR D. Diego Hurtado de
Mendoza. / NUEVA EDICIÓN: / notablemente corregida
e ilustrada, / y adornada con dos estampas. / MADRID:
ABRIL DE 1831. / IMPRENTA calle del amor de Dios,
/ Número 14. / Se hallará en la librería de Oréa, /
calle de la Montera. / xxvi + 149pp.
En la p. 135 empieza "La vida del pícaro."

558. LA VIDA / DEL / LAZARILLO DE TORMES, / SUS FOR-
TUNAS Y ADVERSIDADES. / Por D. Diego Hurtado de
Mendoza. / NUEVA EDICIÓN / BARCELONA. / EN LA
LIBRERÍA DE ANTONIO Y FRANCISCO / OLIVA CALLE
DE LA PLATERÍA. / 1834. / Gerona: Por Antonio
Oliva. Impresor de S. M. / Agosto 1834. / xx + 139pp.

559. LA vida de Lazarillo de Tormes y de sus fortunas y adversidades. Obra generalmente atribuida a D. Diego Hurtado de Mendoza. Marid, 1835.

560. LA VIDA / DE / LAZARILLO DE TORMES, / Y DE / SUS
FORTUNAS Y ADVERSIDADES. / POR D. DIEGO HUR-
TADO DE MENDOZA. / Nueva edición / BURDEOS, /
IMPRENTA DE LA Sa. Va. LAPLACE Y BEAUME. /
Paseo de Tourny, No. 7. / 1837. xviii + 144pp.

561. HURTADO DE MENDOZA, D. Guerra de Granada hecha por
el Rey D. Felipe II... [y] La vida de Lazarillo de
Tormes y de sus fortunas y adversidades. Barcelona:
Juan Oliveres, 1842. xxviii + 236pp. 8º.

562. LA VIDA / DE / LAZARILLO DE TORMES, / Y DE / SUS
FORTUNAS Y ADVERSIDADES. / POR D. DIEGO HUR-
TADO DE / MENDOZA. / SEVILLA. 1844. / Imprenta
de los SS. Estillarte her / manos, calle entre las dos
Cárceles / núm. 65. xxii + 176pp.

563. LA VIDA / DEL / LAZARILLO DE TORMES / Y SUS FOR-
TUNAS Y ADVERSIDADES. POR DIEGO ZELOSO (sic)
ESTREMEÑO / POR HURTADO DE MENDOZA, seguida
del / EL INMORTAL CERVANTES. / BARCELONA. /
IMPRENTA DE PEDRO FALLA, / CALLE ALTA DE S.
PEDRO NO. 60. / 1844. 224pp.
El celoso extremeño empieza en la p. 139.

564. LA VIDA / DE / LAZARILLO DE TORMES / Y SUS FOR-
TUNAS Y ADVERSIDADES. POR D. DIEGO HURTADO DE
MENDOZA. / NUEVA EDICIÓN DE LUJO, / aumentada
con dos segundas partes anónimas, / con grabados por
artistas / Españoles. Madrid. IMPRENTA DE D.
PEDRO OMAR (sic por MORA Y SOLER), / CALLE
DEL FOMENTO, No. 7. / 1844. vii + 382pp.

565. EL / LAZARILLO / DE / TORMES. / EDITOR CASTELLO.
Madrid, 1845. vii + 382pp.

566. ARIBAU, B. C., ed. Lazarillo de Tormes, (en Novelistas
anteriores a Cervantes. Madrid, 1846.) (Biblioteca
Autores Españoles, t. 3.).

567. OCHOA Y RONNA, EUGENIO DE, ed. El Lazarillo de Tormes, y sus fortunas y adversidades por Diego Hurtado
de Mendoza, (en Tesoro de novelistas españoles antiguos
y modernos, con una introducción y noticias de don...
Paris: Baudry, 1847, vol. I.) (Colección de Autores
Españoles, 23-25.).
Contiene: La pícara Justina (1605); Segunda parte
de la vida de Lazarillo de Tormes... (1620); El castigo de la miseria (1635); La garduña de Sevilla (1642);
Vida de don Gregorio Guadaña (1644); Vida y hechos de
Estebanillo González... (1646); El diablo cojuelo (1641.).

568. LA VIDA / DE LAZARILLO DE TORMES, / Y SUS FOR-
TUNAS Y ADVERSIDADES, / POR / D. DIEGO HUR-
TADO DE MENDOZA. / NUEVA EDICIÓN AUMENTADA
CON LA SEGUNDA PARTE, / SACADA DE LAS CRÓNI-
CAS ANTIGUAS DE TOLEDO, / POR H. DE LUNA. /
PARIS: BAUDRY, LIBRERÍA EUROPEA / No. 3, QUAI
MALAQUAIS, CERCA DEL PUENTE DES ARTS, / vende
también por STASSIN Y XAVIER, calle DU COQ; AMYOT
calle de la Paix; / TRUCHY, Boulevard des Italiens;
Th. BARRIOS, Quai Voltaire; / LEOPOLD MICHELSEN,
LEIPZIG; y por todos los principales Libreros del
Continente. / 1847. / 2 + 123pp.

568a. LA vida de Lazarillo de Tormes y de sus fortunas y adversidades. Alicante, 1860. 63pp. 8º.

568b. VIDA de Lazarillo de Tormes, por Diego Hurtado de Mendoza. Madrid; Impr. L. Beltrán, 1861. 47pp. 17cm.

569. PRIMERA PARTE / DE LAZARILLO DE TORMES / Y SUS FORTUNAS Y ADVERSIDADES, / POR DON DIEGO HURTADO DE MENDOZA. / NUEVA EDICIÓN DE LUJO Y ECONÓMICA. / MADRID. / IMPRENTA DE LUIS BELTRÁN, EDITOR / CALLE DEL SACRAMENTO, No. 10 / 1865 / 62pp.

570. LA VIDA / DE LAZARILLO DE TORMES / Y SUS FORTUNAS Y ADVERSIDADES. / MADRID: 1868 / Imprenta de la viuda de D. F. MARTÍNEZ / a cargo de MIGUEL RODRÍGUEZ. Manzana, 15, bajo / 10pp. Edición abreviada, en joja de periódico.

571. VIDA de Lazarillo de Tormes... Madrid, 1877. [s. l.].

572. OBRAS en prosa de don Diego Hurtado de Mendoza. Madrid: Librería de la viuda de Hernando, 1881. 438pp. (Biblioteca Clásica, vol. XLI.). Contiene: Lazarillo de Tormes (1554), pp. 191-244; Segunda parte anónima (1555), pp. 245-322; Segunda parte de la vida de Lazarillo de Tormes... (1620), de Juan de Luna, pp. 323-98.

573. LA vida de Lazarillo de Tormes y de sus fortunas y adversidades, por D. Diego Hurtado de Mendoza. Madrid: Dirección y administración... 1882. vii + 192pp. 11cm. (Biblioteca Universal, vol. 79.). Con la Segunda parte de Juan de Luna.

574. EL LAZARILLO / DE TORMES / DE / D. DIEGO HURTADO DE MENDOZA / CON / UN ESTUDIO CRÍTICO / POR D. M. DE TORO Y GÓMEZ / PARÍS / LIBRERÍA GARNIER HERMANOS / 6 CALLE DES SAINT PÈRES, 6. / 1884. / Contiene: Segunda parte de Juan de Luna y El donado hablador. El estudio crítico consta solamente de siete páginas.

575. V. NOVELAS españolas - Biblioteca Verdaguer. Novelas españolas. Narraciones escogidas de Cervantes, Quevedo y Hurtado de Mendoza. Barcelona, 1884. 8º.

576. LA VIDA / DE LAZARILLO DE TORMES / Y SUS FORTUNAS Y ADVERSIDADES. / OBRA GENERALMENTE ATRIBUIDA / A DON DIEGO HURTADO DE MENDOZA. / Editor: M. M. de Santa Ana. / Director: A. Sánchez Moguel. 1885. / Imprenta de la Correspondencia de

España. / Madrid: Factor, 5. / 44pp.
Se reproducen solamente los tres primeros tratados
del Lazarillo.

577. MOREL-FATIO, A. , ed. Lazarillo de Tormes. Paris:
Launette 1886. 8º.
Tirada de 15 ejemplares.

578. LA vida de Lazarillo de Tormes. Publicada por la "La
Verdadera Ciencia Española. " Barcelona: Subirana,
1886. 238pp.

579. LA vida de Lazarillo de Tormes. Leipzig: Herausgegeben
von Adolf Kressner, 1890. x + 66pp. (Bibliothek
Spanischer Schrifsteller, vol. 10.).

580. HURTADO DE MENDOZA, D. Vida de Lazarillo de Tormes...
Barcelona, 1892. 158pp. 8º.

581. LAZARILLO de Tormes. Conforme a la edición de 1554.
Publícalo a sus expensas H. Butler Clarke, M. A.
Correspondiente de la Real Academia de la Historia.
Oxford. En casa de B. H. Blackwell. Broad St. ,
1897. iv + 94pp.

582. LAZARILLO de Tormes. Restitución de la edición Príncipe
por R. Foulché-Delbosc. Barcelona-Madrid, 1900.
72pp. (Biblioteca Hispánica, vol. III.).

583. LA VIDA / DE LAZARILLO DE TORMES / SUS FORTUNAS
Y ADVERSIDADES. / POR DON DIEGO HURTADO DE
MENDOZA. / SALAMANCA. / EST. TIP. DEL NOTI-
CIERO SALMANTINO. / 1901. 41pp.
Contiene también la Segunda parte de Juan de Luna,
69pp.

584. LA VIDA / DE LAZARILLO DE TORMES / Y SUS FORTUNAS
Y ADVERSIDADES. / POR / DON DIEGO HURTADO DE
MENDOZA. / LA CORUÑA. / TIPOGRAFÍA DE LA
MAÑANA. / 1901. 68pp. (Biblioteca de "La Mañana".).

585. VIDA de Lazarillo de Tormes. Madrid: Pérez y Cía. , 1901.
88pp.

586. HURTADO DE MENDOZA, D. Lazarillo de Tormes. LUIS
VÉLEZ DE GUEVARA. El diablo cojuelo. Paris:
Luis Michaud, 168 Boulevard St. Germain, 1902. (Bib-
lioteca Económica de Clásicos Castellanos.).
Sin número de páginas. Contiene la Segunda parte
de Juan de Luna.

587. LÓPEZ, ANTONIO, ed. Novelas picarescas: Lazarillo de
Tormes y Rinconete y Cortadillo ... con un prólogo de

J. GIVANEL MAS. Barcelona: Antonio López Editor, Librería Española, Rambla del Centro, No. 20, 1905. 208pp. 12º. (Col. Diamante, no. 100.). Lazarillo de Tormes, pp. 1-128; Rinconete y Cortadillo, pp. 129-208. Reimp. : Barcelona: Antonio López, 1906. 208pp.

588. HURTADO DE MENDOZA, D. La vida de Lazarillo de Tormes y de sus fortunas y adversidades. Madrid: Sucesores de Hernando, 1905. 179pp. (Biblioteca Universal, vol. LXXIX.).

589. Restitución / del texto primitivo d'la Vida / de Lazarillo de Tormes y de / sus fortunas y adversidades, / impresso al estilo de la época. / Seguido d'la Segunda par / te, escrita por Luna. / Edición dirigida y reuisada / por Edualdo Canibell socio / de merito del Instituto Catalán de las Artes del Libro / Barcelona, y d'otras corpora / ciones astísticas [astísticas por artísticas] y literarias. / Tipografía de la Academia / de Serra hermanos y Rufell / Ronda de la Universidad, 6 / Barcelona / 1906. / 6 + lxxixff. Reimp. : Barcelona, 1916.

590. HURTADO DE MENDOZA, D. Obras en prosa. La vida de Lazarillo de Tormes. La guerra de Granada, Dialógo entre Caronte y Farnesio y Carta del Capitán Salazar. Madrid: Perlado, Páez y Cía, 1907. 439pp. (Biblioteca Clásica, vol. XLI.). Reimp. : Madrid: Perlado, Páez y Cía. , 1911. 439pp.

591. HURTADO DE MENDOZA, D. La vida del Lazarillo de Tormes. LUIS VÉLEZ DE GUEVARA. El diablo cojuelo. FRANCISCO DE QUEVEDO Y VILLEGAS. Historia de la vida del gran tacaño. Madrid: Liga Hispano-Americana, 1908. 375pp.

592. LA vida de Lazarillo de Tormes y de sus fortunas y adversidades. Madrid: "Monitor del Progreso," 1909. 115 + 48pp.

593. SORRENTO, L. , ed. La vida de Lazarillo de Tormes. Edición y notas de ... Strasburgo: J. H. Heitz, 1913. 70pp. (Bibliotheca Románica, vol. 177.).

594. LAZARILLO de Tormes. Madrid, 1914. 277pp. (Colección "Clásicos Castellanos" La Lectura.). Ed. y estudio por J. Cejador Frauca.

595. LA vida de Lazarillo de Tormes y de sus fortunas y adversidades. Publícala Adolfo Bonilla y San Martín. Madrid: Ruiz Hermanos, Editores. Plaza de Santa Ana,

13, 1915. xxvii + 146pp.

596. RICHARDSON. CH. C., ed. Lazarillo de Tormes. Adapted
and Edited with Notes and Exercises by ... New York:
Duet, 1917. 78pp. (Modern Language Series.).

597. LAZARILLO de Tormes. Novela Picaresca. Madrid: Tip.
Renovación. Calpe, Editor, 1921. 88pp. (Col. "Universal".).
Reimp.: 2ª. ed. Madrid: Espasa-Calpe, 1929.
96pp. (Col. "Universal, " no. 510.).

598. SEGRELLES, JOSÉ DE, ed. El Lazarillo de Tormes.
Adaptado para los niños por José Escofet. Barcelona:
Edit. Araluce. Imprenta Dalmau, Yuset y Bis, 1922.
128pp. 9 láms.
2ª. edición: Barcelona: Edit. Araluce, 1929.
127pp. 8º.

599. CHAYTOR, H. J., ed. La vida de Lazarillo de Tormes.
Edited by ... Manchester: The University Press, 12
Lime Grove, Oxford Road, 1922. xxx + 65pp. (Man-
chester Modern Language Texts.).

600. LAZARILLO de Tormes. Paris-Wien, 1923. 129pp. (Biblioteca Rhombus, 10-11.).

600a. PEERS, E. ALLISON, ed. Lazarillo de Tormes. Abridged
and Edited with Introduction by ... London, 1923. 8º.
(Blackie's Spanish Series.).

601. OLEA, A. DE, ed. Lazarillo de Tormes. Mit Einleitung
und Anmerkungen hrsg. von ... München: M. Reubner,
1925. 62pp.

602. ALEXIS, JOSEPH E. A., ed. La vida de Lazarillo de Tor-
mes y de sus fortunas y adversidades. Edited with an
Introduction, Notes and Vocabulary by... Lincoln,
Nebraska: Midwest Book Company, 1927. xi + 139pp.
Otra edición: Lincoln, Nebraska, 1942. xi + 139.

603. BERKOWITZ, CHANON H. Y SAMUEL A. WOLFSKY, ed.
La vida de Lazarillo de Tormes y de sus fortunas y ad-
versidades. Modernized and Edited with Introduction,
Notes, Vocabulary, and Direct-Method Exercises. By...
Richmond, Virginia: Johnson Publishing Company, 1927.
xxiv + 166pp.

604. BENUMEYA, GIL, ed. La vida de Lazarillo de Tormes y de
sus fortunas y adversidades. Prólogo de ... Madrid:
Ibero-Africano-Americano, 1927. 197pp.

605. PITOLLET, C., ed. La vida de Lazarillo de Tormes y de

sus fortunas y adversidades. Publicada por ... Paris: D. Hatier, 1928. v + 63pp. (Les Classiques Pour Tours.).
2ª. edición: Paris: D. Hatier, 1946.

606. LAZARILLO de Tormes. Madrid: Librería y Casa Editorial Hernando, 1928. 192pp. (Biblioteca Universal, vol. LXXIX.).
Va seguida de la Segunda parte de Juan de Luna.
Reimp.: Madrid, 1929. 192pp.

607. PALUMBO, C. La vida de Lazarillo de Tormes y de sus fortunas y adversidades. Con introduzione e note di ... Palermo: A. Trimarchi, 1929. xvi + 94pp.

608. LA vida de Lazarillo de Tormes. Madrid: Editorial Razón y Fe [s. f.]. 8º. (Colección "Clásicos Amenos." vol. I.). Con El Buscón de Quevedo.

609. RAJA, E., ed. La vida de Lazarillo de Tormes y de sus fortunas y adversidades, con noticias de su anónimo autor, notas y comentarios por... Roma: Signorelli, 1931. viii + 113pp.

610. DUVIOLS, M., ed. La vida de Lazarillo de Tormes, y de sus fortunas y adversidades. Nouvelle édition avec introduction et notes par... Toulouse [s. f.]. xxi + 120pp.
Otra edición: Paris: Privat-Didier, 1934 (Col. de Classiques Espagnols.).

611. CASTRO, C., ed. La vida de Lazarillo de Tormes y de sus fortunas y adversidades. Edición y notas por ... Madrid: Signo, 1936. 143pp.
Reimp.: Madrid, 1939.

612. HENRÍQUEZ UREÑA, P., ed. Lazarillo de Tormes. Buenos Aires: Espasa-Calpe, 1937. 93pp.
Reimpresión de la edición de Barcelona, de 1900, de Foulché-Delbosc. V. no. 582.

613. LAGES, A., ed. Aventuras de Lazarillo de Tormes. Rio: Vecchi, 1939. 142pp. 8º.

614. ANÓNIMO. El Lazarillo de Tormes. Buenos Aires: Tor, 1939. 254pp. 8º.

615. MARAÑÓN, GREGORIO, ed. La vida de Lazarillo de Tormes. Madrid: Espasa-Calpe, 1940. 151pp. (Colección "Austral," 156.).
Hay más de once ediciones.

616. GONZÁLEZ PALENCIA, A., ed. La vida de Lazarillo de Tormes. Edición y notas por... Zaragoza: Ebro,

64

1940. 106pp.
Otras ediciónes Zaragoza: Ebro, 1942. 102pp. +
2 hojas.
Zaragoza: Ebro, 1947. 151pp. + 2 hojas. (Biblioteca Clásica Ebro. Clásicos Españoles, 24.

617. DIEGO Hurtado de Mendoza. La vida de Lazarillo de Tormes y de sus fortunas y adversidades. Notable ed.
anotada que contiene los dos textos: el antiguo y el
moderno. Texto íntegro, de acuerdo con el original.
Buenos Aires: Editorial Sopena argentina, s. r. l., 1940.
157pp. 22cm. (Biblioteca Mundial Sopena.).

618. CEJADOR FRAUCA, J., ed. La vida de Lazarillo de Tormes y de sus fortunas y adversidades. Madrid: La
Lectura, 1941. 253pp. 4ª. ed. (Col. "Clásicos Castellanos, " 25.).

619. LA vida de Lazarillo de Tormes. Barcelona: Editorial Cisne, 1941. 96pp. 8º.

620. ESCRIVÁ, VICENTE, ed. La vida de Lazarillo de Tormes...
Publicado por..., según las primeras ediciones de Bur-
gos y Alcalá, 1554. Valencia: Editorial AEternitas.
Tip. Moderna, 1942. Peq. fol., 151pp + 4 hojas.

621. MARAÑÓN, GREGORIO, ed. Lazarillo de Tormes. Pref.
de... 2ª. ed. Buenos Aires: Espasa-Calpe Argentina,
1942. 153pp. (Col. Austral, 156.).

621a. LA vida de Lazarillo de Tormes. Madrid, 1944. 4º.

622. LA vida de Lazarillo de Tormes. Barcelona: Montaner y
Simón, 1946. 166pp. + 2 hojas.
Con illustractiones de A. Lozoya.

623. CISNEROS, LUIS J., ed. El Lazarillo de Tormes. Ed. por..
Buenos Aires: Kier, 1946. 210pp.

623a. BERKOWITZ, CHANON H. Y SAMUEL A. WOLFSY, ed. La
vida de Lazarillo de Tormes y de sus fortunas y adversidades. Modernized and Edited with Introduction, Notes,
Vocabulary and Direct-Method Exercises by... New York:
Harper, 1947. xxiv + 166pp. 20cm.

624. TRELLES GRAÍÑO, J., ed. Lazarillo de Tormes. Madrid:
Suárez, 1947. 217pp. 8º.

625. HESSE, E. W. Y HARRY F. WILLIAMS, ed. La vida de
Lazarillo de Tormes y de sus fortunas y adversidades.
Edited by... Introduction by Américo Castro. Madison:
University of Wisconsin Press, 1948. xviii + 84pp.
Reimp. : Madison: University of Wisconsin Press, 1961.

626. MARAÑÓN, GREGORIO, ed. La vida de Lazarillo de Tormes. 6ª. ed. Prólogo de ... Buenos Aires - México: Espasa-Calpe, 1948.

627. CEJADOR FRAUCA, J. ed. La vida de Lazarillo de Tormes y de sus fortunas y adversidades. Madrid: Espasa-Calpe, 1949. 253pp. + 1 hoja. (Col. "Clásicos Castellanos".).

628. ANÓNIMO. El Lazarillo de Tormes. Buenos Aires: Marcos Sastre, 1951. 96pp. 8º.

629. TAYLOR, H. J., ed. La vida de Lazarillo de Tormes. Edited by ... Manchester University Press, 1951. xxxi + 67pp.

630. ANÓNIMO. El Lazarillo de Tormes. Barcelona: Mateu, 1955. 254pp.

631. CAVALIERE, A., ed. La vida de Lazarillo de Tormes y de sus fortunas y adversidades. A cura di ... Napoli: Giannini, 1955. 180pp.

632. GUERRERO PÉREZ, F., ed. Anónimo. El Lazarillo de Tormes. Segunda parte (Anónima). Segunda parte de H. de Luna. Introducción y notas de ... Santiago de Chile: Editorial Universitaria, 1955. 243pp. 8º. (Biblioteca Hispana, 4.).

633. SCARPA, R. E., ed. El Lazarillo de Tormes. Santiago de Chile: Zig-zag, 1955. 96pp. 8º.

634. ANÓNIMO. La vida de Lazarillo de Tormes. Barcelona: Edición G. G., 1956. 96pp. 8º. (Enc. Pulga, 285.).

635. GASCÓ CONTELL, E., ed. La vida de Lazarillo de Tormes y de sus fortunas y adversidades. Estudio preliminar de ... Madrid: A. Aguado, 1956. 240pp. 8º. fácsm. (Clásicos y Maestros.).

636. VALBUENA PRAT, A., ed. La vida de Lazarillo de Tormes y de sus fortunas y adversidades. Con un apéndice... México, Madrid: Aguilar, 1956. 422pp. ilustr. (Col. Crisol, no. 010).

637. VENTURA, R., ed. Lazarillo de Tormes. Traduzione introduzione e note a cura di... Modena: Edizioni Paoline, 1957. 115pp. 18cm. (Maestri. I Grandi Scrittori di Tutti i Tempi e di Tutte le Letterature, 27.).

637a. EL Lazarillo de Tormes. Los habladores, por Miguel de Cervantes. México: Editorial Orión, 1957. 122pp. 19cm. (Col. Literaria Cervantes.).

638. ANÓNIMO. Lazarillo de Tormes. México: Novaro, 1958. 119pp.

639. LA vie de Lazarillo de Tormes (La vida de Lazarillo de Tormes). Traduction de A. Morel-Fatio, intro. de M. Bataillon. Paris: Aubier, Éditions Montaigne, 1958. 221pp. 19cm. (Collection Bilingue des Classiques Espagnols). Reimp.: París: Aubier-Flammarion, 1968. 187pp. 18cm. (Bilingue Aubier-Flammarion, 3.).

640. MARAÑON, GREGORIO, ed. Lazarillo de Tormes. 10ª. ed. Madrid: Espasa-Calpe, 1958. xxix + 143pp. (Colección "Austral".).

641. CEJADOR FRAUCA, J., ed. La vida de Lazarillo de Tormes y de sus fortunas y adversidades. Edición y notas de... Madrid: Espasa-Calpe, 1959. 253pp. (Clásicos Castellanos, 25.).

642. DOS novelas picarescas. Anónimo: El Lazarillo de Tormes. Francisco de Quevedo: El Buscón. Garden City, N. Y.: Doubleday, 1959. 239pp. Reimp.: Garden City, N. Y., Doubleday, 1961. 239pp. (Col. Hispánica.).

643. MORENO BÁEZ, E., ed. El Lazarillo de Tormes (Alcalá de Henares, Burgos y Amberes, 1554). Noticia bibliográfica de ... Cieza: "La Fonte que Mana y Corre," 1959. xvpp. fácsm. xlvi + 94pp.

644. RIQUER, MARTÍN DE, ed. La Celestina y Lazarillos. Edición, prólogo y notas de ... Barcelona: Vergara Edit., 1959. 805pp. Contiene: La vida de Lazarillo de Tormes (1554) y Segunda parte de la vida de Lazarillo de Tormes... (1620), de Juan de Luna.

645. SESÉ, BERNARD, ed. La vida de Lazarillo de Tormes y de sus fortunas y adversidades. Presentado por ... Paris: E. Belin, 1959. 89pp. fácsim. (Cultura y Literatura Hispánica.).

646. LAZARILLO de Tormes. Buenos Aires: Plaza & Janés, 1960. 126pp. 18cm. (Clásicos Plaza, 1.).

647. ALEXIS, JOSEPH E. A., ed. La vida de Lazarillo de Tormes y de sus fortunas y adversidades. Edited with an Introduction, Notes and a Vocabulary by... 4th ed. Lincoln, Nebraska: Midwest Book Co., 1960. xi + 139pp.

648. DEL MONTE, ALBERTO, ed. Lazarillo de Tormes. A

cura di ... Napoli: R. Pironte e Figli, 1960. 106pp.
(Collana di Testi Romanzi.).

649. GONZÁLEZ PALENCIA, A., ed. Vida de Lazarillo de Tormes. Selección, estudio y notas por .. Zaragoza: Edit. Ebro, 1960. 108pp. (Biblioteca Clásica Ebro. Clásicos Españoles, 24.).

650. MARAÑÓN, GREGORIO, ed. Lazarillo de Tormes. Pref. de ... 11ª ed. Buenos Aires: Espasa-Calpe, 1960. 143pp. (Colección Austral, 156.).

651. LA vida de Lazarillo de Tormes y de sus fortunas y adversidades. México: Ediciones Ateneo, 1961. 138pp. (Colección Obras Inmortales.).

652. EL Lazarillo de Tormes. Adaptación del texto original por A. [ntonio] J. [iménez] L. [andi]. Madrid: Aguilar, 1961. 85pp. 23cm. (Colección El Globo de Colores).

653. CEJADOR FRAUCA, J., ed. La vida de Lazarillo de Tormes y de sus fortunas y adversidades. Edición y notas de ... Madrid: Espasa-Calpe, 1962. 253pp. (Clásicos Castellanos, 25.).

654. LAZARILLO de Tormes. Vida de Estebanillo González. Barcelona: Maucci, 1962. 602pp. (Clásicos Maucci.).

655. LA vida de Lazarillo de Tormes y de sus fortunas y adversidades. Habana: Edit. Nacional, 1962. 90pp. 19cm. (Biblioteca del Pueblo.).

656. JONES, ROYSTON O., ed. La vida de Lazarillo de Tormes y de sus fortunas y adversidades. Edited with Introduction and Notes by ... Manchester: Manchester University Press, 1963. xliv + 89pp. 19cm. (Spanish Texts.). Otra edición: Manchester: Manchester University Press, 1966. xliv + 89pp.

657. PELLEGRINI, CARLOS, ed. La vida de Lazarillo de Tormes. Introd., notas y vocab. de ... 2ª. ed. Buenos Aires: Huemul, 1963. 100pp. (Clásicos Huemul, 1.). 3ª. ed. : Buenos Aires: Huemul, 1965. 109pp.

658. EL Lazarillo de Tormes. El diablo cojuelo por Louis Vélez de Guevara. París: Sociedad de Ediciones Louis Michaud, [s. a.]. 258pp. 20cm. (Biblioteca Económica de Clásicos Castellanos.).

659. DELFINO, A. M. , ed. La vida de Lazarillo de Tormes y de sus fortunas y adversidades. Prólogo de ... 2ª. ed. Buenos Aires: Estrada, 1963. 139pp. Ilusr.

660. CASTRO, C., ed. La vida de Lazarillo de Tormes y de sus
fortunas y adversidades. Edición y notas de ... Madrid:
Taurus, 1964. 108pp. 19cm. (Colección Ser y Tiempo,
Temas de España, 27.).
Otra edición: Madrid: Taurus, 1968. 108pp. 19cm.

661. LASALA, BASILIO, ed. El Lazarillo de Tormes. Adaptación
de ... Madrid: I. D. A. G., 1964. 174pp. (Auriga.).

662. LAZARILLO de Tormes. Anónimo. Buenos Aires-Barcelona-
México, D. F. - Bogotá - Rio de Janeiro: Plaza &
Janes, S. A., 1964. 127pp.

663. ALCINA, JUAN F., ed. Anónimo. Lazarillo de Tormes.
Segunda parte de Lazarillo de Tormes de Juan de Luna.
Prólogo de ... Barcelona: Edit. Juventud, S. A., 1965.
207pp. (Col. Z. 115.).

664. DÍAZ-PLAJA, G., ed. Lazarillo de Tormes. Vida del Bus-
cón don Pablos. Estudio preliminar de ... 1ª. ed.
México: Editorial Porrúa, 1965. xxxix + 188pp. 22cm.
(Colección "Sepan Cuantos".).

665. MARAÑÓN, GREGORIO, ed. Lazarillo de Tormes. Pref. de
... 14ª. ed. Buenos Aires: Espasa-Calpe, 1965.
143pp. (Colección Austral, 156.) 15ª. ed. Buenos
Aires, 1966. 143pp.; 16ª. edición: Buenos Aires:
Espasa-Calpe, 1969. 141pp.

666. TERZANO DE GATTI, E., ed. La vida de Lazarillo de Tormes, con resúmenes históricos y literarios, notas ex-
plicativas, bibliografías, juicios sobre la obra y temas
de estudios por... Buenos Aires: Plus Ultra, 1965.
110pp. (Colección Universal, 1.).

667. LAZARILLO de Tormes. Barcelona: Círculo de Lectores.
1966. 158pp.

668. GUILLÉN, CLAUDIO, ed. Lazarillo de Tormes. El Abencerraje. Introduction and Notes by ... New York:
Dell Publishing Co., 1966. 187pp.

669. CASO GONZÁLEZ, J., ed. La vida de Lazarillo de Tormes,
y de sus fortunas y adversidades. Edición crítica, prólogo y notas de ... Madrid, 1967. 151pp. (Anejos del
Boletín de la Real Academia Española, XVII.).

670. BLANCO AMOR, J., ed. Lazarillo de Tormes. Prólogo: ...
Notas: María A. Rebuffo. Buenos Aires: Ediciones
Troquel, 1967. 118pp. 18cm. (Clásicos Troquel.).

671. DÍAZ-PLAJA, G., ed. Lazarillo de Tormes. Vida del Buscón don Pablos. Estudio preliminar de ... 3ª. ed.

69

México: Editorial Porrúa, 1967. xxxix + 188pp. 22cm.
(Colección "Sepan Cuantos", 27.).

672. ESCARPIZO, A. , ed. La vida de Lazarillo de Tormes. El Lazarillo de Manzanares, por Juan Cortés de Tolosa. Edición preparada por ... Barcelona: Edit. Lorenzana, 1967. 424pp. 18cm.

673. RICO, F. , ed. La novela picaresca española. I. Lazarillo de Tormes. Mateo Alemán, Guzmán de Alfarache. Edición, introducción y notas de ... Barcelona: Editorial Planeta, 1967, clxxxix + 912pp.

674. LAZARILLO de Tormes. Texto y notas por F. Aguilar Piñal. Alonso J. de Salas Barbadillo. Notas por C. Pastor Sanz, presentación por J. Gutiérrez Palacio. Madrid: Editorial Magisterio Español, 1967. 217pp. (Colección Novelas y Cuentos. Serie Literatura Española, Clásicos, 3.).

675. LA vida de Lazarillo de Tormes y de sus fortunas y adversidades. Madrid: Edit. Coculsa, 1968. 48pp. 17cm. (Primera Biblioteca, Literatura Española, 11.).

676. EL Lazarillo de Tormes. Madrid: Edit. Susaeta, 1968. 114pp. + 5 hojas. 16cm. (Colección Clásicos Universales, 2.).

677. LA vida de Lazarillo de Tormes. Caracas: Instituto Nacional de Cultura y Bellas Artes, 1969. 89pp. 18cm. (Colección de Grandes Autores, 1.).

678. DÍAZ, MARÍA TERESA, ed. El Lazarillo de Tormes. Adaptación de ... Barcelona: Edit. Bruguera. 1970. 91pp.

679. FERRER, INMACULADA, ed. Lazarillo de Tormes. Luis Vélez de Guevara: El diablo cojuelo. Edición y notas de... Prólogo de Francisco Rico. Barcelona: Ediciones Salvat y Alianza Editorial de Madrid, 1970. 178pp.

680. ISASI ANGULO, A. , ed. Lazarillo de Tormes. Con un estudio preliminar, notas y bibliografía seleccionada por... Barcelona: Edit. Bruguera, 1970. 213pp.

681. PÉREZ DEL HOYO, J. , ed. Anónimo. El Lazarillo de Tormes. Madrid, 1970. 166pp. (Col. 100 Clásicos Universales.). Con La Segunda parte de Juan de Luna.

682. LA Celestina. Fernando de Rojas. El Lazarillo de Tormes. Anónimo. Dirección Literaria y Prólogo... Barcelona - Buenos Aires, Ediciones Ferma, 1970.

440pp.
(Col. Clásicos Ferma.).
V. , además, nos. 5-11, 17, 19-20, 773.

2. Alemanas

683. LEBEN vnd Wandel Lazaril von Tormes: Vnd beschreibung,
Wass derselbe für vnglück vnd widerwertigkeitt aussges-
tanden hat. Verdeutzscht 1614.
Manuscrito de la Biblioteca de la Universidad de
Hamburgo, editado por primera vez en 1951 por Her-
mann Tiemann. V. no. 717.

684. ULENHART, NICLAS, ed. Zwo kurtzweilige / lustige / und
lächerliche Historien. Die Erste / von Lazarillo de
Tormes, einem Spanier ... Auss Spanischer Sprach ins
Teutsche gantz trewlich transferirt. Die ander / von
Isaac Winterfelder / und Jobst von der Schneid... Durch
Niclas Vlenhart beschriben. Gedruckt zu Augspurg (sic),
durch Andream Aperger, in verlegund Niclas Hainrichs.
M. DC. XVII. 8 hojas + 389pp. + 1 h. 8⁰.

685. HISTORIEN von Lazarillo de Tormes, einem Spanier, was für
wunderliche bossen er in seinem Leben verübet, vnd vie
es jhm dabey ergangen. Leiptzig: bey Mich. Wachsman,
1624. 8⁰.

686. HISTORIEN / VON LAZARILLO / de Tormes, einem stolzen /
Spanier: was fuer wunderliche / sel-/tzame vnd aben-
thewrliche Ding / er in seinem / Leben vnd Herrendien-
sten veruebte / Vnd wie es ihme / darbey bisz er
geheyrathet ergangen / Auch wie er letzt-/lichen mit
etlichen Teutschen in Kund-schaft ge-/rahten / vnd was
sich nach abscheid dersel-/ben mit ihme zugetragen. /
Zu mancherley bericht sehrlu stig / zu lesen. / Ausz
Spanisch in Teutsch vbersetzt. / Mehr etliche auszer-
leszne schoene / Gleichnussen / vnd Reden grosser /
Potentaten vnd Herzen. / Erstlich gedruckt zu Augspurg /
durch / Andream Aperger / 1627. / 6ff. + 130pp. 8⁰.
Ejemplar, London: British Museum.

687. HISTORIEN von Lazarillo de Tormes ... auss spanisch in
Teutsch übersetzt ... 1633. [s. l. - s. i.]

688. ULENHART, NICLAS, ed. Zwo kurtzweilige, lustige vnd
lächerliche Historien, Die Erste, von Lazarillo de Tormes, einem Spanier, ... die ander, von Isaac Winckelfelder, vnd Jobst von der Schneid, ... Durch... beschriben. [s. l.] 1643. 213pp. 8⁰.
London. British Museum.
München. Biblioteca de la Universidad.

71

689. _____. Zwo kurtzweilige, lustige und lächerliche Historien.
Die Erste Von Lazarillo de Tormes, einem Spanier...
Aus Spanischer Sprach ins Teutsche gantz treulich ubersetzt. Die Andere, von Isaac Winckelfelder, und Jobst
von der Schneid, ... Durch Nicolaum Ulenhart beschrieben - Nürnberg, 1656. Michael Endter, 213pp. 8º.
A continuación:

690. ENDTER, MICHAEL, ed. Der Ander Theil Lazarilli von
Tormes, bürtig aus Hispanien. Aus dem Frantzösischen
in das Teutsche übergesetzt durch P [aulus] K [üefuss].
Nurnberg: Michael Endter, 1653. 159pp.
V. también no. 1080.
London. British Museum.

691. ULENHART, NICLAS, ed. Zwo kurtzweilige, lustige und
lächerliche Historien. Die Erste, Von Lazarillo de
Tormes, einem Spanier, ... Aus Spanischer Sprach ins
Teutsche gantz treulich übersetzt. Die Andere, Von
Isaac Winckelfelder, und Jobst von der Schneid, ...
Durch Nicolaum Ulenhart beschrieben. Nürnberg:
Michael und Joahnn Friderich Endter, 1666.

692. LEBENS- BESCHREIBUNG des Lazarilli von Tormes, oder
einige artliche Erzehlungen und Begebenheiten etlicher
Welt-Händel, so sich im itzigen 1700 Seculo begehen
aus dem Italiänischen ubersetzt von Araldo Freyburg,
1701. 427pp. 12º.
La traducción proviene de la edición de Barezzo Barezzi.
Ejemplar, London. British Museum.

693. HAHNS, P. FR., ed. Leben Lazarilli von Tormes. Leipzig:
Emrich, 1701. 12º.

694. CURIEUSES und Lesens-würdiges Leben Eines Der Grösten
doch Klügesten Narren in der gantzen Welt, Denen klu-
gen Narren aber zum Ruhm. Aus dem Frantzöischen
[sic] ins Teutsche übersetzt. [s. l.] 1709. 427pp. 12º.
Ejemplar, Berlin. Biblioteca de la Universidad.

695. VIE et avantures de Lazarille de Tormes Das ist, Leben und
wunderbare Begebenheiten Lazarchen von Tormes eines
gebohrnen Spaniers, Nebst denen darinnen befindlichen,
und andern deselben ähnlich oder wiedriglautenden eint-
zelen Wörten, gantzen Redens-Arthen, Constructionibus
und Idiotismis wie auch Kurtzen Vorbericht Von den Par-
ticipes und Gerorndifs der Frantzösischen Sprache, ...
In Zweyen Theilen ans Licht gestellet von Ludwig Carl
Schnering. Rostock und Neubrandenburg: Georg Ludwig
Fritsch, 1741. 78 + 592pp. 16º.
Ejemplar, München. Staatsbibliotek.
Greiswald. Biblioteca de la Univ. de Greifswald.

696. LUSTIGE Begebenheiten des berümten Spaniers Lazarillo von
    Tormes, aufs neue übersetzt, von anstössigen Sachen
    gereiniget, und zu einem unschuldigen Zeitvertreibe
    eingerichtet. Zwei Theile. Ulm: Bartholomäi, 1769.
    292pp. 8º.
    Ejemplar, Tübingen. Biblioteca de la Univ. de Tüb-
    ingen.

697. ABENTHEUER, Ungemach, Launen und Busse Lazarillos, von
    Tormes. Leipzig: Weygand, 1782. 114pp. 8º.
    Ejemplar, Berlin. Wiss. Bibliothek.

698. LAZARILLO. Aus dem Spanischen des Dom Hurtado de Men-
    doza. Th. 1. 2 Wien: Kaiserer, 1790. 8º.
    Ejemplar, Berlin. Biblioteca de la Univ. de Berlin.
    Weimar. Landesbibliothek.
    Con la Segunda parte de Juan de Luna.

699. LEBEN des Lazarillo von Tormes. Th. 1. 2. Zittau:
    Schöps, 91pp. 8º. (Kleine Natur- und Sitten Gemälde.).
    Reimp.: 1794. 8º.

700. DAS Leben eines leonischen Bettlers, von ihm selbst bes-
    chrieben. Zum erstenmale aus dem span. Originale
    übers. und Anm. begl. von C[arl] A[ugust] Frh. V.
    Soden. 1. 2. Ronnenburg und Leipzig: Schumann, 1802.
    12º.

701. LEBEN des Lazarillo von Tormes, von D. Diego Hurtado de
    Mendoza. Uebers. v. J[ohann] G[eorg] Keil. Gotha:
    Steudel, 1810. xii + 243pp. 8º. (Sammlung Spanischer
    Original-Romane, I.).
    Reimp.: Berlin, 1923. 142pp. 8º. V. no. 708.

702. LEBEN und Abenteuer des Lazarillo von Tormes. Ein
    Schelmenroman von Diego Hurtado de Mendoza. Aus
    dem Spanischen übersetzt von Franz von Aubingen [d.
    i. Franz Xaver Wannenmacher]. Leipzig. [c. 1880]
    68pp. 16º. (Universal-Bibliothek, 1389.).
    Ejemplar, Leipzig. Deutsche Bücherei.

703. LAUSER, W. , ed. Der Erste Schelmenroman. Lazarillo de
    Tormes. Herausgegeben von ... Stuttgart: J. C. Cotta,
    1889. 181pp. 8º.

704. ROMANISCHE Schelmennovellen. Deutsch von Jakob Ulrich.
    Leipzig: Dt. Verlagsactienges, 1905. xliii + 234pp.
    8º. (Romanische Meistererzähler, 2.).

705. RAUSSE, HUBERT, ed. Lazarillo de Tormes. An Hand der
    dt. Übertragung des 17 Jh. dem Spanischen übersetzt
    und eingeleitet von ... 1. und 2. Aufl. Stuttgart:
    Franckh, 1911. 156pp. 8º. (Bibliothek des 17. und

73

18 Jahrhunderts.).
Ejemplar, Hamburg. Biblioteca de la Univ. de Hamburg. Con la Segunda parte de Juan de Luna.

706. BREDT, E. W. , ed. Leben und Abenteuer des Lazarillo von Tormes. Mit den bisher unveröffentlichen dreiundsiebzig Zeichnungen des Leonard Bramer [1646] hrsg. und neu erzählt von E[rnst] W[ilhelm] Bredt. München: Hugo Schmidt, 1920. 140pp. Con la Segunda parte de Juan de Luna.

707. DIEGO HURTADO DI [sic] MENDOZA. Die Abenteuerdes Lazarillo von Tormes. Aus dem Spanischen von Fred von Zollikofer. Mit Steinzeichn. von Paul Kleinschmidt. Berlin: Tillgner, 1923. 67pp. 4°. (Das Prisma, 6.).

708. LEBEN des Lazarillo von Tormes... Berlin: Propyläen-Verlag, 1923. 142pp. 8°.

709. D. DIEGO HURTADO DE MENDOZA. Leben des Lazarillo von Tormes. Mit 28 Radierungen von Hans Meid. Berlin: Propyläen-Verlag, 1924. 193pp. 4°.

710. RAUSSE, HUBERT, ed. Schelmennovellen. Lazarillo de Tormes [Vida de Lazarillo de Tormes]. 1 und 2. - Francisco de Quevedo [y Villegas]: Der Spitzbube Don Pablo [Don Pablos]. - Mateo Alemán: Guzmán de Alfarache. [Vida y hechos del pícaro Guzmán de Alfarache]. - Miguel de Cervantes Saavedra: Isaak Winkelfelder und Jobst von der Schneid. Regensburg: Fr. Ludwig Habbel, 1923. 144pp. 8°. (Spanische Novellen, Bd. 2.).

711. _____. Lazarillo de Tormes. Mateo Alemán. Guzmán de Alfarache. Francesco [sic] de Quevedo. - Der Spitzbube Don Pablo. Hrsg. von Hubert Rausse. Regensburg und Leipzig: Habbel & Naumann, 1924. 79pp. 8°. (Spanische Novellen, Bd. 3.).

712. HENZE, HELENE, ed. Lazarillo de Tormes. Übers. und eingel. von ... Mit Zeichn. von Max Unold. Frankfurt am Main: Societätsverlag, 1943. 123pp. $8.^O$

713. OLEE, A. VON, ed. Leben des Lazarillo von Tormes, mit Einleitung und Anmerkungen. Herausgegeben von ... München: Max Hueber, 1925. 644pp. 8°. (Col. "Romanische Bücherei, " 4.).

714. USENBENZ, URS, ed. Die Geschichte vom Leben des Lazarillo von Tormes und von seinen Leiden und Freuden, von ihm selbst erzählt. Mitsamt deren Fortsetzung. Neu Übers. und hrsg. von ... Bern, Bümpliz: Züst, 1945. 207pp. 8°.

74

Con la Segunda parte de Juan de Luna.

715. HENZE, HELENE, ed. Lazarillo de Tormes, der erste
Schelmenroman. Übers. und eingel. von ... Mit
Zeichn. von Max Unold. Freiburg i. Br.: Badischer
Verlag, 1949. 125pp. 8⁰.

716. MEIER-MARX, M., ed. Das Leben des Lazarillo vom Tor-
mes. Sein Glück und Unglück. Ein Schelmenroman.
Dt. von ... Nachwort von Rudolf Grossman. Leipzig:
Dieterich, 1949. 138pp. 8⁰. (Sammlung Dieterich, 87.).

717. TIEMANN, H., ed. Leben und Wandel Lazaril von Tormes:
Beschreibung, wass derselbe für Unglück und Widerwertig-
keitt aussgestanden hat. Verdeutzscht 1614. Nach der
Handschrift hrsg. und mit Nachwort, Bibliographie und
Glossar versehen von ... Für die Mitglieder der Maxi-
milian-Gesellschaft e V. in Hamburg veröffentlicht.
Hamburg, 1951. 151pp. 24cm.
V. no. 683.

718. HENZE, HELENE, ed. Das Leben des Lazarillo von Tormes:
seine Freuden und Leiden; der erste Schelmenroman aus
dem Spanischen übertragen von ... Wiesbaden: Insel-
Verlag, 1959. 71pp. 19cm. (Insel-Bücherei, 706.).

719. WIDMER, WALTER, ed. Die Geschichte vom Leben des
Lazarillo von Tormes und von seinen Leiden und Freuden
von ihm selbst erzählt, mitsamt deren Fortsetzungen Aus
dem Spanischen übertragen und mit einem Nachwort versehen von... mit den 73 Zeichnungen von Leonard Bramer
aus dem Jahr 1646. München: Winkler, 1963. 267pp.

720. SPRANGER, GEORG, ed. Das Leben des Lazarillo von Tor-
mes, sein Glück und sein Unglück. Übertragen von...
Leipzig: Insel-Verlag, 1965. 85pp. 21cm.
V. también nos. 12, 21.

3. Catalanas

721. LA vida de Llàtzer de Tormes. Traduhida per primera
vegada a la llengua catalana. Barcelona: Estampa de
Francisco Altés, 1892. 158pp. + 1 hoja. 12⁰.
Traducción catalana por A. Bulbena y Tosell.

722. LA vida de Llàtzer de Tormes. [Traducción por A. Bulbena
y Tosell.] Barcelona: Imp. de Altés, 1924. 106pp.
12⁰.

4. Checas

723. BĚLIČ, OLDŘICH, TRAD. Život Lazarilla z Tormesu. Přel.
(včetne Lunova pokračovaní) Praha, 1953.

723a. OLERÍNY, VLADIMIR, TRAD. Život Lazarilla z Tormesu.
[Trad. y prólogo de...]Bratislava: SVKL, 1962.

5. Finlandesas

724. KIHLMAN, ERIK, TRAD. Lazarillo de Tormes och Pablos
de Segovia. Tva skälmromaner. Overs, fran. spanskan
av ... Helsingfors: Schildt, 1923. 316pp. 8⁰.

6. Francesas

725. LES faits merveilleux, ensemble la vie du gentil Lazare de
Tormes, et les terribles aventures a luy avenues en
divers lieux, livre fort plaisant et delectable... traduit
nouvellement d'espagnol en francois par J. G. de L. A.
Lyon, par Jean Saugrain, 1560. 8⁰.
Edición muy rara . Las iniciales del traductor cor-
responden al nombre de Jean Gaspard Lambert.

726. L'HISTOIRE / PLAISANTE ET / FACETIEVSE DV / LAZARE
DE TORMES ESPAGNOL. / EN LAQUELLE ON PEVLT /
RE-congnoistre bonne partie des meurs, vie et conditions
des Espagnolz / BENEDICES / CORONAE ANNI / BEN-
IGNITATIS / TVAE / (Salmo 64) A PARIS, / Pour Ian
Longis et Robert le Mangnier Libraires, en / leur bou-
tique au Palais, en la gallerie par ou / on va à la
Chancellerie. / AVEC PRIVILEGE. / 59 ff + 1 hoja.
8⁰.
Dedicatoria: AV VERTVEUX, ET TRES Honorable
Seigneur le Seigneurs Sebastiê de Honoratis, Iean Sau-
grain salut et felicité perpetuelle.
Privilegio: 24 de abril de 1561.

727. _____. Lyon: Benoist Tigaud, 1587. 157pp. 12⁰.

728. HISTOIRE plaisante, facetieuse, et recrative; du Lazare de
Tormes Espagnol.... A Anvers: Guislain Jansens,
1594. 16⁰.
Contiene solamente el Lazarillo de 1554.

729. HISTOIRE / PLAISANTE, / FACETIEVSE, ET RE-/CREA-
TIVE; DV LAZA-/re de Tormes Espagnol:/ En laquelle
l'esprit melancolique se peut re-/creer et prendre
plaisir: / Augmentée de la seconde partie, nou-/velle-
ment traduite de l'Espagnol / en Francois.   / A EN-
VERS, / Chez Guislain Iansens. / 1598 / 126pp. 16⁰.

76

Sigue la Segunda parte anónima de 1555.
LA II. Partie / DES FAICTS / MERVEILLEVX / DV
LAZARE DE / Tormes: / Et de ses fortunes et aduersitez. Nouvellement traduite de l'Espagnol / en François: / Par Iean vander meeren, d'Anvers. / EN AN-
VERS, / Chez Guislain Iansens. / 1598. (pp. 126-308
+ 4 pp.). 16º.

730. LA VIDA DE LAZARIL - / LO DE TORMES . / Y de sus
fortunas y aduersidades. / LA VIE DE LAZARILLE /
DE TORMES, / Et de ses fortunes et aduersitez.
TRADVCTION NOVVELLE, / etc. Paris, 1601.
Doble texto español-francés. Igual a la señalada
por el no. 518.

731. _____. Par M. P. B. P. (M. P. B. Parisien.) A.
Paris: Par Nicolas Bonfons, 1609. 12º.
Igual a la anterior, y a la señalada por no. 523.

732. _____. Par M. P. B. P. / A PARIS, / Chez Iean Cor-
rozet, dans la / Cour du Palais, au pied des degrez /
de la saincte Chappelle. / M. DC. XV. / 12º. Paris,
1615.
Igual a la señalada por no. 518.

733. _____. Par M. P. B. P. / A PARIS, chez Adrian Tif-
faine, rue des deux portes a l'Image nostre Dame. M.
DC. XVI. Paris, 1616. 239pp.
Igual a la señalada por no. 525.

734. LA / VIE DE LAZARILLE / DE TORMES, Et de ses for-
tunes et aduersitez / TRADVCTION NOVVELLE, / Ra-
portée et conferée avec l'espagnol, / Par P. B. Parisien.
/ A PARIS, / Chez ROLET BOVTONNÉ, au Pa-/lais,
en la gallerie des prisonniers, / pres la Chancellerie. /
M. D. XX (sic, por 1620), Avec Priuilege du Roy. /
Paris, 1620. 232pp.
Sigue:
SECONDE PARTIE / DE LA VIE DE LAZARILLE / DE
TORMES. / TIRÉE DES VIELLES / Chroniques de
Toléde. / Traducte nouuellement d'Espagnol / en Fran-
cois, par L. S. D. /A PARIS, / Chez ROLET BOVTONNÉ,
au Pa-/ Lais, en la gallerie des prisonniers. / pres la
Chancellerie. / M. D. XX. (sic, por 1620), Avec Pri-
uilege du Roy. / Paris, 1620. 6 ff. + 288pp.

735. LAZARILLE de Tormes ... Traducte Nouuellement ... par
M. B. P. / Segonde partie de la Vie de L'Azarille de
Tormes. PARIS: Anthoine Coulon, 1637. 12º.
Ejemplar, London. British Museum.

736. LA vie de Lazarille ... Traduction nouvelle d'Espagnol en
François per (sic) le Sieur Daudiguier. Lyon: Louys

77

Oudin, 1649. 12O.

736a.   . Lyon: B. Bachelu, 1649. 12O.

737. LA VIE / DE / LAZARILLE / DE TORMES, / SES FORT-
VNES, ET SES ADVERSITEZ, / TRADVITE EN VERS
FRANCOIS / PAR LE SIEVR DE B*** / PARIS, / CHEZ
LOVIS CHAMHOVDRY, au Palais, vis à vis / la Sainte
Chapelle, à l'Image Saint Louis. / M. DC. LIII. (1653) /
AVEC PRIVILEGE DU ROY. / 3ff. + 170pp. 4O.

738. LA vida de Lazarillo de Tormes, y de sus fortunas y aduer-
sidades. / LA vie de Lazarille de Tormes, Et de ses
infortunes et aduersietz. Reueue et corrigée par H. de
Luna. Et traduite en François par L. S. D. / A Paris:
Antoine Sommaville, 1660. 549pp. 12O.
Doble texto español-francés. Igual a la señalada por
no. 533.
Con la Segunda parte de Juan de Luna.

739.   . Paris: Augustin Covrbe, 1660. 549pp. 12O.
Igual a la anterior. V. no. 534.

740.   . Paris: Geofroy Marche, 1660. 549pp. 12O.
Igual a la anterior. V. no. 535.

741.   . Paris: I. Hanocqu et I. Laisne, 1660. 549pp.
Igual a la anterior. V. no. 537.

742.   . Paris: Arnovld Cotinel, M. DC. LX (1660), 549pp.
12o.
Igual a la anterior. V. no. 536.

743. LAZARILLE de Tormes, Traduction Nouvelle. Memoires de
frere Lazare hermite de Tolede. ov. Lazarille de Tormes. Seconde partie. A Paris: Chez Claude Barbin
au Palais, sur le Perron de la sainte Chapelle, M. DC.
LXXVIII. (1678). 12 hojas + 215pp. 3 hojas + 142pp.
96pp. + 2 hojas. 12O.
Traducción del Abad Jean Antoine de Charnés.
Con la Segunda parte de Juan de Luna.

744.   . Paris: P. Trabuillet, 1680. 12O. 2 vols.
Igual a la anterior.

745. HISTOIRE facetieuse du fameux drille Lazarille de Tormes.
Nouvelle traduction. Augmentée de plusieurs choses qui
avoient été negligées dans les autres impresions... A
Lyon: Chez Jean Viret Marchand Libraire au coin de
la rue Ferrandiere. Avec Permission, 1697. 6 hojas
+ 294pp. 12o.

746.   . A Lyon: Chez Antoine Besson, ¿1697? 12O.

78

747.   LA vie et les aventures de Lazarille de Tormes, Ecrites par
       luy-même. Traduction nouvelle sur le véritable original
       espagnol. Enrichie de figures. Brusselles: F. Foppens.
       [s. a.] 12⁰. 2 vols.
       Con la Segunda parte de Juan de Luna.
       Se trata de la traducción de Charnés revisada por los
       libreros belgas F. Foppens y George de Backer. Del
       mismo texto revisado Backer reimprimió en Bruxelles,
       las siguientes ediciones: 1698, 1701, 1702, 1721, 1735
       y 1744.

748.   _____. Brusselles: Chez George de Backer, Imprimeur
       et Marchand Libraire, 1698. 1 retrato, port, 4 hojas +
       163pp. 2 hojas, 9 láminas. Port. 2 hojas + 188pp. 10
       láminas. 12⁰. 2 vols.
       Con la Segunda parte de Juan de Luna.
       Igual de la anterior.

749.   _____. Brusselles: Chez George de Backer, Imprimeur
       et Marchand Libraire, 1701. 12⁰. 2 vols.
       Igual a la anterior.

750.   _____. Brusselles: Chez George de Backer, 1702. 12⁰.
       2 vols.
       Igual a la anterior.

751.   _____. Brusselles: Chez George de Backer, 1721. 12⁰.
       2 vols.

752.   _____. Brusselles, Chez George de Backer, 1735. 12⁰.
       2 vols.
       Igual a la anterior.

753.   _____. Brusselles, Chez George de Backer, 1744. 12⁰.
       2 vols.
       Igual a la anterior.

754.   _____. Brusselles: Barbin, 1756. 12⁰.

755.   AVENTURES / ET ESPIÈGLERIES / DE LAZARILLE / DE
       TORMES, / ECRITES, PAR LUI-MEME; / NOUVELLE
       ÉDITION, ENRICHIE DE FIGURES. / TOME I. / (Grab.
       Lázaro atrapado por el ciego. Cap. II.) / A TOLEDE
       et A PARIS, / Chez CAILLEAU, Libraire, rue / S.
       Jacques, à S. André. / M. DCC. LXV. (1765).
       Dos partes en un vol.

756.   _____. Paris, 1781. 8⁰. (Col. "Bibliothèque des Ro-
       mans. ").

757.   _____. Londres [pero Paris, Cazin], 1784. 12⁰.

758.   _____. Bruxelles, 1787. 12⁰.

Dos partes.

759. _____ . Bruxelles, 1798, 12º.
Dos partes.

760. AVENTURES / ET ESPIÈGLERIES / DE LAZARILLE DE
TORMES, / ECRITES PAR LUI-MEME. / Nouvelle Édition, ornée de quarante, figures, / dessinées et gravées
par N. Ransonette. / TOME PREMIER. / A PARIS. /
DE L'IMPRIMERIE DE DIDOT JEUNE. / AN IX [1801].
viii + 154pp. iv + 182pp.
Dos partes en un vol.

761. _____ . Paris: Pigoreau, 1807. 12º. 2 vols.

762. AVENTURES et espiègleries de Lazarillo de Tormes, écrites
par lui-même. Nouvelle édition ornée de 12 figures,
dessinées par Chasselat. Paris: Saintin, 1817. 4 hojas + 1 lámina + 160pp. 2 hojas + 1 lámina + 194pp.
12º. 2 vols.
Versión francesa del Abad de Charnés.

763. VIE de Lazarillo de Tormes. Traduction de G. F. de
Grandmaison. Paris: J. P. Aillaud, 1838. 18º.
Con la Segunda parte de Juan de Luna.

764. HISTOIRE de Lazarille de Tormes. Traduite par Louis Viar-
dot. Illustrée par Maissonnier. Paris: J. -J. Dubochet,
Le Chevalier et Cie., 1846. 46pp. 8º.
Edición publicada juntamente con la obra de Le Sage:
Gil Blas de Santillana.

765. AVENTURES et espiègleries de Lazarille de Tormes. Traduction de l'espagnol par Horace Pelletier. Paris:
Plon, 1861. 130pp. 8º.

766. AVENTURES et espiègleries de Lazarille de Tormes ...
Édition revue par A. Robert. Dessins per (sic) H.
Castelli, gravure par Hildebrand. Paris: Chaulieu,
1865. 208pp. 8 láminas. 8º.
Corren ejemplares de esta misma edición sin fecha.

767. VIE de Lazarille de Tormes. Traduction nouvelle et préface
de A. Morel-Fatio. Nombreuses illustrations et eaux-
fortes de Maurice Leloir. Paris: H. Launette et Cie.,
Editeurs, 1886. xxii + 146pp. Viñetas y 10 láminas.
8º.

768. AVENTURES de Lazarille de Tormes, écrits par lui même.
Paris: Arnould (1886], 360pp. (Col. "Petite Bibliothèque Portative".).

769. _____ . Paris, 1891. 255pp. 16º.

80

770. LA vie de Lazarille de Tormes, ses fortvnes et ses adver-
sitez. Tradvite en vers françois par le Sieur de B.
[V. no. 737].
Edición publicada por R. Foulché-Delbosc en la Revue
Hispanique, XIX (1908), pp. 239-99.

771. LA vie de Lazarille de Tormes. Traduction argotique de J.
Auzanet. Illustré par Bernardo Roy. Paris: à l'Enseigne du Pot Cassé, 1929. 12º. (Col. "Scripta Manent".).

772. ... Aventures de Lazarille de Tormes, roman, traduit de l'
espagnol. Illustré par Edmond Ernest ... Paris: F.
Sorlot, 1942. 252pp. (Les Maîtres Etrangers.).
V. también nos. 13, 639.

7. Gasconas

773. LA bito dou Lazarilhe des Tourmes... Birat per l'A Cator,
de Flourenso de Gäuro. Auch: Soulé, 1914. 119pp.
8º.

8. Holandesas

774. DE ghenuechlijke ende cluchtighe historie van Lazarus van
Tormes wt Spaingen; in de welcke ghij eensdeels meucht
sien ende leeren kennen de manieren, condicien, zeden
ende schalckheyt der Spaingnaerden. Nu eerst Nu eerst
nieuwelijcx int licht brocht ende overgheset in onse taele.
Te Delft bij Niclaes Pieterssen, ende men vintse te
coope t'Antwerpen bij Heyndrick Heydricsen in de Lelie-
bloeme. 1579. 12º.
La Haya. Biblioteca Real.

775. DE Ghenuechlicke ende cluchtighe historie van LAZARUS VAN
TORMES... vvt Spaignien ... Delft... Bruyn Harmanssz
Schinckel... 1609.
Amsterdam. Biblioteca de la Universidad de Amster-
dam.

776. 't WONDERLYK / Leben / klugtige Daden / en dap-/pre
Schimpernst. / VAN / LAZARUS van TORMES. /
Nieuwelijcks uit het Spaans in beknopt Duits, / Door
D. D. HARVY vertaalt. / (QVOS ASPICET FOVET.) /
Tot VTRECHT, / Dit de Boek-winkle van Simon de
Vries, / ANNO M. DC. LIII. / 12º. 312pp.
Con la Segunda parte de Juan de Luna.

777. LEEVEN'T, van Lazarus van Tormus (sic). Naar hat Spansch
Met worede van M. D. G. Amsterdam, 1669. 8º.

778. AREND, I. P., ed. Het leven, de lotgevallen en guiten-
stukken van den kleinen Lazarus van Tormes... Uit het
Spaansch vertaald door ... Amsterdam: J. J. Abbink,
1824. 12⁰.

779. HET Leven van Lazarillo de Tormes. En over zijn weder-
waardighenden en tegenslagen. Utrecht: De Roos, 1953.
106pp. 8⁰.

780. HET Leven van Lazarillo de Tormes. En over zijn weder-
waardighenden en tegenslagen. [Introducción por C. F. A.
van Dam] Amsterdam: Wereld-Bibliotheek Vereniging,
1965. 111pp.

9. Inglesas

781. THE marvelus Dedes and the lyf of Lazaro de Tormes,
licensed in the Stationers' Register to Thomas Colwell
for viij d, the 4th entry of year, 22 July 1568 - 22
July 1569. [s. l. -s. i.]
Primera traducción al inglés del Lazarillo de Tormes.

782. THE Pleasant History of Lazarillo de Tormes a Spaniarde,
were in is conteined (sic) his marveilous deedes and
life. With the straunge (sic) aduentures happened to
him in the seruice of sundrie Masters. Imprinted at
London by Henrie Binneman, dwellyng in Kiyghtrider
Streete, at the sygne of the Marmayde. 1576. 8⁰.

783. THE Pleasaunt / Historie of Lazarillo de / Tormes a
Spaniarde, where / in is conteined his mar-/ueilous
deedes and life. / With the straunge ad - / uentures
happened to him / in the seruice of sun -/ drie Mas-
ters. / Drawen out of Spanish by Da - uid Rouland of
Anglesey. / Accuerdo Oluid / Imprinted at London / by
Abell Ieffes, dwelling in the / fore streete without
Crepell / gate nere Groube streete at the signe of the
Bell. / 1586. 64 ff. 8⁰.
Reimpresa en 1924 por J. E. V. Crofts, Oxford.

784. _____. London: Printed by Abell Ieffes, dwelling in the
Blacke Freyers neere Puddle Wharfe, 1596. 8⁰.

785. THE most Pleasant and Delectable Historie of Lazarillo de
Tormes, a Spanyard; And of his Marvellous Fortunes and
Aduersities. The Second Part Translated Out of Span-
ish by W. P. [histon]. Printed at London: by T. C.
[Thomas Churchyard] for Iohn Oxenbridge, dwelling in
Paules Church-yard at the Signe of the Parrot, 1596.
4⁰.
Dedicatoria por Oxenbridge a "my verie good friend,
Maister Jonas Tirill of Burstow."

82

786. THE Pleasant History of Lazarillo de Tormes... Drawen out
of Spanish by David Rowland of Anglesey. Acuerdo Ol-
vido. London: Printed by J. H. 1624. 8⁰.

787. The Pleasant History of Lazarillo de Tormes... Drawne out
of Spanish by David Rowland of Anglesey.... London:
Printed by E. G. for William Leake, 1639.
A continuación:
THE Pursuit of the Historie of Lazarillo de Tormes...
by Jean de Luna... 2 vols. 12⁰.
London. British Museum.
V. no. 1086.

788. LAZARILLO, or The excellent History of Lazarillo de Tormes the witty Spaniard. Both Parts. The first Translated by David Rowland, and the Second Gather'd out of
the Chronicles of Toledo by Iean de Luna a Castilian,
and Done into English by the same Author. London:
William Leake, 1653. 8⁰.
Reimpr.: 1655.
London. British Museum.

789. _____. London: Printed by B. G. for William Leake, at
Crowne in Fleet Street, betwixt (sic) the two Temple-
gates, 1669. 8⁰.
Dedicatoria a George Lord Chandos, Baron of Sudeley,
por James Blakeston.
A continuación:
THE Pursuit of the History of Lazarillo de Tormes.
Gathered Out of the Ancient Chronicles of Toledo. By
Jean de Luna, a Castilian: and Now Done into English,
and set Forth by the Same Authour. London: Printed
for William Leake, 1670. 8⁰.

790. _____. London: Printed for Eliz. Hodgkinson, 1677, 72.
8⁰.
A continuación:
THE Pursuit of the History of Lazarillo de Tormes...
London: Printed by Richard Hodgkinson, 1672. 8⁰.
London. British Museum.

791. THE / PLEASANT ADVENTURES / OF THE WITTY SPAN-
IARD, / Lazarillo de Tormes. / Of his Birth and Education: Of / his arch Tricks in the Service of the /
Blind Man, the Priest, the Squire, and / several/
others; Of his dining with Duke Humphrey, and c. Of
his Voyage / to the Indies, his Shipwrack, and of his /
being taken out of the Sea, and shown / for Monstrous
Fish: And lastly, Of his turning Hermit, and writing
these / Memoirs. / Being all the true Remains of that
so much / admired Author. / To which is added, The
Life and Death of Young Lazarillo, / Heir Apparent to
Old Lazarillo de Tormes: By which it plainly appears,

that the Son / would have far exceeded the Father in Inge-/ uity, had he not come to an untimely End / in a House - of - Office. / London: Printed by J. Leake, and sold by / most Booksellers in London and West-minster, / MDCLXXXVIII (1688). / 6 + 204pp. 12º. Con la Segunda parte de Juan de Luna.

792. _____. London, 1708. 8º.
Igual a la anterior.

793. THE Life and Adventures of Lazarillo de Tormes. Written by Himself. Translated from the Original Spanish, and Illustrated with Twenty Curious Copper Cutts. In Two Parts. The second edition corrected. London: Printed for R. and J. Bonwick and R. Wilkin, etc., 1726. 12º.
London. British Museum.

794. _____. London: Printed for S. Blandon, 1777. xi + 165pp. 12º.
Igual a la anterior.
London. British Museum.

795. THE Life and Adventures of Lazarillo Gonsales, Surnamed de Tormes. Written by Himself. In Two Parts. 19th Edition Corrected. London, 1777. 12º. 12 láminas. 2 vols.
Con la Segunda parte de Juan de Luna.
Edición tomada de la versión francesa del Abad A. de Charnés y, naturalmente, desfigurada del título original.

796. THE Life and Adventures of Lazarillo de Tormes. London: J. Bell, 1789. 12º.
2 vols.

797. THE Adventures of Lazarillo de Tormes... Twenty First Edition. London: Benbow, 1821. 215pp. 12o.
Edición de G. C.
London. British Museum.

798. THE Life and Adventures of Lazarillo de Tormes. (En Spanish Novelists, London, 1832).
Traducción de Thomas Roscoe.
Reimp.: 1881 con El Guzmán de Alfarache (1559).
V. no. 801.

799. LAZARILLO, the Spanish Rogue. From the Spanish of Don Diego Mendoza. The Twenty-fourth Edition, Revised by William Hazlitt. (En The Illustrated Literature of Na-tions. London, 1851-52, no. 22), 4º.

800. THE Spanish Comic Novel, Lazarillo de Tormes. Glasgow:

84

John Calder & Co., 1876. 8º.

801. LIFE and Adventures of Lazarillo de Tormes, Translated
from the Spanish of Don Diego Hurtado de Mendoza by
Thomas Roscoe. The Life and Adventures of Guzmán
de Alfarache, or the Spanish Rogue, by Mateo Alemán.
From the French Edition of LeSage, by John Henry
Brady. London, 1881 [1880] 8º. 2 vols.

802. MARKHAM, CLEMENTS, ed. Life of Lazarillo de Tormes,
his Fortunes and Adversities. Translated from the Editions of 1554, by Sir Clements Markham. London:
Adam & Charles Black, 1908. 105pp. 1 mapa, grabs.
8º.

803. THE Life of Lazarillo de Tormes and his Fortunes and Ad-
versities. Done out of the Castilian from R[amon]
Foulché-Delbosc's Restitution of the editio princeps, by
Louis How, with an Introduction and Notes by Charles
Philip Wagner. New York: M. Kennerley, 1917. xliv
+ 150pp. 8º.

804. RICHARDSON, CH. C., ed. Lazarillo de Tormes. Adapted
and Edited with Notes and Exercises by ... London:
Dent, 1917. 78pp. 8º.

805. CROFTS, J. E. B., ed. The Pleasaunt Historie of Lazarillo
de Tormes. Drawen Out of Spanish by David Rouland of
Englesey, 1586. Edited by ... Oxford: Basil Blackwell,
1924. 8º. (Percy Reprints, no. 7.).
V. no. 783.

806. LORENTE, MARIANO J., ed. Lazarillo de Tormes. His
Life, Fortunes, and Misadventures. Boston: Luce,
1924. 143pp.

807. THE Life of Lazarillo de Tormes: his Fortunes and Adversities. Translated by J. Gerald Markley. With an Introduction by Allan G. Holaday. New York: Liberal
Arts Press, 1954. 68pp. 21cm. (The Library of Liberal Arts no. 37.).

808. LAZARILLO de Tormes. Translated by Mack Hendricks
Singleton. (En Masterpieces of the Spanish Golden Age,
por Angel Flores. New York, 1957.).

809. THE Life of Lazarillo de Tormes, his Fortunes and Adversities. Translated from the Spanish with Notes and Introduction by Harriet de Onis. Great Neck, N.Y.:
Barron's Educational Series, 1959. xviii + 74pp. 19cm.

810. THE Life of Lazarillo de Tormes: his Fortunes and Adversities. Translated by W. S. Mervin. With an Introduc-

tion by Leonardo C. de Morelos. Garden City, N. Y. :
Doubleday, 1962. 152pp 18cm. (Anchor Books A316.
Original.).

811. BLIND Man's Boy. Miguel de Cervantes: two Cautionary
Tales. Newly Translated from the Spanish, by J. M.
Cohen. London: New English Library, 1962. 169pp.
19cm. (Four Square Classics.).

812. TWO Spanish Picaresque Novel. Translated by Michael Al-
pert. Harmondsworth: Penguin, 1969. 214pp. 19cm.
(Penguin Classics, L. 211.).
Contiene: El Lazarillo de Tormes (1554) y El Buscón
(1626).

10. Italianas

813. IL / PICARIGLIO / CASTIGLIANO, / Cioè / LA VITA DI /
LAZARIGLIO di TORMES / Nell'Accademia Picaresca lo
Ingegnoso Sfortunato, Composta, et hora accresciuta
dallo stesso LAZARIGLIO, / et trasportata dalla Spagnuola nell'Italiana fauella / da BAREZZO BAREZZI. /
Nella quale con viuace Discorsi, e gratiosi Trattenimenti
si / celebrano le Virtù e si manifestano le di lui, et al-
trui / miserie, e infelicitadi: e leggiardramente si
spiegano:
    Ammaestramenti saggi,   Sentenze graudi,
    Auenimenti mirabili,   Fatti egregi,
    Capricci curiosi,   Detti piaceuoli, et
    Facetie singolari,   Proverbi sententiosi.
Ornata di due copiosissime Tauole. / DEDICATA / AL
Molto Magnifico Signor PIETRO ZERBINA. / SECONDA
(Dios pro nobis, qui contra nos.) IMPRESSIONE / IN
VENETIA, Presso il Barezzi. MDCXXII. (1622) Con
Licenza de' Superiori, e Priuilegi. 20ff. + 263pp. +
1p. 8º.

814. _____. Venetia: Barezzo Barezzi, 1626. 8ff. + 263pp.
Igual a la anterior.

815. IL Picariglio Castigliano, cioè la Vita del Cattiuello Laza-
riglio di Tormes... Prima Parte, composta dallo stesso
Lazariglio & Trasportata dalla Spagnuola nell'italiana
fauella da Barezzo Barezzi... Aggiuntoui la Seconda
Parte, non meno pellegrina, e bella, che si sia la
prima. Adornata di due copiosissime tauole. Venetia:
Presso il Barezzi, 1635. 8º.
London. British Museum.

816. _____. Venetia: Presso il Barezzi, 1636. 26ff. +
368pp. 8º.
Igual a la anterior.

817. MONTI, P., TRAD. Vita di Lazarillo de Tormes. (En Saggi in verso e in prosa di letteratura spagnola. Como, 1835, pp. 273-98.).

818. CARLESI, FERDINANDO, TRAD. Vita e avventure di Lazzarino di Tormes, tradotto ... Firenze: F. Lumanchi, 1907. xxix + 76pp. 8°. Reimp.: Lanciano, 1917. xxix + 76pp.

819. BACCI, LUIGI, TRAD. Vita di Lazzarino di Tormes. Milano, 1915. 123pp. 8°.

820. DE ZUANI, E., TRAD. Lazarillo de Tormes. (En Novelle spagnole, Milano, 1921.).

821. SCARSELLA, A., TRAD. Vita e avventure di Lazzarino di Tormes. Santa Margherita Ligure: Devoto, 1927. 150pp.

822. GIANNINI, ALFREDO, TRAD. Storia di Lazzarino di Tormes. Roma, 1929. 151pp.

823. LATRONICO, G., ed. La vita avventuriera di Lazzarino di Tormes. Romanzo spagnolo narrato da .... Illustrato da F. Mateldi. Torino: Utet, 1933. 171pp. 16°. Reimp.: Torino: Utet, 1942. 171pp., con algunas modificaciones en el título.

824. CONTINI, G., TRAD. Lazarillo de Tormes. (En Narratori spagnoli... A cura di Carlo Bo. Milano: V. Bompiani, 1941, pp. 46-67.).

825. LAZARILLO de Tormes. Novella Illustrata da ventun legni originali di Aligi Sassu. Milano: Ediz. della Conchiglia, 1943. 145pp. 4°.

826. RAJA, E., TRAD. La vita di Lazzarino di Tormes. Le sue fortune ed adversità. Torino: U.T.E.T., 1951. 133pp. Otra edición: RAJA, E., TRAD. Lazzarino di Tormes, La faina di Siviglia. Introduzione e traduzione a cura di ... Torino: U.T.E.T., 1960. 334pp. (I Grandi Scrittori Stranieri. Collana di Traduzioni Fondata da A. Farinelli, Diretta da G. V. Amoretti, 145.).

827. GASPARETTI, A., TRAD. Lazzarino del Tormes. Milano: Rizzoli, 1960. 279pp. (Biblioteca Universale Rizzoli, 1587/1589.).

828. FUSERO, CLEMENTE Y E. DALL'OGLIO, TRAD. Vita, avventure e avversità di Lazzarino de Tormes. Traduzione e note a cura di... Milano, 1961. 134pp. (Collana I Corvi, 77.).

87

829. BATTISTINI, A. M. , TRAD. La vita di Lazarillo de Tor-
mes. Traduzione di..., introduzione e commento di
Biagio Dradi-Maraldi. Forli: Forum, 1964. 107pp.
(Saper Leggere, 2.).

830. BERTINI, GIOVANNI MARIA, ed. Vita di Lazzariglio del
Torme (sic). Tradotta dallo spagnuolo dal Sig. Oi-
Luigi Izzoutesse, donata all'ill. mo et Rev. mo Sig. Card.
Scipione Borghese nell'occasione della sua convalescenza
[¿1608?]. Edizione e premessa a cura di... Torino:
Bottega d'Erasmo, 1964. xiii + 64pp.

831. VISCONTI, GIROLAMO, TRAD. Vita di Lazzariglio del Tormes.
Esta traducción inédita del Lazarillo se conserva en
la Biblioteca de Nápoles. Sería de desear su publicación.
V. no. 873.

11. Latinas

832. VITAE Humanae Proscenium; in quo sub Persona Guzmani Al-
faracii Virtutes & Vitia ... Graphicè...
Repraesentatur... G. Ens Editore. Dantisci Sump-
tibus G. Fosteri, 1652. 12⁰.
London. British Museum.
Traducción latina del Lazarillo, publicada junto al
Guzmán de Alfarache por el impresor de Colonia, Cas-
par Ens. Esta misma edición latina del Lazarillo fué
reeditada por Fitzmaurice-Kelly en la Revue Hispanique,
XV (1900), pp. 771-95.

12. Polacas

833. MANN, MAURYCY, TRAD. Zywot Lazika z Tormesu, prel i
poslowiem opatrzyl... Illustrowal Mieczslaw Jurgiele-
wicz. Warsaw: Panstwowy Instytut Wydawniczy, 1959.
110pp.

13. Portuguesas

834. FARIA BARREIROS, A. DE, TRAD. Vida de Lazarosinho de
Tormes, novamente feita e traduzida de Castelhano en
Portugues por ... Lisboa: Na Officina de José da Silva
Nazareth, 1786. 3 cuadernos, 16-15-24pp. 8⁰.

835. FONSECA, JOSÉ DA, TRAD. Aventuras e astucias de
Lazarillo de Tormes. Traducida por ..., con seis estampas. Paris, 1838. 212pp. + 6 láms. 16⁰. 2 vols.

14. Rumanas

836. TAMPEANUL BARBUL, SCARLAT, TRAD. Intâmplările / lui / Lazarilă Torma. / Tălmăcite după limba fran/ tozească în cea Rumânească / de ... treti Logofăt / Nŏa tipărire / Tomul întâi / Bucureşti / In Tipografia dela Cişmeoa / lui Mavroghene / 1826. Sin prólogo. Traducción de la versión francesa de L'abbé de Charnes.

15. Rusas

837. PERMSKIJ, MICHAIL, TRAD. Žizn' i pochoždenija slavnogo premudrogo išpanca Lazarilly de Torme. c. 1766. Cit. por J. Striedter. V. no. 456.

838. VOROBLEVSKIJ, VASILIJ, TRAD. Žizn' i priključenija Lazarilja Tormskago, pisannyja jim samim na Gišpanskom jazyke, s kojego per. na fr., nyne že s poslednjago na ross... Moscú, 1775. 12⁰.

839. _____. Moscú, 1792. 12⁰. Igual a la anterior.

840. TERPIGOREV, ili neudačnaja žizn' i strannyja priključenija Tormskago. Moscú, 1792. 8⁰. Nueva traducción anónima.

841. VOROBLEVSKIJ, VASILIJ, TRAD. Žizn' i priključenija Lazarilja Tormskago, pisannyja jim samim na Gišpanskom jazyke, s kojego per. na fr., nyne že s poslednjago na ross ... Moscú, 1794. 8⁰. Tercera edición de la traducción de Voroblevskij.

842. _____. Moscú, c. 1832.

843. GLIVENKO, I., TRAD. Lazailyo iz Tormes I yevo udachi i neudachi. Petrogrado (Hoy Leningrado), 1893. Traducción publicada en la revista Syevernyi Vyestnik (noviembre 1893), pp. 107-25 y (diciembre 1893), pp. 109-24. Reimpresa en forma de libro en 1897.

844. DERJAVINE, J., TRAD. Lazailyo iz Tormes... Leningrad: Academia Moskba, 1930. 110pp.

845. VISOTZKAYA, E., TRAD. Ghizn Lazarilyo s Tormesa. Moscú y Leningrado: Tzentralnyi Komitet Vsesoyuznovo Leninskovo Kommunisticheskovo Zoyuza Melodiozhe, 1938. 88pp.

846. ZIZN' Lazaril'o s Tormesa ego nevsgody I Zloklucenija. Moscú: Xudozestvennaja Literatura, 1967. 79pp.

Contiene un estudio crítico.

16. Vascas

847. ORMAECHEA (ORIXE), NICOLÁS, TRAD. El Lazarillo de
Tormes. Tormes'ko itzu-mutila. Texto castellano y
traducción vasca, ... Bilbao: E. Verdes Archirica,
1929. 2 hojas + 127pp. 8o.

17. Yugoeslavas

848. SEDMAK, J., TRAD. Lazarillo de Tormes, Pikareskni roman nepoznata spanjolskog autora ix XVI stoljeca.
Zagreb: Mladost, 1951.

C) Estudios y contribuciones

849. TAMAYO Y VARGAS, T. Junta de libros la mayor que ha
visto España. MS. Madrid: Biblioteca Nacional [s. a.]
f. 23, p. 136.

850. TAXANDRUS, VALERIUS A. Catalogus Clarorum Hispaniae
Scriptorum. Maguncia, 1607.
V. p. 144.

851. SCHOTT, ANDRÉ. Hispaniae Bibliotheca. Frankfurt, 1608.
p. 543.

852. ANTONIO, NICOLÁS. Biblioteca hispana nova. I. Madrid,
1783.
V. p. 291.

853. VIARDOT, LOUIS. "Lazarillo de Tormes," RI, V (1842),
pp. 410-60.
Ídem en su Espagne et Beaux Arts. Paris: Hachette,
1866, pp. 1-xix.

854. CABALLERO, FERNÁN, ed. Cuentos y poesías populares
andaluces. Sevilla, 1859.
V. p. 176.

855. STAHR, KARL BON. "Mendozas Lazarillo de Tormes und
die Blettler und Schelmenromanen der Spanien," DJPL,
III (1862), pp. 411-44.

856. ASENSIO Y TOLEDO, J. M., ed. Cancionero de Sebastián
de Horozco. I. Sevilla: Tarascó, 1874. 87pp.
(Sociedad de Bibliófilos Andaluces, 2ª. Serie.).

857. SEÑÁN Y ALONSO, E. Don Diego Hurtado de Mendoza.

Apuntes Biográfico-Críticos por ... Jerez, 1886. xiv + 104pp.

858. BARINE, ARVÈDE. "Les gueux d'Espagne: Lazarillo de Tormes," RDM (Avril, 1888), pp. 870-904.

859. HOWELLS, W. D. My Literary Passions: Criticism and Fiction. New York: Harper, 1895. 261pp. V. pp. 139-44.

860. MOREL-FATIO, A. "Recherches sur Lazarillo de Tormes," (en sus Études sur l'Espagne, par... Paris: E. Bouillon, 1890-1904, vol. I. pp. 115-40.).

861. CHASTENAY, J. "Nota bibliográfica sobre la edición del Lazarillo de H. Butler Clarke, Oxford: Blackwell, 1897," RHi, IV (1897); pp. 336-37. V. no. 581.

862. FOULCHÈ-DELBOSC, R. "Remarques sur le Lazarillo de Tormes," RHi, VII (1900), pp. 81-97.

863. BONILLA Y SAN MARTÍN, A. "Sobre la época del Lazarillo de Tormes," ALE (1904), pp. 156-57.

864. _____. "Una imitación del Lazarillo de Tormes en el siglo XVII," RHi, XV (1906), pp. 816-18.

865. FITZMAURICE-KELLY, J. "Caspar Ens' Translation of Lazarillo de Tormes," RHi, XV (1906), pp. 171-95.

866. SIGÜENZA, FRAY JOSÉ DE. Historia de la orden de San Jerónimo. II. Madrid: Bailly-Ballière, 1907. 688pp. V. p. 145.

867. GARRONE, M. A. "Le fonti italiane del Buldero del Lazarillo de Tormes," FdD, XXXII (Febbraio 1910), nos. 8-9.

868. BERNARD, L'ABBÉ GUILLAUME. Les modeles castillans de nos grands écrivans français, étude et analyse. Tourcoing: Duvivier, 1912. 12⁰. V. cap. IV.

869. ROQUES, MARIO. "Le garçon et l'aveugle: jeu du XIII siècle," (en Les classiques français du moyen âge. Paris: Champion, 1911. 18pp.

870. GAUCHAT, L. "Lazarillo de Tormes und die Anfange des Schelmenromans," ASNS, XXXXIX (1912), pp. 430-44.

871. CIROT, G. "Nota bibliográfica sobre la edición del Lazarillo de Tormes de L. Sorrento, Strassbourg: J. H. Heitz,

91

1913, " BHi, XVI (1914), pp. 19-31.
V. no. 593.

872. DE ECHALAR, P. B. "La vida de Lazarillo de Tormes, "
EF, XIII (1914), pp. 19-31.

873. MELE, E. "Una traduzione inedita del Lazarillo de Tormes, "
RBLI, n. s. , XXII (1914), IV, pp. 141-45.

874. COTARELO Y MORI, E. "Refranes glosados de Sebastián de
Horozco, " BRAE, II (1915), pp. 646-706.
V. , en especial, pp. 683-87.

875. LOVIOT, L. "La première traduction française du Lazarillo
de Tormes (1560), " RLA, II (1916), pp. 163-69.

876. NORTHUP, G. I. "Nota bibliográfica sobre la traducción del
Lazarillo de Louis How... New York: M. Kennerley,
1917, " MPh, XVI (1918), pp. 385-89.
V. no. 803.

877. BUCETA, E. "Nota bibliográfica sobre la edición del
Lazarillo de H. J. Chaytor. Manchester: The University Press, 1922, " RFE, IX (1922), pp. 419-20.

878. HERRERO GARCÍA, M. "Comentarios a algunos textos de
los siglos XVI y XVII, " RFE, XII (1925), pp. 30-42,
296-97.
Se refiere al verbo pringar en el Lazarillo de Tormes.

879. BARAJA, A. "Psicología del pícaro según Lazarillo de Tor-
mes, El Buscón y Guzmán de Alfarache, " (en M. Suárez,
La novela picaresca y el pícaro en la literatura española.
Madrid, 1926, pp. 149-65.).

880. ENTWISTLE, WILLIAM J. "Benedick and Lazarillo, " Times
(Sept. 30, 1926), no. 1287, p. 654.

881. HESPELT, E. H. "Nota bibliográfica sobre la edición del
Lazarillo de C. H. Berkowitz y A. Wolfsy, " MLJ, XI
(1927), pp. 577-78.
V. no. 603.

882. RUIZ VALLEJO, V. "Filosofía pedagógica del Lazarillo de
Tormes, " EyA, a. XXV (1927), t. IV, pp. 110-19.

883. TARR, F. COURTNEY. "Literary and Artistic Unity in the
Lazarillo de Tormes, " PMLA, XLII (1927), pp. 404-44.

884. MENÉNDEZ PIDAL, R. Antología de prosistas españoles.
5ª. ed. Madrid: Rev. de Fil. Esp. , 1928. 382pp.
V. pp. 83-112.

92

885. ALEWYN, RICHARD. "Die erste deutschen Uebersetzen des Don Quixote und des Lazarillo de Tormes," ZfdPh, LIV (1929), pp. 203-16.

886. DAIREAUX, MAX. "Diego Hurtado de Mendoza et le Lazarillo de Tormes," HisP, III (1929), pp. 17-25.

887. KENISTON, HAYWARD: "The Subjunctive in Lazarillo de Tormes," Language, VI (1930), pp. 41-63.

888. PITOLLET, CAMILLE. "Traduction des chef-doeuvre en argot," REVL, XLVII (1930), pp. 14-16.

889. HABIB, LIDIA. Notes on the Lazarillo de Tormes. Diss. Columbus, 1931. 66pp.
Tesis inédita de la Ohio State University.

890. MACAYA LAHMANN, E. "El Lazarillo de Tormes." Ensayo bibliográfico precedido de algunas observaciones sobre la misma obra. Diss. Ithaca, 1933. 180pp.
Tesis doctoral de la Cornell University.

891. MOORMAN, JULIUS G. M., ed. Die Geheimtalen. [Broonenbock.] Zutphen, 1934. viii + 510pp. 8º.
V. p. 31. Sobre el episodio del vendedor de bulas.

892. SIMS, ELMER R. "An Italian Translation of Lazarillo de Tormes," HR, III (1935), pp. 331-37.

893. HESPELT, E. H. "The First German Translation on Lazarillo de Tormes," HR, IV (1936), pp. 170-75.

894. MARCU, ALEXANDRU. "Une traduction roumaine du Lazarillo de Tormes," RFE, XXIV (1937), pp. 88-96.
V. no. 836.

895. SIMS, ELMER R. "Four Seventeenth Century Translations of Lazarillo de Tormes," HR, V (1937), pp. 316-32.

896. MACAYA LAHMANN, E. "Elementos tradicionales y populares en el Lazarillo de Tormes;" "Evocación histórica y social en el Lazarillo de Tormes," EH, II (1938), pp. 59-108.

897. MARASSO, ARTURO. "Aspectos del Lazarillo de Tormes," Human, XXVII (1939), pp. 33-44. Ídem, La Nación (7 sept. 1952).

898. LAPLANE, GABRIEL. "Les anciennes traductions françaises du Lazarillo de Tormes," (en Hommage à E. Martinenche, Paris: D'Artry, 1939, pp. 143-55.).

899. GILLET, JOSEPH E. "A Note on the Lazarillo de Tormes

900. CROCE, BENEDETTO. "Lazarillo de Tormes. La storia dell'escudero, " (en su Poesia antica e Moderna, Bari, 1941, pp. 223-31.).

901. MARASSO, ARTURO. "La elaboración del Lazarillo de Tormes, " BAAL, IX (Oct. -Dec. , 1941), no. 36. Ídem en sus Estudios de literatura castellana, Buenos Aires: Kapelusz, 1955, pp. 157-86.).

902. GONZÁLEZ PALENCIA, A. Y MELE, EUGENIO. Vida y obras de don Diego Hurtado de Mendoza. Madrid: Maestre, 1941-1943. 3 vols.

903. VALBUENA PRAT, A. La vida española en la Edad de Oro, según sus fuentes literarias. Barcelona: Martín, 1942. 283pp.
Se pone de relieve el realismo del Lazarillo de Tormes.

904. MUÑOZ CORTÉS, M. "Personalidad y contorno en la figura del Lazarillo de Tormes, " Escorial, X (1943), no. 27, pp. 112-20.

905. GONZÁLEZ PALENCIA, A. "Leyendo el Lazarillo de Tormes, " Escorial, XV (1944), no. 44, pp. 9-46.

906. VOSSLER, KARL. "Los motivos heróicos, " (en su Introducción a la literatura española del Siglo de Oro: seis lecciones. Buenos Aires-México: Espasa-Calpe, 1945. 151pp.).
V. , en especial, pp. 89-94.

907. BERTINI, GIOVANNI M. Il teatro spagnolo del primo rinascimento: seguito da uno studio su "Lazarillo de Tormes." Venezia: Montuoro, 1946. 315pp.

908. _____. "Un Lazarillo de Tormes in italiano inedito, " QIA, I (1946), pp. 3-4.

909. CROCE, A. "Nota bibliográfica sobre la edición del Lazarillo de Tormes de Luis Jaime Cisneros. Buenos Aires: Kier, 1946, " RLM, II (1947), pp. 309-311.

910. CROCE, BENEDETTO. La poesia. Bari: Laterza, 1946. V. p. 147.

911. GONZÁLEZ PALENCIA, A. Del "Lazarillo" a Quevedo. Madrid: C. S. I. C. , 1946. 430pp.

912. DE LOLLIS, C. Cervantes reazionario e altri scritti d' ispanistica. A cura di S. Pellegrini. Firenze:

Sansoni, 1947. 401pp.
V. p. 263.

913. CASTRO, AMÉRICO, V. "Introduction," al Lazarillo de
Tormes, edición de Hesse y William. Madison, Wis-
consin, 1948. Pp. vii-xiv.
Versión española en su Hacia Cervantes. Madrid:
Taurus, 1957, pp. 107-13.

914. KRAUSS, W. "Die Kritik des Siglo de Oro am Ritter und
Schäfferroman," (en Homentage a A. Rubiò i Lluch.
Barcelona, 1936, I pp. 225-46.). Ídem en Gesammelte
Aufsätze zur Litteratur und Sprachwissenschaft. Frank-
furt: V. Klostermann, 1949. 469pp. V. pp. 152 y
sigts.
Se compara la pareja Lazarillo-escudero con la pareja
escudero-caballero de las novelas de caballerías.

915. BATAILLON, MARCEL. Erasmo y España. Trad. por Antonio Alatorre. México-Buenos Aires: Fondo de Cultura Económica, 1950. 2 vols.
V. vol. II, pp. 211-15.

916. _____. "El sentido del Lazarillo de Tormes," BIEL,"
(1950), no. 12, pp. 1-6.

917. CASTILLO, HOMERO. "El comportamiento de Lazarillo de
Tormes," Hispania, XXXIII (1950), no. 4, pp. 304-10.

918. ZAMORA VICENTE, A. "Lázaro de Tormes, libro español,"
La Nación (30 de abril de 1950), 2ª. sección, p. 1.
Ídem en su Presencia de los clásicos. Buenos Aires:
Espasa-Calpe, 1951, pp. 11-29. Íden en Nuova Anto-
logía, Roma (5 maggio 1957).

919. CARBALLO PICAZO, A. "El señor D'Ouville y el Lazarillo
de Tormes," RByD, V (1951), pp. 223-28.

920. HOLLMANN, WERNER. "Thomas Mann's Felix Krull and
Lazarillo," MLN, LXVI (1951), pp. 445-51.

921. CASTRO, AMÉRICO, "La novedad y las nuevas," HR, XX
(1952), pp. 149-53.
Sobre la expresión "criar de nuevo." Ídem en su
La realidad histórica de España, op. cit., pp. 567-72.

922. LATORRE, FEDERICO. La lengua del "Lazarillo de Tor-
mes." Diss. Madrid, 1952.
Tesis doctoral inédita de la Univ. de Madrid.
Resumen en RUM, I (1952), pp. 573-74.

923. LOVETT, GABRIEL H. "Lazarillo de Tormes in Russia,"
MLJ, XXXVI (1952), no. 4, pp. 166-74.

924. MALKIEL, YAKOV. "La familia léxica, lazerar, laz (d) rar, lacería," NRFH, VI (1952), pp. 209-76. V., en especial, pp. 261-262.

925. SALINAS, PEDRO. "El Lazarillo de Tormes y el Guzmán de Alfarache," Asomante, VIII (1952), pp. 20-25.

926. PEÑUELA, MARCELINO C. "Algo más sobre la picaresca: Lázaro y Jack Wilton," Hispania, XXXVII (1953), no. 4, pp. 443-45.

927. SCHNEIDER, HANS. "La primera traducción alemana del Lazarillo de Tormes," Clavileño, IV (1953), no. 22, pp. 56-58.

928. SIEBENMANN, GUSTAV. Über Sprache und Still im "Lazarillo de Tormes." Bern: Francke Verlag, 1953. xiii + 113pp.

929. BATAILLON, MARCEL. El sentido del Lazarillo de Tormes. Paris: Librarie des Éditions Espagnoles, 1954. 32pp.

930. FRIEIRO, EDUARDO. "Do Lazarillo de Tormes ao filho do Leonardo Pataca," Kriterion, VII (1954), pp. 65-82. Refund. en O alegre Arcipreste e outros temas de lit. esp. Belo Horizonte, 1959, pp. 67-93.

931. MORREALE, MARGHERITA. "Reflejos de la vida española en el Lazarillo de Tormes," Clavileño, V (1954), no. 30, pp. 28-31.

932. PEREGRÍN OTERO, C. "Comento de centenario al Lazarillo de Tormes," Ateneo (1954), no. 72.

933. SELIG, KARL-LUDWIG. "Concerning Gogol's Dead Souls and Lazarillo de Tormes," Symposium, VIII (1954), pp. 138-40.

934. TORRE, GUILLERMO DE. "En el cuarto centenario de Lazarillo de Tormes," Nacional (11 de noviembre de 1954).

935. ÁLVAREZ MORALES, M. La ejemplar humildad del "Lazarillo." Introducción de Salvador Bueno. Santiago de Cuba: Universidad de Oriente, 1955. 31pp.

936. ASENSIO, MANUEL J. El Lazarillo de Tormes: Problemas, crítica y valoración. Diss. Philadelphia, 1955. 555pp. Tesis doctoral inédita de la University of Pennsylvania. DA, XV (1955), no. 11, p. 2199.

937. BERTINI, GIOVANNI M. "Frammento dell'introduzione alla prima versione italiana (1608) del Lazarillo de Tormes," QIA, III (1955), p. 36. V. no. 830.

938. CARBALLO PICAZO, A. "Homenaje perdido, " CH, XXIV
(1955), pp. 284-86.

939. CARILLA, EMILIO. La novela picaresca española (Introducción al Lazarillo de Tormes). Santa Fe: Universidad
Nacional del Litoral, 1955. 19pp.

940. _____. "Dos notas sobre el Lazarillo, " UPB, XX (1955),
pp. 317-26.

941. GARCÍA, PABLOS. "Variaciones en torno al Lazarillo, "
Atenea, CXXI (1955), pp. 430-39.

942. AUBRUN, CH. V. "Le débat de l'eau et du vin, " BHi, LVIII
(1956), no. 4, pp. 454-56.
Sobre los Lazarillos anónimos de 1554 y 1555.

943. CAMERON, W. J. The Theme of Hunger in the Spanish
Picaresque Novel. Diss. Iowa City, Iowa, 1956.
Tesis doctoral inédita de la Univ. of Iowa. DA,
XVI (1956), p. 2157.

944. ESQUER TORRES, R. "El Lazarillo de Tormes y un cuento
de Giovanni Verga, " QIA, (1956), nos. 19-20, pp. 210-
11.

945. PALAFOX ÁGUILA, JOSÉ DE LA. La lengua del "Lazarillo
de Tormes: Sintaxis. Diss. México, 1956. 207pp.
Tesis doctoral de la U. N. A. M. , México, D. F.

946. CASTELLET, JOSÉ M. "Los relatos en primera persona, "
(en su La hora del lector. Barcelona: Edit. Seix
Barral, S. A. , 1957, pp. 123-27.).
Sobre el Lazarillo de 1554.

947. GUILLÉN, CLAUDIO. "La disposición temporal del Lazarillo de Tormes, " HR, XXV (1957), pp. 264-79.

948. JAUSS, HANS R. "Ursprung und Bedeutung der Ich-Form im
Lazarillo de Tormes, " RJ, VIII (1957), pp. 290-311.

949. MALDONADO DE GUEVARA, F. "Interpretación del Laza-
rillo de Tormes, " (en Homenaje a Menéndez Pelayo.
Madrid: Universidad, 1957, pp. 3-68.).
Reimp. : AC, VIII (1959), pp. 241-63.

950. SICROFF, ALBERT A. "Sobre el estilo del Lazarillo de
Tormes, " NRFH, XI (1957), pp. 157-70.

951. TIERNO GALVÁN, E. ¿Es el Lazarillo un libro comunero?, "
BIDP (1957-1958), nos. 20-23, pp. 217-20.

952. ALONSO, DÁMASO. "El realismo psicológico en el Lazarillo

de Tormes," (en De los siglos oscuros al de Oro...
Madrid: Gredos, 1958, pp. 226-34.).

953. CARILLA, EMILIO. "El Lazarillo de Tormes," (en su Estudios de literatura española. Rosario: Univ. Nacional del Litoral, 1958, pp. 74-83.).

954. KELLER, DANIEL S. "A Curious Latin Version of Lazarillo de Tormes," PhQ, XXXVII (1958), pp. 105-10.

955. LIEB, RUDOLF. Über die Darstellungskunst im "Lazarillo de Tormes." Diss. Würzburg, 1958. 180pp. Tesis doctoral inédita de la Univ. de Würzburg.

956. LONGHURST, JOHN E. "Alumbrados y erasmistas y luteranos en el proceso de Juan de Vergara," CHE, XXVII, XXIX (1958), pp. 99-163, 102-65.

957. MÁRQUEZ BALÉN, J. A. Contribución al estudio sintáctico del "Lazarillo de Tormes." Diss. Madrid, 1958. Tesis doctoral inédita de la Univ. de Madrid.

958. MÁRQUEZ VILLANUEVA, F. "Sebastián de Horozco y el Lazarillo de Tormes," RFE, XLI (1958), pp. 253-339.

959. REYES, ALFONSO. "Nuevas vejeces," (en sus Obras completas, México: Fondo de Cultura Económica, 1958, vol. VIII, p. 208.).

960. SÁNCHEZ ALBORNOZ, C. "Las cañas se han tornado lanzas," CHE, XXVII (1958), pp. 43-56 V. pp. 52-53.

961. ZAMORA VICENTE, A. "Gastando el tiempo (tres páginas del Lazarillo)," (en Voz de la letra. Madrid: Espasa-Calpe, 1958, pp. 91-94.).

962. ASENSIO, MANUEL J. "La intención religiosa del Lazarillo de Tormes y Juan de Valdés," HR, XXVII (1959), pp. 78-102.

963. BAUMANNS, P. "Der Lazarillo de Tormes eine Travestie der Augustinischen Confessiones?," RJ, X (1959), pp. 285-91.

964. BERGAMÍN, JOSÉ. Lázaro, Don Juan y Segismundo. Madrid: Taurus, 1959. 186pp. (Colección Ser y Tiempo, 22.). V. también nos. 488-99.

965. GUILLÉN ACEDO, A. Estudio del orden de las palabras en el "Lazarillo de Tormes." Diss. Madrid, 1959. Tesis doctoral inédita de la Univ. de Madrid.

966. KRUSE, M. "Die parodistischem Elemente in Lazarillo de Tormes," RJ, X (1959), pp. 292-304.

967. LIDA DE MALKIEL, M. R. "Nuevas notas para la interpretación del Libro de buen amor," NRFH, XIII (1959), V. pp. 20-28, 34-35.

968. PIZARRO CASAS, A. Estudio semántico sobre el primitivo "Lazarillo de Tormes." Barcelona, 1959. Tesis doctoral inédita de la Univ. de Barcelona.

969. PRING-MILL, R. D. F. "Spanish Golden Age Prose and the Depiction of Reality," ASQR (1959), nos. 32-33, pp. 20-31. Sobre el realismo en el Lazarillo de Tormes.

970. WILLIS, RAYMOND S. "Lazarillo and the Pardoner: The Artistic Necessity of the Fifth Tractado," HR, XXVII (1959), pp. 267-79.

971. ASENSIO, MANUEL J. "Más sobre el Lazarillo de Tormes," HR, XXVIII (1960), pp. 245-50.

972. AYALA, FRANCISCO. "Cerrazón y apertura del mundo en el Lazarillo," La Nación (30 de abril de 1960).

973. CARILLA, EMILIO. "Cuatro notas sobre el Lazarillo," RFE, XLIII (1960), pp. 97-116.

974. CHAMPMAN, K. P. "Lazarillo de Tormes, a Jest-Book and Benedik," MLR, LV (1960), pp. 565-67.

975. LA DU, ROBERT R. "Lazarillo's Stepfather is Hanged... Again," Hispania, XLII (1960), no. 2, pp. 243-44.

976. LIEB, RUDOLF. "Religiöser Humor im Lazarillo de Tormes," MSAH, IX (1960), pp. 53-58.

977. MALDONADO DE GUEVARA, F. "Desmitologización en el Lazarillo de Tormes y en el Quijote. - 1. El paleomito del niño. - 2. Los acordes infantiles en la primera parte del Quijote. - 3. El neo-mito del viejo. - 4. El viejo don Quijote," AC, VIII (1959-1960), pp. 241-306.

978. PÉREZ, LOUIS C. "On Laughter in the Lazarillo de Tormes," Hispania, XLIII (1960), no. 4, pp. 229-33.

979. TERLINGEN, J. "Cara de Dios," (en Studia Philologica. Homenaje Ofrecido a Dámaso Alonso por sus Amigos Amigos y Discípulos con Ocasión de su LX Aniversario. Madrid: Gredos, 1960-1963, vol. III, pp. 463-78.). Sobre la expresión Cara de Dios en el Lazarillo.

Refleja T., en gran parte, la opinión expresada por el catedrático de historia medieval de Utrecht, profesor D. Th. Enklaar, en su "Aanschijn Gods bij Lazarillo," publicada en Peilingen in de beschavingsgeschiedenis van Spanje (Sondeos en la historia de la civilización de España). Amsterdam, 1958, I. (Medelingen der Koninklike Nederlandse Akademie van Wetenschappen, Afd. Letterkund, Nieuwe Reeks, vol. 21, no. 1.).

980. GUGLIELMI, N. "Reflexiones sobre El Lazarillo de Tormes," Human, XXXVIII (1961), pp. 37-82.

981. HUTMAN, NORMA L. "Universality and Unity in the Lazarillo de Tormes," PMLA, LXXVI (1961), pp. 469-73.

982. MARTÍNEZ RUIZ, J. (AZORÍN). "Maqueda y Toledo," ABC (10 de agosto de 1961), p. 35.

983. _____. "Recuadro del Lazarillo," ABC (2 de julio de 1961), p. 93.

984. PIPER, ANSON C. "The Breadly Paradise of Lazarillo de Tormes," Hispania, XLIV (1961), no. 2, pp. 269-71.

985. RAND, MARGUERITE C. "Lazarillo de Tormes, Classic and Contemporary," Hispania, XLIV (1961), no. 2, pp. 222-29.

986. SPIVAKOVSKY, ERICA. ¿Valdés o Mendoza?," Hispano (1961), no. 12, pp. 15-23.

987. WARDROPPER, BRUCE W. "El trastorno de la moral en el Lazarillo," NRFH, XV (1961), pp. 441-47.

988. ÁLVAREZ, G. Y LECKER, J. "Una transmisión del Lazarillo a la comedia holandesa," RFE, XLV (1962), pp. 293-98.

989. MALANCA DE RODRÍGUEZ, A. "El mundo equivoco en el Lazarillo de Tormes," RCHM, V (1962), no. 5, pp. 134-62.

990. RUMEAU, A. "Notes au Lazarillo, 'lanzar'," BHi, LXIV (1962), pp. 228-35.

991. SCHANZER, G. O. "Lazarillo de Tormes in 18th Century Russia," Symposium, XVI (1962), pp. 54-62.

992. ABRAMS, FRED. "¿Fué Lope de Rueda el autor del Lazarillo de Tormes?," Hispania, XLVII (1964), no. 2, pp. 258-67.

993. BAADER, HORST. "Noch einmal zur Ich-Form im Lazarillo

de Tormes," RF, LXXVII (1964), nos. 3-4, pp. 437-46.
V. no. 948.

994. DEFANT, A. "El Lazarillo de Tormes: Tema y estructura técnica del hambre," Humanitas, XII (1964), pp. 107-23.

995. LIDA DE MALKIEL, M. R. "Función del cuento popular en el Lazarillo de Tormes," (en Actas del Primer Congreso Internacional de Hispanistas, Celebrado ... Oxford, 1964, pp. 349-59).

996. MOON, H. RAY. "Humor in Lazarillo de Tormes," BYUS V (1964), pp. 183-91.

997. MORRIS, C. B. "Lázaro and the Squire: hombre de bien," BHS, XLI (1964), pp. 238-41.

998. RODRÍGUEZ DIÉGUEZ, J. L. "La educación en la picaresca: el Lazarillo," RdP, XXII (1964), pp. 259-62.

999. RUMEAU, A. "Notes au Lazarillo: Les éditions d'Anvers, 1554-1555, a celles de Milan, 1587-1615," BHi, LXVI (1964), pp. 272-93.

1000. _____. Le "Lazarillo de Tormes." Essai d'interpretation, essai d'attribution. Paris: Editions Hispano-Americanas, 1964. 38pp.

1001. _____. "Notes sur le Lazarillo: L'édition d'Anvers, 1553, en 16º.," BHi, LXVI (1964), pp. 57-64.

1002. _____. "Notes au Lazarillo. Les éditions d'Anvers, 1554-1555, de La vida de Lazarillo et de La segunda parte," BHi, LXVI (1964), nos. 3-4, pp. 257-71.

1003. SPIVAKOVSKY, ERIKA. "Some Notes on the Relations Between D. Diego Hurtado de Mendoza and D. Alonso de Granada Venegas," Archivum, XIV (1964), pp. 212-32.

1004. AGUADO ANDREUT, S. Algunas observaciones sobre el "Lazarillo de Tormes. Guatemala: Edit. Universitaria, 1965. 243pp.

1005. ALONSO, DÁMASO. "La novela española y su contribución a la novela realista moderna," CdI, I (1965), pp. 17-43.

1006. AYALA, FRANCISCO. "Fuente árabe de un cuento popular en el Lazarillo," BRAE, XLV (1965), pp. 493-95.

1007. DEYERMOND, A. D. "The Corrupted Vision: Further Thoughts on Lazarillo de Tormes," FMLS, I (1965), pp. 246-49.

101

1008. _____. "Lazarus and Lazarillo," SSF, II (1965), no. 4, pp. 351-57.

1009. GARCÍA, HORTENSIA. Le "Lazarille" de la bibliothèque des romans. Diplôme d'études superieures. Université de Paris, 1965. Tesis inédita.

1010. GUISE, R. "La fortune de Lazarille de Tormès en France au XIXe siècle," RLC, XXXIX (1965), pp. 337-57.

1011. LAMBERT, M. "Filiation des éditions françaises du Lazarille de Tormes (1560-1820)," RSH (1965), fasc. 120, pp. 587-603.

1012. MOLINO, JEAN. "Lazarillo de Tormes et les Métamorphoses d'Apulée," BHi, LXVII (1965), nos. 3-4, pp. 323-33.

1013. RUMEAU, A. "Notes au Lazarillo: 'La casa lóbrega y oscura'," LLN, LVI (1965), no. 172, pp. 16-25.

1014. SPIVAKOVSKY, ERIKA. "Diego Hurtado de Mendoza and Averroism," JHI, XXVI (1965), pp. 307-26.

1015. WOODWARD, L. J. "Author-Reader Relationship in the Lazarillo de Tormes," FMLS, I (1965), no. 1, pp. 43-53.

1016. ARAY, EDMUNDO. "El baja siempre del Lazarillo de Tormes," CU (1966), no. 93, pp. 91-94.

1017. CASO GONZÁLEZ, J. "La génesis del Lazarillo de Tormes," Archivum, XVI (1966), pp. 129-55.

1018. GILMAN, STEPHEN. "The Death of Lazarillo de Tormes," PMLA, LXXXI (1966), pp. 149-66.

1019. RICO, FRANCISCO. "Problemas del Lazarillo," BRAE, XLVI (1966), pp. 277-96.

1020. ROSSI, NATALE. "Sulla datazione del Lazarillo de Tormes," (en Studi di letteratura spagnola. Roma: Facoltà di Magistero e di Lettere dell'Università di Roma, 1966, p. 169-80.).

1021. RUMEAU, A. "Notes au Lazarillo. Les éditions romantiques et Hurtado de Mendoza (1810-1842)," (en Mélanges à la Memoire de Jean Sarrailh. Paris: Institut d'Études Hispaniques, 1966, II, pp. 301-12.).

1022. ABRAMS, FRED. "To Whom Was the Anonymous Lazarillo Dedicated?," RN, VIII (1967), pp. 273-77.

1023. ÁLVAREZ, GUZMÁN. "En el texto del Lazarillo de Tormes," (en Actas del Segundo Congreso Internacional de
Hispanistas, Celebrado ... Nijmegen, Holland: Instituto Español de la Universidad de Nimega, 1967, pp.
173-80.).

1024. AYALA, FRANCISCO. "El Lazarillo: Nuevo examen de al-
gunos aspectos," CA (1967), no. 150, pp. 209-35.
Refund. en El "Lazarillo" reexaminado. Madrid:
Taurus, 1971. 98pp. (Cuadernos Taurus, 107.).

1025. BOREL, JEAN P. "La literatura y nosotros: Otra manera
de leer el Lazarillo de Tormes," RO, XVI (1967), no.
46, pp. 83-95.

1026. JOSET, JACQUES. "Le Lazarillo de Tormes temoin de son
temps?," RLV, XXXIII (1967), pp. 267-88.

1027. SCHWARTZ, KESSEL. "A Statistical Note on the Authorship
of Lazarillo de Tormes," RN IX (1967), pp. 118-19.

1028. BATAILLON, MARCEL. Novedad y fecunidad del "Lazar
rillo de Tormes." Trad. de Luis Cortés Vázquez.
Salamanca: Ed. Anaya, 1968. 106pp.

1029. BLANCO, AMOR J. "El Lazarillo de Tormes, espejo de
desconformidad social," CdI (1968), no. 9, pp. 87-96.

1030. COLLARD, ANDRÉE. "The Unity of Lazarillo de Tormes,"
MLN, LXXXIII (1968), no. 2, pp. 262-67.

1031. DURAND, FRANK. "The Author and Lázaro: Levels of
Comic Meaning," BHS, XLV (1968), pp. 89-101.

1032. JAÉN, DIDIER T. "La ambigüedad moral del Lazarillo de
Tormes," PMLA, LXXXIII (1968), no. 1, pp. 130-34.

1033. JONES, C. A. "Lazarillo de Tormes: Survival of Precursor?," (en Litterae Hispanae et Lusitanae. Festschrift zum Fünfzigjahrigen Bestehen des Ibero-Amerikanischen Forschungsinstituts der Universität Hamburg.
München: Max Hueber Verlag, 1968, pp. 181-88.).

1034. LÁZARO CARRETER, F. "La ficción autobiográfica en el
Lazarillo de Tormes," (en Litterae Hispanae et Lusitanae. Festschrift zum Fünfzigjahrigen Bestehen des
Ibero-Amerikanischen Forschungsinstituts der Universität Hamburg. München: Max Hueber Verlag, 1968,
pp. 195-213.).

1035. MÁRQUEZ VILLANUEVA, F. "La actitud espiritual en el
Lazarillo de Tormes," (en Espiritualidad y literatura
en el siglo XVI. Madrid-Barcelona: Alfaguara, 1968,
pp. 67-137.).

1035a. MCGRADY, DONALD. "Tesis, réplica y contrarréplica en el Lazarillo, el Guzmán y el Buscón." Filología, XIII (1968-69), pp. 237-49.

1036. NERLICH, MICHAEL: "Plädoyer für Lázaro: Bemerkungen zu einer Gattung," RF, LXXX (1968), nos. 2-3, pp. 354-94.

1037. NØJGAARD, MORTEN. "Roman og tid: Upraecise Talangivelser Lazarillo de Tormes, Romanproblemer Theorier og Analyser," (en Festschrift til Hans Sorensen den 28 September 1968. Odense: Universitets for laget, 1968, pp. 128-39.).

1038. TRUMAN, R. W. "Parody and Irony in Self Portrayal of Lázaro de Tormes," MLR, LXIII (1968), no. 3, pp. 600-05.

1039. WEINER, JACK. "Lázaro y las mujeres: protagonistas que comparten un sino parecido," PH (1968), no. 47, pp. 359-65.

1040. ABRAMS, FRED. "A Note on the Mercedarian Friar in the Lazarillo de Tormes," RN, XI (1969), no. 2, pp. 444-46.

1041. CAREY, DOUGLAS M. "Asides and Interiority in Lazarillo de Tormes: A Study in Psychological Realism," SPh, LXVI (1969), pp. 119-34.

1042. LÁZARO CARRETER, F. "Construcción y sentido del Lazarillo de Tormes," Abaco (1969), no. 1, pp. 45-134.

1043. CASALDUERO, JOAQUÍN. "Algunas características de la literatura española del renacimiento y del barroco," (en Filología y crítica hispánica. Homenaje al Prof. F. Sánchez Escribano. Editado por A. Porqueras Mayo y Carlos Rojas. Madrid: Ediciones Alcalá y Emory University, 1969, pp. 87-96.). (Col. Romania. Serie Literaria.).
Se estudia el Lazarillo de Tormes, la primera Égloga de Garcilazo y la Diana de Montemayor.

1044. GREGORY, PAUL E. "El Lazarillo como cuadro impresionista," Hispano (1969), no. 36, pp. 1-6.

1045. RUMEAU, A. "Notes au Lazarillo. Deux bons mots, une esquisse, un autre mot," BHi, LXX (1969), nos. 3-4, pp. 502-17.

1046. _____. "Sur les Lazarillo de 1554. Problème de filiation," BHi, LXXI (1969), nos. 3-4, pp. 476-501.

1047. TORRE, GUILLERMO DE. "El mundo de la novela pica-

resca," (en su Del '98 al Barroco. Madrid: Gredos, 1969, pp. 334-76.).
Sobre el Lazarillo (1554) y el Guzmán de Alfarache (1599).

1048. TRUMAN, R. W. "Lázaro de Tormes and the Homo novus Tradition," MLR, LXIV (1969), pp. 62-67.

1049. WILTROUT, ANN. "The Lazarillo de Tormes and Erasmus, Opulentia Sordida," RF, LXXXI (1969), pp. 550-64.

1050. CABRERA, ROSA M. "El pícaro en las literaturas hispánicas," (en Actas del tercer congreso internacional de hispanistas, celebrado ... México: El Colegio de México, 1970. pp. 163-73.).

1051. CASANOVA, W. "Burlas representables en el Lazarillo de Tormes," RO (1970), no. 91, pp. 82-94.

1052. DAMIANI, BRUNO M. "Lazarillo de Tormes, Present State of Scholarship," AION-SR, XII (1970), no. 1, pp. 5-19.

1053. MC GRADY, DONALD. "Social Story in Lazarillo de Tormes and its Implications for Authorship," RPh, XXIII (1970), pp. 557-67.

1054. MINGUET, CHARLES: Recherches sur les structures narratives dans le "Lazarillo de Tormes," Paris, 1970. 132pp. (Centre de Recherches Hispaniques. Institut d'Études Hispanique.).

1055. PERRY, ANTHONY T. "Biblical Symbolism in the Lazarillo de Tormes," SPh, LXVII (1970), no. 2, pp. 139-46.

1056. RICAPITO, JOSEPH V. "Lazarillo de Tormes (Chap. V) and Masuccio's Fourth Novella," RPh, XXIII (1970), no. 3, pp. 305-11.

1057. RICO, F. "En torno al texto crítico del Lazarillo de Tormes," HR, XXXVIII (1970), no. 4, pp. 405-19.

1058. SPIVAKOVSKY, ERIKA. "New Arguments in Favor of Mendoza's Authorship of the Lazarillo de Tormes," Symposium, XLIV (1970), no. 1, pp. 67-80.

1059. WEINER, JACK. "La lucha del Lazarillo de Tormes por el arca," (en Actas del tercer congreso internacional de hispanistas, celebrado ... México: El Colegio de México, 1970, pp. 931-34.).

1060. ZIOMEK, HENRYK. "El Lazarillo de Tormes y La vida inútil de Pito Pérez: Dos novelas picarescas," (en

Actas del tercer congreso internacional de hispanistas, celebrado... México: El Colegio de México, 1970, pp. 945-54.).

1061. HITCHCOCK, RICHARD. "Lazarillo and Vuestra Merced, " MLN, LXXXVI (1971), no. 2, pp. 264-66.

1062. LOMAX, DEREK W. "On Re-reading the Lazarillo de Tormes, " (en Studia Iberica. Festschrift für Hans Flasche. Herausgegeben von Karl-Hermann Körner und Klaus Rühl. Berlin und München: Francke Verlag, 1971.).

1063. RICAPITO, JOSEPH V. "Lazarillo de Tormes and Macchiavelli, " RF, LXXXIII (1971), pp. 151-72.

1064. WEINER, JACK. "Una incongruencia en el tercer tratado de El Lazarillo de Tormes: Lázaro y el escudero en el río, " RN, XII (1971), no. 2, pp. 419-21.

1064a. ZWEZ, RICHARD E. Lazarillos Raros: Lazarillo de Badalona, Life and Death of Young Lazarillo, Lazarillo del Duero. Valencia: Albatros Edics. , 1972. 170pp.

VIII. LAZARILLO DE TORMES (1555)
       (Segunda parte anónima)

A) Ediciones

1065. LA segvnda parte de Lazarillo de Tormes. Amberes:
       Simón, 1555. 83ff. (pero 78 hojas).

1066. _____, ed. de B. C. Aribau. Madrid, 1846. (Biblioteca
       de Autores Españoles, III).
       V. también nos. 17, 509, 510, 512, 514, 564, 572,
       632.

B) Traducciones
    1. Alemanas [1]
    2. Francesas

1067. HISTOIRE / PLAISANTE, / FACETIEVSE, ET RE-/ CRE-
       ATIVE; DV LAZA-/re de Tormes... Augmentée de la
       seconde partie,... etc.
       V. nos. 729, 735.

C) Estudios

1068. WILLIAM, ROBERT H. "Notes on the Anonymous Continua-
       tion of Lazarillo de Tormes," RR, XVI (1925), no. 3,
       pp. 223-35.

1069. COSSÍO, J. M. DE. "Las continuaciones del Lazarillo de
       Tormes," RFE, XXV (1941), pp. 514-23.

1070. SALUDO, M. S. La première suite de "Lazarillo de Tor-
       mes." Paris, 1956.
       Tesis doctoral de la Universidad de Paris. V. no.
       1072.

1071. BARRICK, M. E. "Three Sixteenth-Century Printer's

---

1. Hasta hoy, no se conoce ninguna traducción alemana completa
de esta primera continuación de 1555. Sin embargo, en las traducciones alemanas del Lazarillo primitivo de 1554, de 1614, 1617,
1627, 1633 y 1643 (v. nos. 683-688) aparece, al final, el primer
capítulo de esta primera continuación anónima del Lazarillo, publicada en Amberes.

fillers," RN, VI (1964), pp. 60-64.

1072. SALUDO, M. S. Misteriosas andanzas atunescas de "Lázaro de Tormes." Descifradas de los seudo-jeroglíficos del Renacimiento. San Sebastián: Izarra, 1969. 100pp.

1073. ZWEZ, RICHARD E. Hacia la revalorización de la "Segunda parte del Lazarillo" (1555). Valencia: Albatros Edic., 1970. 64pp.
V. también nos. 942, 1002.

IX. SEGUNDA PARTE DE LA VIDA DE LAZARILLO DE TORMES... (1620)

Por Juan De Luna

A) Ediciones

1074. SEGUNDA parte de la vida de Lazarillo de Tormes... por
Juan de Luna. Madrid, 1835. (Col. de los Mejores
Autores Españoles, vol. XXV.)
Reimp. de la edición de Paris, de 1620. V. no.
527.

1075. LA vida de Lazarillo de Tormes y sus fortunas y adversidades. Aumentada con dos segundas partes anónimas.
Madrid: Castelló y Soler, 1844-45. vii + 382pp. +
1 hoja 4º.
La última de las dos segundas partes es la de Juan
de Luna.

1076. SEGUNDA parte de la vida de Lazarillo de Tormes... por
Juan de Luna. Madrid, 1876. (Biblioteca Universal,
vol. LXXIX.).

1077. SIMS, ELMER R. ed. La segunda parte de la vida de
Lazarillo de Tormes. Sacada de las Coronicas Antiguas de Toledo. Por H. (sic) de Luna. Edition with
Introduction and Notes. By ... Austin: The University of Texas, 1928. 138pp.

1078. SEGUNDA parte de Lazarillo de Tormes. Paris, 1941.
(Clásicos Bouret).

1079. CHAMORRO FERNÁNDEZ, M. I. , ed. H. de Luna. Segunda parte de la vida de Lazarillo de Tormes, sacada
de las crónicas antiguas de Toledo. Prólogo y notas
de ... Madrid: Edit. Ciencia Nueva, 1967. 186pp.
(Los Clásicos, 7.).
Para las otras ediciones en lengua española, v. nos.
17, 527-28, 532, 534-37, 567-68, 572-74, 583, 586,
589, 606, 632, 644, 663, 738-42.

B) Traducciones

1. Alemanas

1080. ENDTER, MICHAEL, ed. Der Ander Theil. Lazarilli von
Tormes, bürtig aus Hispanien. Aus dem Frantzösichen
in das Teutsche übergesetzt durch P[aulus] K[üefuss].
Nürnberg: Michael Endter, 1653. 159pp.
London. British Museum.
Primera traducción alemana de la Segunda parte de
la vida de Lazarillo de Tormes..., de Juan de Luna.
Para las otras ediciones en lengua alemana, v. nos.
21, 698, 705, 706, 714.

2. Francesas

1081. SECONDE partie de la vie de Lazarille de Tormes. Tirées
des vielles chroniques de Tolede. Trad. nouvellement
d'espagnole en françois, par L. S. D. [le sieur d'
Audiguier]. Paris: Boutonné, 1620. 6ff + 288pp.
12⁰.
Primera traducción francesa. V. no. 734.

1082. _____. Lyon: B. Bachelu, 1649. 12⁰. Con la primera
parte corregida por Juan de Luna. D'Audiguier solo
tradujo la Segunda parte de Juan de Luna.

1083. ADVENTURES merveilleuses de Lazarillo de Tormes tirées
des vieilles chroniques de Tolède par G. F. de Grandmaison - y Bruno. Bourges, 1832. 12⁰.

1084. _____. Paris: Librairie de l'Education, 1833. 322pp.
+ 1 lám. 12⁰.
Igual a la anterior.
V. también nos. 533-37, 734-36a., 738-44, 747-63.

3. Inglesas

1085. THE Pursuit of the Historie of Lazarillo de Tormes.
Gathered out of the Ancient Chronicles of Toledo by
Jean de Luna... London, 1622. 8⁰.
Primera traducción inglesa. Cit. por B. Quaritch
en su Bibliotheca Hispana... London, 1895.

1086. THE Pleasant History of Lazarillo de Tormes, etc. A con-
tinuación:
The Pursuit of the Historie of Lazarillo de Tormes.
Gathered out of the Ancient Chronicles of Toledo by
Jean de Luna, a Castilian, and Now Done into English
and set Forth by same Author. London: Printed by
G. P. for Richard Hawkins, 1631. 192pp. 8⁰.
London. British Museum.
Para las otras traducciones en lengua inglesa,
véanse los nos. 787-97.

110

4. Portuguesas

1087. VIALE, ANTONIO J., TRAD. Aventuras maravilhosas de Lazarilho de Tormes, extraidas das antigas chronicas de Toledo, por G. F. Grandmaison y Bruno. Traduzidas da lingua francesa. Paris: J. P. Aillaud, 1838. 349pp. 18⁰.

C) Estudios

1088. BOEHMER, E. "Juan de Luna," ZfVL, XV (1904).

1089. HILLS, E. C. "Una gramática del Siglo de Oro," Hispania, I (1918), pp. 98-99.

1090. GAUTHIER, MARCEL (Pseud. por R. Foulché-Delbosc). "Diálogos de antaño," RHi, XLV (1919), no. 107, pp. 156-90.

1091. SLOAN, A. S. "Juan de Luna's Lazarillo and the French Translation of 1660," MLN, XXXVI (1921), pp. 141-43.

1092. MENÉNDEZ Y PELAYO, M. Historia de los heterodoxos españoles. IV. Santander: Aldus, 1947. 8 vols. V. pp. 205-06.

1093. NAVARRO DE ANDRIAENSES, J. M. "La continuación del Lazarillo, de Luna y la aventura del Lago Mummel en Simplicissimus," RJ, XII (1961), pp. 242-47.

1094. LAURENTI, JOSEPH L. "La feminidad en la Segunda parte de la vida de Lazarillo de Tormes, de Juan de Luna," RLit, XXII (1962), nos. 43-44, pp. 71-74.

1095. _____. "El nuevo tono religioso del Lazarillo, de Juan de Luna," AdL, III (1963), pp. 107-27.

1096. _____. "La coloración afectiva del Lazarillo de Juan de Luna a través de los diminutivos," BBMP, XXXIX (1963), no. 1, 2 y 3, pp. 53-56.

1097. _____. "La técnica novelística de Juan de Luna," CH (1964), no. 173, pp. 243-69.

1098. _____. Estudio crítico de la "Segunda parte de la vida de Lazarillo de Tormes," de Juan de Luna. México: Edit. Studium, 1965. 119pp. (Col. Studium, 50).

1099. PELORSON, JEAN-MARC Y SIMON, HÉLÈNE. "Une mise au point sur l'Arte Breve de Juan de Luna," BHi, LXXI (1969), nos. 1-2, pp. 218-30.

111

1100.   PELORSON, JEAN MARC.   "Un documento inédito sobre
        Juan de Luna (14 de junio de 1616)," BHi, LXXI (1969),
        3-4, pp. 577-78.

1101.   LAURENTI, JOSEPH L.   Estudios sobre la novela picaresca
        española.   Madrid, 1970, pp. 63-119.
        V. no. 268.

1102.   _____.   "El nuevo mundo social de la Segunda parte de la
        vida de Lazarillo de Tormes..., de Juan de Luna
        (1620)," BBMP, XLVII (1971), nos. 1-4, pp. 151-90.

X. LAZARILLO DE MANZANARES,
CON OTRAS CINCO NOVELAS (1620)

Por Juan Cortés De Tolosa

A) Ediciones

1103. LAZARILLO de Manzanares, con otras cinco Nouelas.
Madrid: Viuda de Alonso Martín. A costa de Alonso
Pérez, 1620. 6 hojas + 257ff., + 1 hoja.
___Apr. de Vicente Espinel.
___Apr. de Fr. Alonso Ramón.
___Apr. de Iuan de Gomara y Mexia.
___Ded. a D. Iuan Ybañez de Segouia,
___caballero de Calatrava, etc.
___T. - E. - Al lector.
___Texto.
New York. Hispanic Society.
Paris. Nationale.
Santander. "Menéndez y Pelayo."

1104. LAZARILLO de Manzanares. Novela española del siglo
XVII. Reimpresa según la edición de 1620.
[Edición de E. Cotarelo y Mori]. Madrid: Im-
prenta y Edit. de la Revista Española, 1901. vii +
149pp. 17cm.
London. British Museum.

1105. LAZARILLO de Manzanares. Con otras cinco novelas.
Prólogo, edición y notas de G. E. Sansone. Barcelona: Selecciones Bibliófilas, 1960. 2 vols. XXV +
129pp. + 195pp.

1106. LAZARILLO de Manzanares. Barcelona: Libros Bolívar,
1963. 154pp. 17.5cm.
V. también no. 672.

B) Estudios

1107. ANTONIO, NICOLÁS. "Juan Cortés de Tolosa," (en Bibliotheca Hispana Nova... Madrid: Ibarra, 1783-88, I.
p. 680.).

1108. ÁLVAREZ DE BAENA, J. A. "Juan Cortés de Tolosa,"
(en Hijos de Madrid... Madrid: Cano, 1789-91, III,
pp. 149-50.).

XI. EL GUZMÁN DE ALFARACHE (1599)

Por Mateo Alemán

A) Bibliografía

1109. FOULCHÉ-DELBOSC, R. "Bibliographie de Mateo Alemán,
       1598-1615, " RH, XLII (1918), pp. 481-556.

1110. SIMÓN DÍAZ, J. Bibliografía de la literatura hispánica. V.
       Madrid: C. S. I. C. , 1958, pp. 126-58.

1111. LAURENTI, JOSEPH L. Y SIRACUSA, JOSEPH. "Ensayo de
       una bibliografía del sevillano Mateo Alemán (1547-
       ¿ 1614?, " ArH (1966), nos. 139-40, pp. 179-216.

1112. CROS, EDMOND. Protée et le gueux. Recherches sur les
       origines et la nature du récit picaresque dans "Guz-
       mán de Alfarache. " Paris: Didier, 1967, 509pp.
       (Études de Littérature Étrangère et Comparée).
       Bibliografía, pp. 447-84.
       Res. : Fritz Schalk, ASNS, a. 123, vol. 209 (1971),
       no. 1, pp. 76-9.

B) Ediciones

1113. PRIMERA parte de Guzmán de Alfarache. Madrid: En
       casa Licdo. Várez de Castro, 1599. 16ff. + 256ff.
       4º.
       ____Apr. de Fr. Diego Dauila.
       ____Tassa.
       ____Erratas.
       ____Privilegio.
       ____Dedicatoria a D. Francisco de Rojas, Marqués de
       Poza, etc.
       ____Al Vulgo.
       ____Al discreto lector.
       ____Declaración para el entendimiento deste libro.
       ____Elogio de Alonso de Barros, en alabança deste
       libro y de Mattheo Alemán su autor.
       ____Epigrama latino de Vicente Espinel.
       ____Guzmán de Alfarache a su vida.
       ____Soneto "Aunque nací sin padres, que en cuna... "
       ____De Hernando de Soto, al Autor.
       ____["Tiene este libro discreto... "]

Retrato del autor grabado en cobre. Texto.
Ed. príncipe. Cit. por Simón Díaz, op. cit.

1114. PRIMERA parte de la vida del pícaro Gvzman de Alfarache.
Barcelona: Sebastián de Cormellas. A costa de An-
gelo Tabano, 1599. 8ff. + 207ff. + 1f. 15cm.
___Apr. de Fr. Iuan Vicente (Barcelona, 27 de abril
de 1599).
___Licencia del Vicario.
___Dedicatoria a D. Francisco de Rojas, Marqués de
Poza, etc.
___Al Vulgo.
___Del mismo al discreto Lector.
___Declaración para el entendimiento deste libro.
___Elogio de Alonso de Barros, en alabança deste
libro y de Mattheo Alemán su autor.
___Soneto. ["Yo fuy el acelerado a quien el zelo..."].
___Texto.
Ed. cit. por Simón Díaz, op. cit.

1115. PRIMERA parte / de la vida / del picaro / Guzmán de /
Alfarache ... Barcelona: En la Emprenta de Gabriel
Graells, y Giraldo Dotil. A. costa de Miguel Menescal,
1599. 8ff. + 208ff. 8º.

1116. _____. Barcelona: En la Emprenta de Gabriel Graells
y Giraldo Dotil. A costa de Hieronymo Genoues, 1599.
8ff. + 208ff. 8º.
Igual a la anterior, pero "a costa de Hieronymo
Genoues."

1117. _____. Caragoça: Iuan Perez de Valdivielso, 1599. 8ff.
+ 208ff. 8º.
___Licencias otorgadas en Caragoça a 21 y 22 de
junio de 1599.
___Dedicatoria, etc.

1118. _____. Lisboa: Iorge Rodrigues. A custa de Sebastiao
Carvalho. 1600. 10ff. + 120ff. + 1f. blanco + 56ff.
4º.
___Elogio de Barros.
___Licencias firmadas en Lisboa el 16 de diciembre
de 1599 y el 18 de enero de 1600.
___Epigrama de Vicente Espinel.
Ed. cit. por Simón Díaz, op. cit.

1119. _____. Lisboa, 1600. 392pp. 4º.
Ed. diferente de la anterior.
Cit. por B. Quaritch, Catalogue of Spanish and
Portuguese Literature..., no. 234. London, 1866.

1120. PRIMERA Parte / de Gvsman / de Alfarache...
Coimbra: Na Officina de Antonio de Mariz. Per

115

Genro, y Heredeyro Diego Gómez Loureyro... 1600.
8ff. + 207ff. + 1f. 8º.
Reimp.: Julio Cejador, Madrid: Renacimiento,
1913.
V. no. 1172.

1121. PRIMERA parte / de la vida / del picaro / Guzmán de /
Alfarache... Bruxellas: Iuan Mommarte y Rutgerio
Velpio, 1600. 8ff. + 207ff. + 1f.
____Privilegio de los Duques de Bramante.
____Apr., Licencia, etc., como la de Barcelona de
1599. V. no. 1114.
Ed. cit. por Simón Díaz, op. cit.
London. British Museum.

1122. _____. Bruxellas: Iuan Mommarte, 1600. 8ff. + 207ff.
+ 1f.
Se diferencia de la anterior solamente en la portada.

1123. PRIMERA Parte / de Guzman / de Alfarache..., Paris:
Nicolas Bonfons, 1600. 12ff. + 276ff. 12º.

1124. PRIMERA parte / de la vida / del picaro / Guzman de /
Alfarache..., Barcelona: Sebastián de Cormellas,
1600. 8ff. + 207ff. + 1f. 8º.
____Dedicatoria a D. Francisco de Rojas, Marqués de
Poza, etc.
____Apr. de Mo. Fr. Iuan Vicente.
____Licencia del Vicario General.
Ed. cit. por Simón Díaz, op. cit.

1125. PRIMERA Parte / de Guzman / de Alfarache..., Madrid:
Herederos de Iuan Yñiguez de Lequerica, 1600. 16ff.
255ff. + 1f. 4º.
Ed. cit por Foulché-Delbosc, Bibliographie, no. 16,
v. supra, no. 1109.

1126. PRIMERA Parte / de Guzman de Alfa / rache..., Madrid:
Licenciado Varez de Castro, 1600. 8ff. + 207ff. 4º.
Edición sin retrato del autor.
V. Foulché-Delbosc, Bibliographie, no. 17.

1127. _____. Madrid: Licenciado Varez de Castro, 1600.
12ff. + 276ff. 12º.
Según Foulché-Delbosc, Bibliographie, no. 18, se
trata de una edición contra hecha en Italia.

1128. _____. Amberes: ¿Bellero? 1600. Ed. cit. por Peet-
ers-Fontainas, Bibliographie de Empressions Espagnoles
des Pays-Bas, no. 28.

1129. PRIMERA parte de Guzman de Alfarache. Madrid: Iuan
Martínez, 1601. 16ff. + 278ff. +2ff. 8º.

116

1130. PRIMERA Parte / de Guzman / de Alfarache..., Sevilla:
Iuan de León, 1602. 16ff. + 264ff. 4º.

1131. PRIMERA / parte de / la vida del / picaro Guzman / de
Alfarache..., Çaragoça: Angelo Tavanno, 1603. 8ff.
+ 207ff. + 1f. 8º.

1132. PRIMERA parte / de la vida / del picaro / Guzman de /
Alfarache..., Tarragona: Felipe Roberto. A costa de
Hieronymo Martín, 1603. 8ff. + 207ff. + 1f. 8º.
Es la misma señalada en el cat. de Bibliothèque
Nationale de Paris, con la fecha de 1683. Error que
se repite en otras bibliografías.

1133. DE la vida / del picaro / Guzman de Alfarache / Primera
parte/..., Milán: Ieronimo Bordon y Pedro Martir
Locarno, 1603. 8ff. + 411pp. + 1f. 8º.
_____Dedicatoria al Conde Fabricio Servellon, Conde de
Castion, Señor del Marquesado de Romañan, firmada
por los impresores.
_____De Cesar Parona. Soneto. ["Por tu gusto Lector
mira al presente... "].
_____Declaración para el entendimiento deste libro.
_____Elogio de Alonso de Barros.
_____Imprimatur.
Texto.
Ed. citada por Simón Díaz, op. cit.

1134. _____. Barcelona, 1603.
Cit. en el Catálogo de la biblioteca de Salvá, II, no.
1. 697.

1135. _____. Lisboa, 1603.
Cit. por Simón Díaz, op. cit., no. 716.

1136. PRIMERA / parte de la / vida del picaro / Guzman de /
Alfarache ..., Brucellas: Iuan Mommarte, 1604.
215ff. + 2ff. 8º.
_____Privilegio de los Duques de Bramante.
_____Apr. de Fr. Iuan Vincente (1599). Texto.
_____Tabla.
_____Privilegio.
Edición cit. por Foulché-Delbosc, Bibliographie, no.
37.

1137. SEGVNDA / parte de la vi / da de Guzman de / Alfarache,
atalaya de la / vida umana / por Mateo Aleman / su
verdadero Autor/..., Lisboa: Pedro Crasbeeck, 1604.
16ff. + 64 + 110 + 112ff. 4º.
_____Apr. de Fr. Antonio Freire (en portugués).
_____Licencia.
_____Privilegio.
_____Dedicatoria a D. Iuan de Mendoça, Marquez (sic)
de San Germán, Comendador del Campo de Montiel,

117

etc.

___El Alferez Luis de Valdés, a Mateo Alemán. Elogio.

___Soneto italiano.

___Epigrama latino de Fr. Custodii Lupi.

___Soneto del mismo.

___Poesía de Ruy Fernández de Almada.

___Ioannis Riberli ad Authorem.

___El Licdo. Miguel de Cardenas Calmaestra a M. Alemán. Soneto

___Tabla.

___Retrato del autor.

Texto.

Reimp.: Madrid, 1912. Ed. de Julio Cejador. V. no. 1171.

Edición cit. por Simón Díaz, op. cit.

1138. _____. Lisboa: Pedro Crasbeeck, 1605. 188ff. + 768 pp. 8º.

Cit. por Foulché-Delbosc, Bibliographie, no. 44.

1139. SEGVNDA parte / de la vida de / Guzman de Alfa / rache, atalaya / de la vida humana / por Mateo Aleman su verdadero Autor / y advierta el letor que la segunda parte que salio antes / desta no era mia. solo esta reconozco por tal / ... Valencia: Pedro Patricio Mey, 1605. 12ff. + 585pp. + 3ff.

Edición cit. por Foulché-Delbosc, Bibliographie, no. 45.

1140. SEGUNDA parte de la vida del picaro Guzman de Alfarache, atalaya de la vida humana por Matheo Aleman su verdadero autor. Y advierta el letor que la segunda parte que salio antes desta no era mia, solo esta lo es. Barcelona: Honofre Anglada. 1605. 12º.

Edición cit. por B. Quaritch, en los Catálogos nos. 148 y 361.

1141. PRIMERA parte de la vida de Guzman de Alfarache... Barcelona: Sebastián de Cormellas, 1605. 8ff. + 207ff. + 1f. 8º.

Cit. por Foulché-Delbosc, Bibliographie, no. 46.

1142. SEGVNDA parte / de la vida / de Gvzman de Alfa/rache, atalaya de / la vida humana / Por Matheo Alemán, su verdadero Autor / y advierta el letor que la segunda parte que salio / antes desta no era mia, solo esta lo es /, Barcelona: Sebastian de Cormellas. / Vendense en la mesma Emprenta /, 1605. 16ff. + 264ff. 8º.

Cit. por Foulché-Delbosc, Bibliographie, no. 47.

London. British Museum.

1143. DE la vida / del picaro / Guzman de Alfarache / Primera

Parte / ..., Milán [s. i.]. A costa de Iuan Baptista
Bidelo, 1615. 6ff. + 417pp. + 1f. 12º.
Cit. por Foulché-Delbosc, Bibliographie, no. 55.
Paris. Bibliothèque Nationale de Paris.

1144. SEGVNDA / parte / de la vida de Gvzman / de Alfarache
atalaya de la / vida umana / por Mateo Alemán / su
verdadero Autor / ..., Milan [s. i.]. A costa de
Iuan Baptista Bidelo, 1615. 12ff. + 552pp. 12º.
Cit. por Foulché-Delbosc, Bibliographie, no. 55.

1145. PRIMERA / y / Segunda / Parte de Guzman / de Alfarache
por / ... dedicada al / curioso lector. Burgos: Iuan
Baptista Varesio. A costa de Pedro Gómez de Valdivielso, 1619. 2 vols. 21cm.
La portada del segundo volumen dice: Segvnda parte
de la vida de Gvzman de Alfarache, Atalaya de la vida
humana...
Reimp.: Estrasburgo, 1913-14. V. no. 1173.

1146. PRIMERA parte / de la vida del picaro / Guzman / de /
Alfarache, Bruselas: Juan Mommarte, 1639. 215ff.
12º.
Ed. cit. por Simón Díaz, op. cit.

1147. PRIMERA / y / segvnda / parte de Guzman / de Alfarache
/ por ... Madrid: Pablo de Val. A costa de Pedro
Garcia Sodruz, 1641. 2ff. + 475pp. + 2ff.
Edición citada por Simón Díaz, op. cit., no. 732.

1148. DE la vida del pícaro Guzman de Alfarache... Madrid:
Pablo de Val, 1661. 475pp. 4º.
Ed. cit. por Simón Díaz, op. cit., no. 733.

1149. _____. Madrid: Pablo de Val, 1665. 4ff. + 475pp. +
2ff.
Igual a la anterior.

1150. VIDA y hechos / del picaro / Guzman / de / Alfarache /
atalaya de la vida humana / ... nueva impresion corregida de muchas erratas y enriquescida con muy lin-
das estampas. Amberes: Geronymo Verdussen, 1681.
2 vols. 9ff. + 299pp. + 2ff.; 8ff. + 396pp. + 3ff. 8º.
Ed. cit. por Simón Díaz, op. cit., no. 735.

1151. _____. Amberes: Viuda Verdussen, 1686. 2 vols.
Igual a la anterior.

1152. PRIMERA y Segunda parte / de Guzman de Alfarache / por
... dedicado al licenciado de J. Bermudez, Abogado de
los Reales Consejos..., Madrid: Imp. de la calle de
Encomienda. A costa de los herederos de Antonio
Reyes, 1723. iv + 475pp. + 2ff. 20cm.

119

Ed. cit. por Simón Díaz, op. cit., no. 738.

1153. VIDA y hechos del pícaro Guzmán de Alfarache, Atalaya de la vida humana. Amberes: Viuda de Henrico Verdussen, 1736. 2 vols. 8º.
Cit. por Simón Díaz, op. cit., no. 739.

1154. PRIMERA y segunda parte de la vida y hechos del pícaro Guzman de Alfarache... Corregido, y enmendado en esta impressión. Madrid: Imp. de Lorenzo Francisco Mojados, 1750. 4ff. + 534pp. + 1f. 21cm.
Ed. cit. por Simón Díaz, op. cit., no. 740.

1155. VIDA y hechos / del picaro / Guzman de Alfarache / atalaya de la vida humana... Valencia: Joseph y Thomas de Orga, 1773. 2 vols. 8º.
Ed. cit. por Simón Díaz, op. cit., no. 741.

1156. VIDA y hechos / del picaro / Guzman/ de Alfarache... Amberes: Viuda Verdussen, 1786. 2 vols. 8º.
Ed. cit. por Simón Díaz, op. cit., no. 742.

1157. VIDA y hechos / del picaro / Guzman de Alfarache / atalaya / de la vida humana... Valencia: Joseph y Tomás de Orga, 1787. 2 vols. 18cm.
Ed. cit. por Simon Díaz, op. cit., no. 743.

1158. VIDA y hechos del pícaro Guzmán de Alfarache. Paris-Lyon: Cormon y Blanc, 1826. 4 vols. 16º.

1159. AVENTURAS y vida de Guzmán de Alfarache... Madrid: Imp. de Moreno, 1829. 2 vols. 15cm.

1160. VIDA y hechos / del picaro / Guzman de Alfarache / atalaya / de la vida humana / ... Madrid: Imp. de Pedro Sanz, se hallarán en su librería..., 1829. 2 vols. 8º.

1161. VIDA y aventuras del pícaro Guzmán de Alfarache, atalaya de la vida humana. Barcelona: Juan Oliveres, 1843. 2 vols. 16º. (Tesoro de Autores Ilustres, x-xi).

1162. _____. Madrid: Librería de Cuesta. Valencia. Impr. de Lópex y Cía, 1843. 2 vols. 4º.

1163. VIDA y hechos del pícaro Guzmán de Alfarache. Valencia: López y Cía, 1843. 9ff. + 642pp. + 2ff. + 7 láms.

1164. AVENTURAS y vida / de / Guzmán de Alfarache / atalaya de la vida humana /, ed. de Aribau, (en Novelistas anteriores a Cervantes. Madrid: Rivadeneyra, 1846, pp. 185-362. Biblioteca de Autores Españoles, III.).
V. no. 17.

120

1165. VIDA y hechos del picaro Guzmán de Alfarache, atalaya de la vida humana... (Paris: Baudry, 1847. 1 lám. + xii + 482pp. 22cm. (Colección de los Mejores Autores Españoles, 33.).

1166. AVENTURAS y vida de Guzmán de Alfarache. Sevilla, 1849. 4º.

1167. VIDA y hechos / del picaro / Guzman de Alfarache / atalaya de la vida humana /. Madrid: Gaspar y Roig, 1849. xviii + 628pp. + 230 grabs. + 1 lám. 25cm. Ed. cit. por Simón Díaz, op. cit., no. 753.

1168. AVENTURAS y vida / de / Guzmán de Alfarache /, atalaya de la vida humana... Barcelona: La Maravilla, 1863. 418pp. 7 láms. 26, 5cm. (Obras en Prosa, Festivas y Satíricas de los Más Eminentes Ingenios Españoles, III.).

1169. AVENTURAS y vida / de / Guzmán de Alfarache/, atalaya de la vida humana... (Suprimidas palabras y frases ahora malsonantes). Barcelona: Imp. Barcelonesa, 1885. 2 vols. 17, 5cm. (La Verdadera Ciencia Cristiana).

1170. AVENTURAS y vida de Guzmán de Alfarache, atalaya de la vida humana... Madrid: Saturino Calleja, 1887. 268 pp. (Salamanca Universitaria, 90. 813).

1171. SEGUNDA parte de la Vida de Guzmán de Alfarache... Edición transcrita y revisada por Julio Cejador. Madrid: Renacimiento, 1912. 429pp. (Biblioteca Renacimiento). Reimpresión de la edición príncipe de Lisboa de 1604. V. no. 1137.

1172. PRIMERA parte de Guzmán de Alfarache, compuesta por Mateo Alemán... Ed. transcrita y rev. por Julio Cejador. Madrid: Renacimiento, 1913. 375pp. (Biblioteca Renacimiento. Obras Maestras de la Literatura Española). Reimpresión de la edición de Coimbra de 1600. V. no. 1120.

1173. HOLLE, FRITZ, ed. Guzmán de Alfarache. Primera parte. Estrasburgo: J. H. E. Heitz; New York: G. E. Stechert & Co., 1913. 347pp. 15cm. (Bibliotheca Romanica, 183, 187). Reimpresión de la edición de Burgos: Varesio, 1619. V. no. 1145.

1174. _____. Guzmán de Alfarache. Segunda parte. Estrasburgo: J. H. E. Heitz; New York: G. E. Stechert & Co., 1914. vii + 438pp. 15cm. (Bibliotheca

Romanica, 214, 219.).
Reimpresión de la edición de Burgos: Varesio,
1619. V. no. 1145.

1175. GUZMÁN de Alfarache, (en La novela picaresca... por
Fedrico Ruiz Morcuende. Madrid).
V. no. 5.

1176. BUCHNER, E., ed. Vida y hechos del Pícaro Guzmán de
Alfarache. München: Langen, 1922.

1177. GILI GAYA, S. Guzmán de Alfarache, ed. y notas de...
Madrid: Ediciones de "La Lectura," 1926-36. 5 vols.
(Clásicos Castellanos, 73, 83, 90, 93, 114.).
Reimp.: Madrid: Espasa-Calpe, 1936-46. 5 vols.
Madrid: Espasa-Calpe, 1942. 5 vols.
Madrid: Espasa-Calpe, 1950-55. 5 vols.
Madrid: Espasa-Calpe, 1962-67. 5 vols.
Madrid: Espasa-Calpe, 1968. 5 vols.

1178. GUZMÁN de Alfarache, atalaya de la vida humana. Madrid:
Edit. Aguilar, 1929. 609pp. (Colección de Autores
Regocijados, V.).

1179. VIDA del pícaro Guzmán de Alfarache, criado del rey Felipe
III nuestro señor, y natural vecino de Sevilla. Novela.
Ed. anotada. Texto íntegro, de acuerdo con el original.
Barcelona: Ramón Sopena, 1930. 2 vols. (Biblioteca
Sopena).
Reimp.: Buenos Aires: Edit. Sopena Argentina,
1941-45. 2 vols. (Biblioteca Mundial Sopena).

1180. GILI GAYA, S. Guzmán de Alfarache. Selección, estudio
y notas, por ... Zaragoza: Ebro, 1943. 141 pp.
(Biblioteca Clásica Ebro, 51.).
Reimp.: Zaragoza: Ebro, 1949. 141pp.
Zaragoza: Ebro, 1955. 142pp.

1181. VALBUENA PRAT, A., ed. Guzmán de Alfarache, (en La
novela picaresca española, pp. 233-573).
V. no. 6.

1182. GUZMÁN de Alfarache, atalaya de la vida humana. Prólogo
de José Mallorquí Figuerola. Buenos Aires: Edit.
Molino, 1943. 2 vols. 19cm. (Colección Literatura
Clásica).

1183. SAURA FALOMIR, J., ed. Guzmán de Alfarache, atalaya de
la vida humana. Ed., prólogo y notas de ... Madrid:
Ediciones Castilla, 1953. (Biblioteca Clásica Castilla,
no. 23.).

1184. VILLALTA, MERCEDES M., ed. Vida del pícaro Guzmán de

122

Alfarache. Ed. revisada y anotada por ..., con unas notas prologales de Emiliano M. Aguilera. Barcelona: Iberia, 1963. 2 vols. (Obras Maestras).

1185. GUZMÁN de Alfarache. Barcelona: Zeus, 1968. 2 vols. (Podium).
V. también nos. 9, 20, 673.

C) Traducciones

    1. Alemanas

1186. ALBERTINUS, AEGIDIUS. Der Landstörtzer Gusman von Alfarache oder Picaro gennant, dessen wunderbarliches, abenthewrlichs und possirliches Leben, was gestallt er schier alle Ort der Welt durchlossen, allerhand Standt, dienst und Uembter versucht, vil guts und böses begangen und auszgestanden jetzt reich, bald arm, und widerumb reich und gar elendig worden, doch letztlichen sich betehrt hat, hierin beschrieben wirdt. Durch Aegidium Albertinum... theils gemehrt und gebessert. München: Nicolaum Henricum, 1615. + 723pp. 8⁰.

1187.   . München, Durch N. Henricum, 1616. 544pp. 8⁰.

1188.   . München, 1617. 8⁰.

1189.   . München, 1618. 8⁰.

1190.   . Zum vierten mal widerumb in Truck geben durch AE Albertinum. Auspurg. 1619, A. Aperger, 723pp. 8⁰.

1191.   . München, 1622. 8⁰.

1192. FREUDENHOLD, MARTINUS. Der Landstörtzer Gusman von Alfarache verteutscht durch Martinum Freudenhold. Frankfurt am Mayn im Jahr 1626. 8ff. + 494pp. 8⁰.
Ed. cit. por Palau y Dulcet, Manual del librero..., no. 6.794.

1193.   . München, 1631. 8⁰.

1194.   . [s. l.] 1631-32.

1195. GUZMANNUS reformatus. Cöln. Bingen. 1658.

1196. DER Landstörtzer ... Francfort. [?].

1197. BEER, FERDINAND W., TRAD. Lustige Lebensgeschichte Gussmanns ... ins Deutsche übersetzt von... Leipzig: Carl Ludwig Jacobi, 1751-52. 2 vols. 8⁰.

1198. GLEICH, FRITZ, TRAD. Geschichte des Gusman de Alfarache nach Lesages Bearbeitung. Übers. von ... Al-
tenb. , 1828.
V. también nos. 12, 21, 710-11.

2. Checas

1199. [GUZMÁN de Alfarache]. Praha, 1964.

3. Francesas

1200. GUZMAN / d'Alfarache / Divisé en trois Livres. Par
Mathieu / Aleman Espagnol. / Faict Français par
G. Chappuys, / secrétaire interprète du Roi / Paris:
Nicolas et Pierre Bonfons ..., 1600. 16ff. + 237ff. +
1f. + 100ff. + 2ff.
Ed. cit. por Foulché-Delbosc, Bibliographie, no. 14.

1201. GUEUX /(Le / ou la / vie de Guzman / de Alfarache, image / de la vie humaine /. En laquelle toutes les
fourbes et mes / chancetez qui s'usent dans le monde /
sont plaisamment et utilement / descouvertez.
Première Partie. Paris: P. Billaine, 1619. 16ff. +
334pp. + 1f. + 252pp. + 19ff. 8º.

1202. VOLEVR / (Le) / ou la / vie de Guzman / d'Alfarache /
portrait du temps et / miroir de la vie humaine /
Seconde Partie / Pièce non encore veuë et rendue
fidellement de / l'original espagnol de son premier et
véritable autheur Mateo Alemand. Paris: Toussaint
du Bray, 1620. 22ff. + 1202pp. + 5ff. 8º.
Primera traducción francesa de la Segunda parte.

1203. GVEVX/(Le) / ou la vie de Guzman d'Alfarache... Paris:
G. Alliot, 1621. 8º.

1204. _____. Paris, 1625. 8º.

1205. _____. Paris, 1627. 8º.

1206. _____. Lyon: Impr. de S. Rigaud, 1630. 2 vols. 8º.
Trad. por Jean Chapelain.

1207. _____. Paris: Chez Henry Le Graz (t. II chez Nicolas
Gosse), 1632. 2 vols. 8º.

1208. _____. Rouen: Jean de la Mare, 1633. 2 vols. 8º.
Urbana, Ill. Biblioteca de la Universidad.

1209. _____. Paris: Denys Houssaye, 1638-39. 2 vols. 16, 5
cm.

1210. _____ . Paris, 1639. 2 vols. 8°.

1211. _____ . Lyon: Impr. de Simon Rigaud, 1639. 2 vols.
8ff. + 369pp. 8°.

1212. _____ . Dijon, 1639.

1213. _____ . Rouen: David Ferrand, 1645-46. 2 vols. 8°.

1214. _____ . Rouen: J. Besongue, 1645-46. 8ff. + 389pp.
+ 11ff. ; 12ff. + 549pp. +1f.

1215. _____ . Rouen: J. L'Oiselet, 1646. 8°.

1216. HISTOIRE de l'admirable Don Guzman d'Alfarache. Amsterdam: Gallet, 1695. 3 vols. 12°.
Trad. por Gabriel Brémond.

1217. _____ . Paris: Veuve. Mabre-Cramoisy, 1695. 3 vols.
12°.

1218. _____ . Geneve: Jacques Dentaud, 1695. 4 vols.

1219. VIE (La) de Guzman d'Alfarache. Paris: Pierre Ferrand,
1696. 3 vols. 16cm.
Trad. de Gabriel de Brémond.

1220. HISTOIRE de la vie de l'Admirable Don Guzmán de Alfarache
... Lyon: Chez Laurent Longlois (el I): Cesar Cha-
puis (el III): y Claude Martin et Marcellin Sibert (el
IV), 1705. 4 vols.
Trad. Brémond.

1221. HISTOIRE de l'admirable don Guzman d'Alfarache. Bruxelles: G. de Backer, 1705. 3 vols. 12°.
Trad. Brémond.

1222. VIE (La) de Guzman d'Alfarache. Paris: Michel David,
1709. 3 vols.

1223. _____ . Paris: Pierre Ribau, 1709. 3 vols. 12°.

1224. _____ . Paris: Jean Geofroy Nym, 1709.

1225. _____ . Paris: Osmont, 1709. 3 vols. Trad. Brémond.

1226. _____ . Paris: Auboyn, 1709. 2 vols. 12°.

1227. _____ . Amsterdam: R. & J. Wetstein & G. Smith,
1728. 3 vols. 8°.

1228. HISTOIRE de Guzman d'Alfarache, nouvellement traduite, &
purgée des moralitez superfluës... Le Sage... Paris:

Chez Etienne Ganeau, rue S. Jacques, près la ruë du
Plâtre, au Armes de Dombes, M. DCC. XXXII (1732).
2 vols. 17cm.
Primera trad. de Le Sage.

1229. VIE (La) de Guzman d'Alfarache. Paris: Pierre Prault,
1733. 3 vols.
Trad. Brémond.

1230. _____. Paris: Jean - Luc Nyon, 1733. 3 vols. 12°.

1231. _____. Paris: Saugrin, 1733. 3 vols. 12°.

1232. _____. Paris: Mouchet, 1733. 3 vols. 12°.

1233. _____. Nouvelle Edition revué et corrigée. Paris:
Chez Michel Etienne David, 1733. 3 vols. 16, 5cm.
Empieza con un Preface sin firma.

1234. _____. Amsterdam y Leipzig, 1734-44. 3 vols. 8°.

1235. _____. Paris, 1734. 3 vols. 12o.

1236. HISTOIRE de l'admirable... Paris, 1734. 3 vols.

1237. _____. Paris-Bruselas: Van Vlaenderen, 1739. 3 vols.
12°.

1238. HISTOIRE de Guzman d'Alfarache, nouvellement traduite, &
purgée ... Amsterdam: Aux dépens de la Compagnie,
1740. 2 vols. 17cm.

1239. LA vie de Guzman d'Alfarache. [Un précis.] (En Bibliothèque
Universelle des Romans. Juillet, Paris, 1776. 5-85
pp.).

1240. AVENTURES (Les) plaisantes de Guzman d'Alfarache tirées
de l'histoire de sa vie et revues (par P. A. Alletz)
sur l'ancienne traduction de l'original espagnol (...par
Le Sage). La Haye, Paris: Chez la Vve. Duchesne,
1777. 2 vols. 12°.

1241. _____. Paris: Vve. Duchesne, 1777. 2 vols. 12°.
Igual a la anterior. 2^a. ed.

1242. HISTOIRE de Guzman d'Alfarache, nouvellement traduite, et
purgée des moralities superflues par Monsieur Le Sage.
Maestricht:, Dafour et Roux, 1777. 2 vols. 16o.

1243. _____. Amsterdam (s. i.): Aux dépens de la Compagnie,
1777. 2 vols. 16, 5cm.
Empieza con un Preface du traducteur.

126

1244. _____. (En las Oeuvres choisies, de Le Sage, vols. 5-6.). Amsterdam (Paris), 1783. 2 vols. Reimp.: 1810.

1245. AVENTURES (Les) plaisantes de Guzman d'Alfarache, tirées de l'histoire de sa vie, et revues sur l'ancienne traduction de l'original espagnol. Londres (Paris). M. DCC. LXXXIII (1783), 2 vols. 12°.

1246. HISTOIRE de Guzman d'Alfarache, ... Paris-Noyon: Antoine Bailleu [s. a., por 1786.] 4 vols. 16°.

1247. _____. Maestricht: J. E. Dafour & Philippe Roux, 1787. 2 vols.

1248. _____. Lillie: C. F. J. Lehoucq, 1792-94. 4 vols. 14cm. Urbana. Biblioteca de la Universidad.

1249. _____. Lille, ¿1792?. 4 vols.

1250. _____. Paris: Stéréo type d'Herhan, 1806. 2 vols. 12°. Los Angeles. University of Southern California.

1251. _____. Paris: Dabo, Tremblay, Feret et Gayet [Imp. de Tremblay], 1810. 2 vols. 14, 5cm.

1252. _____. Paris: A. Belin, 1812. 2 vols. 24°.

1253. _____. Paris: A. Belin, 1813. 2 vols. 12°.

1254. _____. Paris, 1815.

1255. _____. Paris: Dabo, 1818.

1256. _____. Paris, Genets, 1818.

1257. _____. Paris: Genets, 1821. 2 vols.

1258. _____. Paris: Didot, 1821.

1259. AVENTURES plaisantes de Guzmán d'Alfarache... Paris: Renouard, 1821. 632pp. 8°. Ed. cit. por Simón Díaz, op. cit. no. 855.

1260. HISTOIRE de Guzman d'Alfarache... Paris, 1822.

1261. _____. Paris, 1824.

1262. _____. Paris: Menard et Desenne, 1825. 3 vols.

1263. _____. Paris: Chez Mme Dabo-Butschert, 1825.

2 vols. 14cm.
New York. Columbia University.

1264. _____. Paris: Berquet, 1825. 4 vols.

1265. _____. Paris: Ledoux, 1828. 632pp. 8º.

1266. _____. Paris: F. Dalibon, 1829. 3 vols. 12º.

1267. _____. Paris: A. Hiard, 1834. 3 vols. 18º.
Cambridge. Harvard University.

1268. _____. Paris, 1838.

1269. _____. Paris, 1857.

1270. _____. Paris: Garnier, 1864. 502pp. (Bibliothèque
Amusante, 5.).
Washington. Library of Congress.
Chicago. University of Chicago Library.

1271. _____. Paris: Genest [Imp. de Didot Jeune], 1921. 2
vols. 6 láms. 8º.

1272. _____. Paris: Garnier frères [s. a.], 530pp. 19cm.
(Classiques Garnier)
Washington. Library of Congress.
V. tambіén nos. 13, 21a.

4. Holandesas

1273. HET leven van Gusman d'Alfarache, t'Afbeelsel van't mens-
chelijck leven... Den tweeden druck, veermeerdert en
verbetert. Rotterdam: A. Pietersz, 1655. 2 vols.
12º.
London. British Museum.

1274. _____. Den derden druck... Rotterdam: A. Pietersz,
1658. 2 vols. 12º.
London. British Museum.

1275. _____. Onder de gedachte van een Spaenschen Landloop-
er, En Bedelaer... Amsterdam: Baltus Boekholt...,
1669.
Amsterdam. Biblioteca de la Universidad.

1276. _____. Amsterdam: W. van Lamsveld, 1695-96. 2
vols. 8º.
Pennsylvania. Bryn Mawr College.

1277. _____. Amsterdam: W. de Coup, 1705. 2 vols. 12º.

128

1278. _____. Amsterdam: W. de Coup, 1728. 2 vols. 12⁰.

1279. _____. Den Druck merkelyk verbetert. Amsterdam,
1728. 2 vols. 12⁰.
London. British Museum.

5. Hungaras

1280. AZ emberi életnek jaték' helyje, hol Alfarátzi Guzman' ábra-
zátja alatt a jó és gonosz erkölts, tsalárdságok, őriz-
kedések, együgyuségek, gazdagsàg, szegénység, jó,
rossz, egyszóval... Fordította deákból Harczer. Mis-
kólczon: Szigethy Milhály, 1822-24. 3 vols. 8⁰.
Ed. dit. por Simón Díaz, op. cit. no. 717.

6. Inglesas

1281. THE Rogve: or, The Life of Gvzman de Alfarache. Written
in Spanish by Matheo Aleman, seruant to his Catholike
majestie, and borne in Sevill. London: Printed for
Edward Blount, 1622. 2 vols. 28, 5cm.
Trad. James Mabbe.
London. British Museum.

1282. _____. Translated into English by Don Diego Puede-Ser.
[seud. por J. Mabbe] London: Printed for Edward
Blount, 1623. 2 vols. 30cm.
Urbana. Biblioteca de la Universidad.
London. British Museum.

1283. _____. Oxford: Printed by William Tvrner, for Robert
Allot, and are to be sold in Pauls Churchyard. Ann.
Dom. 1630. Dos partes en 1 vol. 27, 5cm.
Michigan. University of Michigan Library.
London. British Museum.

1284. THE Rogve: or, the Life of Gvzman de Alfarache... To
which is added, the Tragi-Comedy of Calisto and Melibea, represented in Celestina. 3ª. ed. corr. London:
Printed by R. B. for Robert Allot, 1631-34. 3 partes
en 1 vol.
La Primera y Segunda parte de Guzmán de Alfarache
son reimpresiones de la edición anterior de Oxford.
La Tragi-Comedy lleva la fecha de 1631.
New York. Hispanic Society.

1285. THE Rogve: or, the Excellencie of History Displayed in
the Notorious Life of that Incomparable Thief Guzmán
de Alfar, Epitomiz'd from the Spanish, by A. S. Gent.
London, 1655. 8⁰.
Ed. rarísima.

1286. THE Rogve: or, the Life of Gvzman de Alfarache... 4ª. ed.
London: W. B. for Phillip Chetwind, 1656. 2 partes.
Fol.
London. British Museum.
Urbana. Biblioteca de la Universidad.

1287. _____. Oxford, 1668. 8º.

1288. THE Life of Guzman de Alfarache: or, the Spanish Rogue.
To which is added, the Celebrated Tragi-Comedy,
Celestina ... Done into English from the New French
Version, and Compar'd with the Original. By Several
Hands... London: R. Bonwick..., 1708, 07. 2 vols.
8º.
London. British Museum.

1289. THE Spanish / Rogue, / or, the Life of / Guzman de Al-
farache. / Giving an Exact Account of All His Witty
and Unparalel'd / Rogueries. / In two Parts. /
Guzmán shall live; he is become agen
A new-born caveat to all living men;
That some whose candles leading them amiss
May mend their ways, by fetching light from his.
Entered according to Order. / London, / Printed for
The Smith, in Corn-hill [s. a. ¿1790?] 168pp. 12º.

1290. PLEASANT Adventures of Guzman of Alfarache.... Translated from the Spanish into French by Le Sage. Translated from the French by A. O'Conner. London, 1812.
3 vols. 12º.
London. British Museum.

1291. _____. London, 1816. 3 vols. 12º.
London. British Museum.

1292. _____. London: Allen & Co., 1817. 3 vols. 12º.
London. British Museum.

1293. THE Life and Adventures of Guzman d'Alfarache, or, the
Spanish Rogue. Translated from the French Edition of
Mons. Le Sage, by John Henry Brady. London:
Longman & Co., 1821. 2 vols. 12º.
London. British Museum.
North Carolina. Duke University.

1294. _____. 2ª. ed. London: Longman & Co., 1823. 3
vols. 19cm.
London. British Museum.

1295. _____. London, 1881. 2 vols. 8º. El primer vol.
contiene: The Life and Adventures of Lazarillo de
Tormes... Trad. por Thomas Roscoe.

1296. THE Amusing Adventures of Guzmán of Alfaraque (sic).
       Translated by E. Lowdell. London: Vizetelly & Co.,
       1883. viii + 478pp.

1297. The Rogve, or The Life of Guzman de Alfarache, Written in
       Spanish by Matheo Aleman, and Done Into English by
       James Mabbe, anno 1623. With an Introduction by
       James Fitzmaurice - Kelly. London: Constable &
       Co., New York: A. A. Knopf, 1924. 4 vols. 8º.
       (Tudor Translations, ser. 2. vol. 2-5.).
       Reimp.: New York: AMS Press, 1967. 4 vols.
       23cm.

7. Italianas

1298. VITA del picaro Gvsmano d'Alfarace. Descritta da Matteo
       Alemanno et tradotta dalla lingua spagnuola nell'italiana
       da Barezzo Barezzi Cremonese... Ove in molta copia,
       et dottamente descritti, & concatenati si leggono ...
       Aggiunteui due copiosissime tauole, l'vna de' capitoli,
       & l'altra delle cose più memorabili. Venetia: Presso
       Barezzo Barezzi, 1606. 44ff. + 454pp. 16cm.
       Ohio, Columbus. Ohio State University.

1299. _____. Venetia: Barezzo Barezzi, 1612. 12º.

1300. VITA del picaro Gvsmano d'Alfarace, osservatore della vita
       humana... (P. I).
       (P. II) DELLA vita del picaro Gvsmano d'Alfarace, os-
       servatore della vita humana, parte seconda descritta
       da Matteo Alemano di Siviglia et tradotta dalla lingua
       Spagnuola... Venetia: Presso B. Barezzi. 1615. 2
       vols. 16, 5cm.
       Michigan, Ann Arbor. University of Michigan.

1301. VITA / del picaro / Gusmano d'Alfarace/osservatore della
       vita humana / ... (P. I) ; Della vita del picaro...
       (P. II). Milan: G. B. Bidelli, 1621. 2 vols. 8º.
       New Jersey. Princeton University.

1302. _____. Venetia: Barezzo Barezzi, 1622. 2 vols.
       16, 5cm.

1303. _____. Venetia: Barezzo Barezzi, 1629. 2 vols.

1304. LA vita del furfante (1599-1604). Traduzione di A. Radames
       Ferrarin. Milano: V. Bompiani, 1942. 339pp.
       (Grandi Ritorni. Romanzi, Autobiografie, Memorie
       Memoriali e Documenti.).
       V. también nos. 14-16a.

131

8. Latinas

1305. VITAE / humanae / proscenium / in quo sub persona Gusmani / Alfaracii, virtutes et vitia; fraudes / cautiones, simplicitas, nequitia; divitiae, mendicitas; / bona, mala; omnia denique quae hominibus cujus / cunque aetatis aut ordinis evenire solent aut / possunt graphice et ad vivum / repraesentantur. / Omni aetatis et condi / tionis hominum tam instructioniquam / delectationi dicata. / Caspare Ens Editore / Coloniae Agrippinae / Excudebat Petrus à Brachel: Anno M. DC. XXIII (1623). 8ff. + 400pp.
Chicago. University of Chicago.
Esta misma versión latina fué traducida al húngaro en 1822-24 por el fraile Job Harczer. V. no. 1280.

1306. VITAE humanae proscenium sub persona Gusmani / Alfaracii ... repraesentatum / G. Ens Editore. Dantisci Sumptibus G. Fosteri, 1652. 3 vols. en 1. 12⁰.
Primera y Segunda parte, como la anterior. La Segunda parte lleva por título: Proscenii vitae hvmana para secunda / - tertia / ... Ohio, Columbus. Ohio State University. Igual a la cit. por no. 832.

9. Portuguesas

1307. VIDA ... de Guzmán de Alfarache.   Porto: Offic. de Antonio Alvarez Ribeiro, 1792.   3 vols.   8⁰.

1308. HISTORIA de Gusmao d'Alfarache.   Paris: Pillet fils aîné, 1848.   2 vols.   18⁰.
Primera y Segunda parte.

10. Rusas

1309. UVESELITEL'NYJA priključenija Gusmana d'Al'faraša, soč. g. Lesaža... Moscú, 1785.
Trad. al ruso de la la versión francesca de Le Sage.

1310 MOKEJEV, DM. TRAD. Guzman d'Al'faraš... [s. l.] 1791. Ed. cit por N. A. Rubakin, Bibliograf. ukuzatel' perevodnoj beletristiki v svjazi s istorijej literatury i kritikoj, San Petrogrado, 1897, p. 34.

1311. KLJUCAREV, A. TRAD. Guzman d'Al'farš', Gispanskaja povest'. Moscú: Tip. Gippiusa, 1804.

1312. GUZMAN d'Al'faraš... San Petrogrado [s. i.], 1812-1815. Cit. por N. A. Rubakin, op. cit., p. 34.

1313. ŠALOSTI zabavnago Gusmana, ili kakov v kolybel'ku, takov i

v mogilku, kritičeskoje sočinenije G. Lesaža, Avtora
Žilblaza Santilany, Besa pustynnika Chromonogago besa
i proc. istinnoje Gišpanskoje proizšestvije. Moscú: v.
tip. Vsevoložskago, 1813. Trad. rusa de la versión francesa de Le Sage.

1314. LISENKO, EVGUENIA Y POLIAK, N., TRAD. [Vida del
pícaro Guzmán de Alfarache] Prol. y notas de Yuri
Kornéiev. Moscú: Edit. Literaria, 1964.

D) Ediciones Parciales e Imitaciones

1. Españolas

1315. ARANZEL de necedades y descuydados ordinarios. Por
Mateo Alemán de Alfarache. Valencia: Iuan Chrysós-
tomo Garriz, 1615. 4ff. 12⁰.
Fragmento del cap. 1⁰. del Libro III de la Segunda
parte del Guzmán de Alfarache.

1316. _____. Reimpressión de J. M. Sánchez, (en RH, XXXVI
(1916), pp. 621-27).
Tir. ap. New York - Paris, 1916.

1317. HISTORIA de los dos enamorados Ozmín y Daraja. Ed. de
Manuel de Montolíu, (en Novelas moriscas... Barcelona:
Edit. Hesperos, 1943, pp. 109-58.).

2. Inglesas

1318. PORTER, THOMAS. The French Conjurer. A Comedy.
As it is Acted at the Duke of York's Theatre. Written
by T. P. Gent... Licensed, Aug. 2, 1677. Ro. L'
Estrange. London: Printed for L. Curtis, in Goat-
Court on Lugate Hill, 1678. 3ff. +46pp.
El argumento de esta imitación proviene de los
cuentos de Dorido y Clorinia y del Mercader de Sevilla.
Urbana. Biblioteca de la Universidad. X822 / P83f.

1319. THE Loves of Oxmin and Daraxa... London, 1721. 1f. +
37 + 217pp. (Croxall, Samuel. A Selected Collections
of Novels and Histories, 6.).

1320. _____. London, 1729. 1. + 39 + 183pp.

3. Italianas

1321. BRANI scelti dal "Guzmán de Alfarache"... Testo spagnolo
corredato di note e introduzione a cura di A. R. Fer-
rarin. Firenze: Sansoni, 1932. xiv + 133pp.
(Col. Sansoniana).

E) Prólogos y "Tercera Parte"

1. Prólogos

1322. PRÓLOGO, (en Alonso de Barros. Proverbios morales.
Madrid, 1598. Preliminares).
Reproducido por R. Foulché-Delbosc en la RH, XLII
(1918), pp. 486-87.

1323. JONES, CLAUDE E. Prefaces to Three Eighteenth-Century
(1708-1751-1797): Mateo Alemán, Dedication and
Preface of "The Life of Guzmán de Alfarache" (trad.
1708). Selected, with an Introduction of... Los Angeles: Univ. of California, 1957. Pp. i-ivff. (Augus-
tan Reprint Society Publications, LXIV.).

1324. LAURENTI, JOSEPH L. Los prólogos en las novelas picarescas españolas. Madrid: Castalia, 1971, pp. 64-71.

2. Tercera parte...

1325. TERCERA parte de Guzmán de Alfarache. Su Autor Feliz
Machado de Silva e Castro, 1º Màrques de Montebelo.
Herausgebeben von Gerhard Moldenhauer, RHi, LXIX
(1927), pp. 1-340.
Reimp.: Coimbra: Atl., 1966, t. II.
La existencia de este ms. fue señalada por Diego
Barbosa Machado, Bibliotheca Lusitana, Historica,
Critica e Cronologica... Lisboa: Ignacio Rodrígues,
1747.

F) Estudios y Contribuciones

1326. ANTONIO, NICOLÁS. "Matthaeus Aleman," (en su Bibliotheca Hispana Nova. Madrid, 1788, t. II, P. 115.).

1327. FERNÁNDEZ-GUERRA Y ORBE, L. Don Juan Ruiz de Alarcón y Mendoza. Madrid: Rivadaneyra, 1871. 556pp.
V. pp. 65-72.

1328. LASSO DE LA VEGA, A. "Alemán Mateo," (en su Historia
y juicio crítico... Madrid, 1871, pp. 180-81.).

1329. GRANGES DE SURGÈRES, ANAT. DE. "Les traductions
françaises du Guzmán d'Alfarache, étude littéraire et
bibliographique," BBB (1885), pp. 289-314.
Tir. ap. Paris: Leon Techner, 1886. 30pp. 8º.

1330. HAZAÑA Y LA RÚA, J. Mateo Alemán y sus obras. [Dis-
cursos leídos ante la Real Academia Sevillana de Buenas
Letras el 25 de marzo de 1892 por los Sres. D... y

D. Luis Montoto y Rautenstrauch en la recepción del primero] Sevilla: E Rasco, 1892. 45pp. + 1 hoja. 24cm.

1331. GESTOSO Y PÉREZ, J. Nuevos datos para ilustrar las biografías del Maestro Juan de Malara y de Mateo Alemán. Sevilla: Tip. de "La Región, 1896. 22pp.

1332. RODRÍGUEZ MARÍN, F. Vida de Mateo Alemán [Discursos leídos ante la Real Academia Española en la recepción pública del Excmo. Sr. D... el día 27 de octubre de 1907] Madrid: Tip. de la Revista de Archivos, 1907. 99pp. 27cm.

1333. BUSCHEE, ALICE H. "The Sucesos of Mateo Alemán," RHi, XXV (1911), pp. 359-457.

1334. CRONON, URBAN. "Mateo Alemán y Miguel de Cervantes," RHi, XXV (1911), pp. 468-75.

1335. PÉREZ PASTOR, C. "Extracto de tres documentos relacionados con Mateo Alemán," (en Memorias de la R. Academia Española. Madrid, 1911, t. X, p. 11.).

1336. ICAZA, FRANCISCO A. DE. "Mateo Alemán. Su historia y sus escritos. Un nuevo capítulo de su vida," RdL, I (1913), pp. 37-43.

1337. BUSCHEE, ALICE H. "Atalaya de la vida humana," MLN, XXIX (1914), pp. 197-98.

1338. RODRÍGUEZ MARÍN, F. "La casa de Mateo Alemán," (en su Burla burlado. Menudencias de varia, leve y entretenida erudición. Madrid: Tip. de la Revista de Archivos, 1914, pp. 135-40.).

1339. CARO, RODRIGO. "Mateo Alemán," (en Varones insignes en letras naturales de... Sevilla. Sevilla, 1915, pp. 66-67.).

1340. ICAZA, FRANCISCO A. DE. "Mateo Alemán," (en Sucesos reales que parecen imaginarios de Gutierre de Cetina, Juan de la Cueva y Mateo Alemán. Madrid: Imp. de Fontanet, 1919, pp. 167-206.).

1341. CASTRO, AMÉRICO. El pensamiento de Cervantes. Madrid: Hernando, 1925, pp. 230-39.

1342. GARCÍA BLANCO, M. Mateo Alemán y la novela picaresca alemana. Conferencia dada el 30 de noviembre de 1927. Madrid: Blass, 1928. 32pp. (Centro de Intercambio Intelectual Germano-Español. Conferencia, XVIII.).

1343. ROTUNDA, DOMINIC P. The Italian "Novelle" and Their Relation to Literature of Kindred Type in Spanish up to 1615. Diss. Berkeley, 1928. 309pp. Tesis doctoral inédita de la University of California.

1344. CALABRITTO, GIOVANNI. I Romanzi Picareschi di Mateo Alemán e Vicente Espinel. Valletta: Tip. del Malta, 1929. 226pp. 20cm.
Res.: E. Levi, RMCI, I (1930), pp. 777-78.
E. Buceta, RFE, XVII (1930), 299-300.
A. Boza Masvidal, RCL, XL (1930), 407-9.

1345. BRACHFELD, OLIVERIC. "Una antigua versión húngara del Guzmán de Alfarache, " RFE, XVIII (1931), pp. 37-38. V. no. 1280.

1346. RODRÍGUEZ MARÍN, F. Documentos referentes a Mateo Alemán y a sus deudos más cercanos (1546-1606) hallados por Francisco Rodríguez Marín. Madrid: Tip. de Archivos, 1933. 55pp. 25, 5cm.

1347. ROTUNDA, DOMINIC P. "The Guzmán de Alfarache and Italian Novellistica, " RR, XXIV (1933), pp. 129-33.

1348. ESPINOSA RODRÍGUEZ, C. La novela picaresca y el Guzmán de Alfarache. La Habana: O. Echevarría, 1935. 28pp. 4º.

1349. RODRÍGUEZ MOÑINO, A. "Residencia de Mateo Alemán, " Criticón (1935), no. 2, p. 32. Residía en el Pardo en 1599.

1350. TODESCO, V. "Note sulla cultura dell'Alemán ricavate dal Libro de Sant Antonio de Padua, " ARom, XIX (1935), pp. 397-414.

1351. _____. "Il Libro de S. Antonio de Padua, " MF, XXXV (1935), nos. 1-2, pp. 1-16.

1352. _____. "La forma espressiva di Mateo Alemán e il carattere dell'opera sua, " ASLA, a. CCCXXXIX, XVI nuova serie (1937-38), LIV, pp. 89-109.

1353. TORRES REVELLO, J. El libro, la imprenta y el periodismo en América durante la dominación española. Buenos Aires, 1940. V. pp. 317, 444 y 451.

1354. LEONARDI, TERESILDA. L'Italia nel"Guzmán di Alfarache" di Mateo Alemán. Diss. Bologna, 1941. Tesis doctoral inédita.

1355. TODESCO, V. "Mateo Alemán e l'Italia. Nota italo-spagnola, " ASLA, a. CCCXLIV (1942-43), LIX, pp. 35-46.

1356. CRIVELLI, ARNALDO. "Sobre el Guzmán de Alfarache y la Segunda parte apócrifa, " InsBA, I (1943), pp. 39-55.

1357. LEONARD, IRVING A. "Guzmán de Alfarache in the Lima Book-Trade," HR, XI (1943), pp. 210-20.

1358. MENÉNDEZ Y PELAYO, M. Origenes de la novela. Santander: Aldus, 1943. V. vol. I, pp. 66-68, 209, 237, 319-20, 362. Sobre el personaje Abu Zaid.

1359. AVALLE ARCE, J. B. "Mateo Alemán en Italia," RFH, VI (1944), pp. 284-85.

1360. PARDUCCI, AMOS. "El racconto di Momo nel Guzmán de Alfarache," RSIB, serie IV (1944), vol, VIII, 12pp.

1361. GILI GAYA, S. "El Guzmán de Alfarache y las Premáticas y Aranceles generales," BBMP, XXI (1945), pp. 436-42.

1362. MORENO BÁEZ, E. "¿Hay una tesis en el Guzmán de Alfarache?," RUBA, a. III vol. IV (1945), pp. 269-91.

1363. DURÁN MARTÍN, E. "Los cordobeses en el Guzmán de Alfarache," BAC, XVI (1946), pp. 109-10.

1364. SCHONS, DOROTHY. "Letters from Alemán," (en su Notes from Spanish Archives. Book I. Austin: Univ. of Texas Press, 1946, v. p. 17.).

1365. CARRITO, ENRIQUE. "Centenario de Mateo Alemán (1547-1616)," Ínsula, XXI (15 de septiembre de 1947), pp. 1b y 2b.

1366. GILI GAYA, S. "Dos centenarios," Ínsula, XXI (15 de septiembre de 1947), pp. 1a. y 2b.

1367. LILLO RODELGO, J. "En el IV centenario de Mateo Alemán (1547-1614). Propósito didáctico y moral de la picaresca, " RNE, VII (1947), no. 75, pp. 29-46.

1368. SANTULLANO, LUIS A. "Mateo Alemán, Cervantes y los pícaros," Españas, II (20 de septiembre de 1947), no. 6, pp. 11-14.

1369. GHIANO, JUAN C. "Alemán y Cervantes," (en su Cervantes novelista. Buenos Aires: Centurión, 1948, v. pp. 59-80.).

1370. GRAY, M. J. An Index to "Guzmán de Alfarache." Includ-

cluding Proper Names and Notable Matters. New
Brunswick: Rutgers University Press, 1948. lx +
90pp. 20cm.

1371. MORENO BÁEZ, E. "Lección y sentido del Guzmán de Alfarache," Arbor, IX (1948), no. 27, pp. 377-94.

1372. _____. Lección y sentido del "Guzmán de Alfarache."
Madrid: C. S. I. C., 1948. 194pp. 20cm. (Revista
de Filología Española. Anejo XL).

1373. PRAAG, J. A. VAN. Gespleten zielen. Groningen: Wolters, 1948. 32pp.
Reimp.: Clavileño (1950), no. 1, pp. 14-27, bajo
el título de "Almas en litigio. "

1374. TORRE GUILLERMO DE. "Mateo Alemán. El dualismo del
Guzmán de Alfarache," DdY (11 de julio de 1948).

1375. CAPDEVILA, A. "Guzmán de Alfarache, o el pícaro moral-
ista," BIIL, III (1949), pp. 9-27.

1376. GHIANO, JUAN C. "Actitudes humanas y literarias:
Alemán y Cervantes," CA, a. VIII, vol. 48 (1949), pp.
189-211.

1377. LEMUS RUBIO, P. "Mateo Alemán (nota biográfica), "
BRAE, XXIX (1949), pp. 325-27.

1378. LEONARD, IRVING A. "Mateo Alemán in México: a
Document," HR, XVII (1949), pp. 316-30.

1379. _____. Books of the Brave: Being an Account of Books
and Men in the Spanish Conquest and Settlement of the
Sixteenth Century New World. Cambridge: Harvard
University Press, 1949. 381pp.
V. caps. xvii-xix.

1380. BLANCO AGUINAGA, C. "Guzmán de Alfarache y el pecado
original," BAL, VIII (1952-53), pp. 7-14.

1381. FERNÁNDEZ, SERGIO. "El Guzmán de Alfarache, de Mateo
Alemán," Hispania, XXXV (1952), pp. 422-24.

1382. MENÉNDEZ Y PELAYO, M. "Mateo Alemán, " (en su Biblioteca de traductores españoles. I. Madrid, 1952,
pp. 64-68.).

1383. ÁLVAREZ, GUZMÁN. Mateo Alemán. Buenos Aires: Espasa-Calpe, 1953. 152pp. (Colección Austral, 1. 157.).

1384. ASTRANA MARÍN, L. "Documentos inéditos sobre Mateo
Alemán, " (en su Vida ejemplar y heroica de Miguel de
Cervantes Saavedra, t. V. Madrid, 1953, pp. 344-45

y 372-73.).

1385. BONET, CARMELO M. "Apostillas al Guzmán de Alfarache,"
La Nación (17 de mayo de 1953).

1386. EOFF, SHERMAN H. "The Picaresque Psychology of Guzmán de Alfarache," HR, XXI (1953), pp. 107-19.

1387. SAURA FALOMIR, J. Guzmán de Alfarache, atalaya de la vida humana. Madrid: Castilla, 1953. 2 vols. V. "Prólogo," pp. 5-57.

1388. GLASER, EDWARD. "Two Anti-Semitic Word-Plays in the Guzmán de Alfarache," MLN, LXIX (1954), pp. 343-48.

1389. PEDRO, VALENTÍN DE. "Mateo Alemán acaba sus días en Nueva España," (en América en las letras españolas del Siglo de Oro. Buenos Aires: Edit. Sudamericana, 1954, pp. 225-35).

1390. PRAAG, J. A. VAN. "Sobre el sentido del Guzmán de Alfarache," (en Estudios dedicados a Menéndez Pidal. V. Madrid, 1954, pp. 283-306.).

1391. SÁNCHEZ Y ESCRIBANO, E. "La fórmula del barroco literario presentida en un incidente del Guzmán de Alfarache," RIE, XII (1954), pp. 137-42.

1392. GEERS, G. J. "Mateo Alemán y el barroco español," (en Homenaje a J. A. van Praag. Amsterdam: Veen, 1956, pp. 53-58.).

1393. ORTEGA Y GASSET, J. Meditaciones del "Quijote" e ideas sobre la novela. 3ª. ed. Madrid: Rev. de Occidente, 1956, p. 3.).
Sobre el odio en la novela de Alemán.

1394. SPECHT, R. "Turm über dem Menschenleben: Zu Mateo Alemáns vergessenem Schelmenroman," Hochland, XLIV (1956-57), pp. 252-58.

1395. R. S. "Mateo Alemán, príncipe de la novela picaresca," REEP, XII (1956), pp. 748-94.

1396. FABREGUETTES, SIMONE H. "Une vengeance littéraire: Nouvelle interpretation du cas de 'Sayavedra' dans la 2ᵉ partie de Guzmán de Alfarache," LLN, LI (1957), pp. 20-29.

1397. DEL PIERO, R. A. "The Picaresque Philosophy in Guzmán de Alfarache," MLF, XLII (1957), pp. 152-56.

1398. PÉREZ MINIK, D. "Actualidad de Guzmán de Alfarache,"

(en su Novelistas españoles de los siglos XIX y XX. Madrid, 1957, pp. 39-55.).

1399. REYES, ALFONSO. "Una edición de Mateo Alemán," (en sus Obras completas, VII. México: Fondo de Cultura Económica, 1958. 529pp. V. pp. 261-68 y pp. 332-33: "Bibliografía de Mateo Alemán," en el mismo vol.

1400. SOBEJANO, GONZALO. "De la intención y valor del Guzmán de Alfarache," RF, LXXI (1959), pp. 267-311.

1401. AYALA, FRANCISCO. "El Guzmán de Alfarache: consolidación del género picaresco," (en su Experiencia e invención. Madrid: Taurus, 1960, pp. 149-57.).

1402. GUILLÉN, CLAUDIO. "Los pleitos extremeños de Mateo Alemán, I El juez, 'Dios de la tierra," ArH, XXXII (1960), nos. 103-04, pp. 333-69.

1403. MATICORENA ESTRADA, M. "Nuevos datos sobre Mateo Alemán," EAmer, XX (1960), no. 103, pp. 59-60.

1404. NAGY, EDWARD. "La honra familiar en el Guzmán de Alfarache, de Mateo Alemán," Hispano (1960), no. 8, pp. 39-45.

1405. SOONS, C. A. "El paradigma hermético y el carácter de Guzmán de Alfarache," Hispano (1961), no. 12, pp. 25-31.

1406. CORTAZAR, CELINA S. DE. "El Galateo español y su rastro en el Arancel de necedades," HR, XXX (1962), pp. 317-21.

1407. _____. "Notas para el estudio de la estructura del Guzmán de Alfarache," Filología, a. VIII (1962), nos. 1-2, pp. 79-95.

1408. GUILLÉN, JULIO. Corulla, corullero y acorullar en el Guzmán de Alfarache. Madrid: C.S.I.C., 1962. 15pp.

1409. RUIZ DE GALARRETA, J. "El humorismo en la novela picaresca española de los siglos XV y XVI: Guzmán de Alfarache," Humanitas, X (1962), no. 15, pp. 183-91.

1410. MCGRADY, DONALD. "Was Mateo Alemán in Italy," HR, XXXI (1963), pp. 148-52.

1411. HANRAHAN, THOMAS. La mujer en la novela picaresca de Mateo Alemán. Madrid, 1964. 4 hojas + 129pp. 8⁰.

(Biblioteca Tenanitla, 7.).

1412. CROS, EDMUND. "Deux épîtres inédites de Mateo Alemán, "
BHi, LXVII (1965), pp. 334-36.

1413. MCGRADY, DONALD. "Consideración sobre Ozmín y Daraja,
de Mateo Alemán, " RFE, XLVIII (1965), pp. 283-92.

1414. NIKOLAEVA, I. "Guzmán de Alfarache y El diablo cojuelo
en lengua rusa, " LS (1965), no. 7, pp. 187-88.

1415. RICO, FRANCISCO. "Sobre Boecio en el Guzmán de Alfarache, " FC V (1965), pp. 3-8.

1416. BLEIBERG, G. "Mateo Alemán y los galeotes, " RO, a. IV,
2ª. época (1966), no. 39, pp. 330-63.

1417. GILI GAYA, S. "Versos latinos de Espinel en alabanza de
Guzmán de Alfarache, " (en Homenaje a Angel del Río,
RHM, XXXI [1965], pp. 169-73.).

1418. MCGRADY, DONALD. "Masuccio and Alemán: Italian
Renaissance and Spanish Baroque, " CL, XVIII (1966),
pp. 203-10.

1419. _____. "Heliodorus' Influence on Mateo Alemán, " HR,
XXIV (1966), pp. 49-93.

1420. _____. "A Pirated Edition of Guzmán de Alfarache:
More Light on Mateo Aleman's Life, " HR, XXXIV
(1966), no. 4, pp. 326-28.

1421. _____. "Dorido and Clorinia: An Italianate Novella by
Mateo Alemán, " RN, VIII (1966), pp. 91-95.

1422. SOONS, ALAN. "Deux Moments de la Nouvelle Mauresque:
El Abencerraje (Avant 1565) et Ozmín y Daraja (1599), "
RF, LXXVIII (1966), pp. 567-69.

1423. CROS, EDMOND. Protée et le gueux. Recherches sur les
origines et la nature du récit picaresque dans "Guzmán
de Alfarache. "
V. no. 1112.

1424. _____. Contribution a l'étude des sources de "Guzmán
de Alfarache. " Montpellier, 1967. 193pp.
Bibliografía complementaria a su libro anterior,
Protée et le gueux, pp. 183-89.

1425. MAURER-ROTHENBERGER, F. Die Mitteilungen des "Guzmán de Alfarache. " Diss. Berlin, 1967. 130pp.
(Bibliotheca Iberoamericana, 9.).

141

1426. MCGRADY, DONALD. "Buena ropa in Torres Naharro,
Lope de Vega y Mateo Alemán, " RPh, XXI (1967),
pp. 183-85.

1427. MONCADA, ERNEST J. An Analysis of James Mabbe's
Translation of Mateo Alemán's "Guzman de Alfarache. "
Diss. Ann Arbor, 1967.
Tesis doctoral inédita de la Univ. de Michigan.

1428. RICO, FRANCISCO. "Estructura y reflejos de estructuras
en el Guzmán de Alfarache, " MLN, LXXXII (1967), no.
2, pp. 171-84.

1429. GONZÁLEZ MARCOS, M. "Dos notas sobre el Guzmán de
Alfarache, " Toree, XVI (1968), no. 61, pp. 87-110.

1430. RICAPITO, J. V. "Love and Marriage in Guzmán de Alfarache: An Essay on Literary and Artistic Unity Al
Eminente Hispanista, Maír José Bernadete, " KRQ, XV
(1968), pp. 123-38.

1431. NAGY, EDWARD. "El anhelo del Guzmán de Alemán de
conocer su sangre. Una posibilidad de interpretación, "
KRQ, XVI (1969), no. 1, pp. 75-95.

1432. RICAPITO, J. V. "Comparatistica: Two Versions of Sin,
Moral Transgression and Divine Will: Guzmán de Alfarache and I promessi sposi, " KRQ, XVI (1969), no.
2, pp. 111-18.

1433. SILVERMAN, JOSEPH H. "Plinio, Pedro Mejía y Mateo
Alemán: La enemistad entre las especies hecha sím-
bolo visual, " PSA, a. xiv, t. lii (1969), no. 154, pp.
31-38.

1433a. RODRÍGUEZ - LUIS, J. "Caracterización y edad del jóven
Guzmán, " BHS, XLVII (1970), no. 4, pp. 316-26.

1434. CROS, EDMOND. Mateo Alemán: Introducción a su vida
y a su obra. Salamanca: Edics. Anaya, S. A. ,
1971. 196pp.

1434a. JOLY, MONIQUE. "Aspectos del refrán en Mateo Alemán
y Cervantes, " NRFH, XX (1971), no. 1, pp. 95-106.

1434b. SAN MIGUEL, A. Sentido y estructura del "Guzmán de Alfarache" de Mateo Alemán. Madrid, 1971.
V. también nos. 217, 925.

XII. SEGUNDA PARTE DE LA VIDA DEL PÍCARO GUZMÁN DE ALFARACHE

Compuesta por Matheo Luxán de Sayauedra (seud.)

(1602)

Por Juan Martí

A) Ediciones

1435. SEGVNDA parte de la vida del pícaro Gvzman de Alfarache. Compuesta por Matheo Luxán de Sayauedra, natural vecino de Seuilla. Valencia, 1602. Ed. rarísima.

1436. _____. Çaragoça: Angelo Tavanno, 1603. 8º.

1437. _____. Barcelona: Sebastián de Cormellas, 1603. 8º.

1438. _____. Tarragona: Felipe Roberto, 1603. 8º.

1439. _____. Lisboa: J. Rodríguez, 1603. 8º.

1440. _____. Salamanca: A. Renault, 1603. 8º.

1441. _____. Madrid: Imp. Teal. Iuan Flamenco, 1603. 12ff. + 437pp. 8º.

1442. _____. Valladolid, 1603. 8o.

1443. VIDA (De la) del pícaro Gvzman de Alfarache. Segunda parte. Compuesta por Matheo Aleman... Milán: Ieronimo Bordon y Pedro Martir Locarno, 1603. 7ff. + 1f. + 384pp. 15cm.
No se trata, como pudiera creerse a primera vista, de una edición del Guzmán de Alfarache de Mateo Alemán, sino de una reimpresión de la Segunda parte de J. Martí.

1444. SEGVNDA parte de la vida del pícaro Gvzmán de Alfarache Compuesta por Matheo Luxan de Sayauedra, natural vecino de Seuilla. Dirigido a D. Gaspar Mercader y Carroz, heredero legítimo de las Baronías de Buyol y Siete Aguas. En Brucellas, por Roger Velpius, En el Aguila de Oro, cerca del Palacio. Año 1604. 12ff. +382pp. + 1f. blanco. 8º.
_____ Apr. del doctor Juan Briz Martínez, por comis-

ión del muy ilustre señor doctor Gabriel de Sora,
vicario general del Arzobispado de Zaragoza.
___Fecha de Zaragoza, 8 de noviembre de 1602, en
la que consta que este libro ha sido ya impreso
en la Ciudad de Valencia.
___Con licencia real, Zaragoza, 12 de noviembre de
1602, a favor de Angelo Tavano, y Brucellᴺs, 15
de enero de 1604.
___Tabla de los capítulos de la presente obra.
___Privilegio concedido por los príncipes Alberto e
Isabel Clara Eugenia, duquesa de Brabante, a
Roger Velpius.
Texto.

1445.   ___. (En Novelistas anteriores a Cervantes, pp. 363-
430).
V. no. 17.

1446.   ___. (En A. Valbuena y Prat. La novela picaresca.
Madrid.).
V. no. 6.

B) Estudios

1447. PASTOR FUSTER, J.   Biblioteca valenciana de los escritores
que florecieron hasta nuestros días.   Con adiciones y
enmiendas a la de Ximeno.   Valencia, 1827-30. 2 vols.
Por orden cronológico.

1448. NOVELISTAS anteriores a Cervantes, pp. xxvii-xxviii.
V. no. 17.
Insiste en los valencianismos del Guzmán apócrifo
de Juan Martí.

1449. SERRANO MORALES, J. E.   "El licenciado A. F. de A.
¿fue Juan Martí?, " RABM, XI (1904), pp. 12-17.

1450. V. "INTRODUCCIÓN" a la edición del Quijote de Avellaneda,
por Marcelino Menéndez y Pelayo.   Barcelona, 1905.

1451. MARTÍ GRAJALES, F.   Ensayo de un diccionario bibliográfico de los poetas que florecieron en el Reino de
Valencia hasta el año 1700.   Madrid, 1927.   481pp.
Pp. 291-94 contienen las ediciones del Guzmán apócrifo.

1452. CASTRO, AMÉRICO.   "Una nota al Guzmán de Mateo Luján
de Sayavedra, " RFE, XVII (1930), pp. 285-86.

1453. CRIVELLI, ARNALDO.   "Sobre el Guzmán de Alfarache y
la Segunda parte apócrifa, " InsBA, I (1943), 39-55.

1454. TERZANO, E. Y J. F. GATTI. "Mateo Luján de Sayavedra y Alejo Vanegas," RFH, V (1943), pp. 251-63.

1455. MCGRADY, DONALD. "Mateo Luján de Sayavedra y López
Pinciano," Thesavrvs, XXI (1966), pp. 331-40.

1456. LABOURDIAQUE, B. Y M. CAVILLAC. "Quelques sources
du Guzmán apocryfe de Mateo Luján," BHi, LXXI (1969),
nos. 1-2, pp. 191-217.

XIII.   LIBRO DE ENTRETENIMIENTO
DE LA PICARA JUSTINA (1605)

Por Francisco López de Ubeda

A) Ediciones

1457.   LIBRO DE / ENTRETENIMIENTO, DE / LA PICARA IVS-
TINA, EN EL / qual debaxo de graciosos discursos,
se / encierran prouechosos auisos. / Al fin de cada
numero veras vn discurso, que te muestra / como te
has de aprouechar desta lectura, para huyr los / en-
gaños, que oy dia se vsan. / Es juntamente ARTE
POETICA, que contiene cincuenta / y vna diferencias
de versos, hasta oy nunca recopilados, cuyos / nombre, y numerous estan en la pagina siguente (sic). /
DIRIGIDA A DON RODRIGO / Calderon Sandelin, de
la Camara de su / Magestas. Señor de las Villas de
la / Oliua y Plasençuela, etc. / COMPVESTO POR EL
LICENCIADO / Francisco de Vbeda, natural de Toledo. /
† CON PRIVILEGIO. / Impreso en Medina del Campo,
por Christoual / Lasso Vaca. Año. M. DC. V. / (1605)
Front. + 8ff. + 184pp. + 232pp. + 48pp.   4º.
_____Privilegio Real del 22 de agosto de 1604.
London.   British Museum.

1458. _____. Barcelona: Sebastián de Cormellas, al Call.
Año. M. DC. V (1605).   5ff. + 282ff.   8º.
London.   British Museum.

1459. _____. Brvcellas: en casa de Oliuero Brunello,
M. D. C. VIII (1608).   9ff. + 449pp. + 1f.
London.   British Museum.

1460. _____. Barcelona, en casa de Pedro Lacavalleria.
Vendese en la misma Imprenta, Año. 1640. 5ff. + 282ff.
+ 1f.   8º.
___Apr. del 24 de enero de 1640.
London.   British Museum.

1461. _____. Barcelona, por Sebastián de Cormellas, 1680.
8º.

1462. LA Pícara Montañesa, llamada Justina.   Corregida y aumentada conforme á la primitiva impressión (por Gregorio
Mayans y Siscar).   Madrid: Juan de Zuñiga, A costa

146

de Francisco Manuel de Mena. Se hallara en su Libreria; Calle de Toledo, junto a la Portería de la Concepción Geromina, 1735. 10 hojas + 387pp. 4º. Ed. con prólogo de Mayans y Siscar.

1463. _____. Igual a la anterior. Madrid: Año MDCCXXXVI (1736). A costa de Francisco Manuel de Mena, Mercader de libros: Se hallará en su casa, Calle de Toledo. 11 hojas + 387pp. 4º. Ed. citada por Palau y Dulcet.

1464. LA Pícara Justina. 1847. (En Colección de los mejores autores españoles. Paris, 1835-72, t. 36.). 8º. London. British Museum.

1465. LA Pícara Justina. 1854. (En Novelistas posteriores a Cervantes.). V. no. 18.

1466. PUYOL Y ALONSO, J., ed. La Pícara Justina. Estudio crítico, glosario, notas y bibliografía por... Madrid: Imp. de Fortanet, 1912. 3 vols. xvpp. + portada y 1 lám. de la primera edición, 209pp. 302pp. 342pp. (Sociedad de Bibliófilos Madrileños, t. VII, VIII y IX.). El tercer vol. contiene el estudio crítico. Reproducción de la ed. de 1605.

1467. LA Pícara Justina. Prefacio de A. Herrero Miguel. Barcelona: Sopena, 1916. 316pp. 8º.

1468. LA Pícara Justina. Eds. R. La Habana, 1964. (Biblioteca Básica de Literatura Española).

1468a. LA Picara Justina. Barcelona: Zeus, 1968. 332pp. + 9 hojas. 17cm. V. también nos. 6, 18.

B) Traducciones

1. Italianas

1469. VITA della Picara Giustina Diez, regola degli animi licentiosi... transportata nella fauella italiana da Barezzo Barezzi Cremonese. Venetia, 1624-25. 2 vols. 8º.

1470. VITA DELLA / PICARA / GIVSTINA / DIEZ / Regola de gli animi licentiosi: In cui con gratiosa maniera si mostrano gl'inganni, / che hoggidì frequentemente s' vsano; s'additano / le vie di superarli; / e si leggono / Sentenze graui Documenti Morali Precetti Politici

147

Auuertimenti curiosi
E Fauole facete, a piaceuoli
Composta in lingua Spagnuola dal Licentiato Francesco /
di Vbeda naturale della Città di Toledo:/ Et hora tras-
portata nella fauella italiana / da Barezzo Barezzi
Cremonese. / Dedicata al Molto Illustre, e generosis-
simo Sig. / IL SIG. GIOVANNI DA STETEN. / IN
VENETIA, MDCXXVIII (1628) / Appresso Barezzo
Barezzi. / Con Licenza de' Superiori, et Priuilegio. /
12ff. + 207pp. 8⁰.
___Dedicatoria del 8 de octubre de 1624.

1471. DELLA VITA / DELLA PICARA / GIVSTINA DIEZ /
VOLUME SECONDO, Intitolato / La Dama Vagante, /
... In Venetia, Presso il Barezzi. MDCXXIX (1629). /
Con Licenza de' Superiori, et Priuilegio. / 17ff. +
260pp. + 1f. 8⁰.
___Dedicatoria del 4 de abril de 1629.

1472. VITA della Picara Givstina Diez. In Venetia. MDCXXVIII
(1628). Appresso Barezzo Barezzi. 2 vols. 6ff. +
206pp. ; 8ff. + 258pp. 8⁰.
V. también no. 16a.

2. Alemanas

1473. DIE Landstörtzerin / JUSTINAE DIETZIN PICARE / II.
Theil / Die frewdige Dama genannt: / In deren wunder-
barlichem Le- / ben vnd Wandel alle List vnd betrug
(sic) so in / den jetzigen Zeiten hin vnd wider verubet
vnd getrie- / ben werden / vnnd (sic) wie man denselbigen zu / begegnen / sehr fein vnd artig be- / schrie-
ben. / Beneben allerley schonen vnd denckwur- / digen
Spurchen / Politischen Regeln / arglistigen / vnnd
verschlagenen Grieffen vnd Erfindungen / lehr- / haff-
ten Erinnerungen / trewhertzigen Warnungen / anmuti-
gen vnd kurtzweiligen / Fabeln. / Erstlichen / Durch
Herrn Licentiat Franciscum di Ubeda von / Toledo in
Spanischer Sprach beschrieben / vnd in zwey / son-
derbare Bucher abgetheilt. / Nachmals von Baretzo
Baretzi in Italianisch / transferiert: vnnd nun zum
letzten auch in vnsere hoch Teut- / sche Spraach ver-
setzt. / Franckfurt am Mayn / Getruckt bey Caspar
Roteln / In Verlegung / Johannis Ammonii Burgess vnd
/ Buchhandlers. / MDC. XXVII. / 8ff. + 604pp. 8⁰.

1474. DIE Landstörtzerin Justina Dietzin Picara gewendt in deren
wunderbarlichen Leben vnd Wandel alle List und
Betrug so in jetziger Zeit verübt vnd getrieben werden,
vnd wie denselbigen zu begegnen artig beschrieben.
Durch F. di Ubeda Spanisch besch... Nachmale von
Baretti (sic) Italianisch transferiert und nun in hoch-

teutsche Sprach versetzet. Frankfurt am Mayn, bey
Kempfter, 1646. 8º.

1475. _____. Franckfurt, 1660. 1145pp. + 9 hojas. 32º.

3. Francesas

1476. LA / NARQVOISE / IVSTINE. / LECTVRE PLEINE DE
RECREA-tiue auentures, et de morales railleries, /
contre plusieurs conditions humanines. / † / A Paris,
/ chez PIERRE BILAINE, ruë sainct Iacques, prés S.
Yue à la bonne Foy. / M. DC. XXXV / Avec Plivilege
dv Roy. / 6ff. + 711pp. 8º.

1477. _____. A Paris: Chez Pierre Bilaine, 1636. 5ff. +
711pp. 8º.
Igual a la anterior.
Paris. Biblioteca del Arsenal.

1478. _____. A Paris: Chez Pierre Bilaine, 1646. 6ff. +
711pp. 8º.
Igual a la anterior.
Paris. Biblioteca del Arsenal.

1479. L'ESPIÈGLE Justine par ... Vertu d'usage et mystique à la
mode, par don F. Afan de Ribera, etc. Introduction
par de Monclar. Paris: Bibliothèque des curieux,
1919. 8º. (Collection des Maîtres de L'Amour. L'
Oeuvre des Conteurs Espagnols.).
Edición abreviada.

4. Inglesas

1480. THE / Spanish Libertines: or, the / LIVES / OF / JUS-
TINA, The Country Jilt; / CELESTINA, The Bawd of
Madrid, AND / ESTEVANILLO GONZALES, The most
Arch and Comical of / SCOUNDRELS. / To which is
added, a PLAY, call'd, / An EVENINGS ADVENTURES.
/ All Four Written by Eminent SPANISH / Authors,
and now first made English by Captain JOHN STEVENS.
/ LONDON / Printed, and Sold by Samuel Bunchley
at the Pub-/lishing Office in Bearbinder Lane, 1707.
/ 4ff. + 528pp. 8º.
London. British Museum.

1481. _____. London, Stevens, 1727. 8º.

C) Estudios

1482. FOULCHÉ-DELBOSC, R. "L'auteur de La pícara Justina,"

149

RHi, X (1903), pp. 236-41.

1483. ALONSO, AMADO. "Un pasaje de La pícara Justina," RFE, XII (1925), pp. 179-80.

1484. CANAL, M. "El P. Fr. Andrés Pérez de Leon, O. P., autor de La pícara Justina y del falso Quijote," CT, XXXIV (1926), pp. 320-48.

1485. SÁNCHEZ CASTAÑER, F. "Alusiones teatrales en La pícara Justina," RFE, XXV (1941), pp. 225-44.

1486. BATAILLON, MARCEL. "Recherches sur la Pícara Justina," ACF, LIX (1959), pp. 567-69; LX (1960), pp. 416-20.

1487. _____. "Urganda entre Don Quijote et la Pícara Justina," (en Homenaje Ofrecido a Dámaso Alonso. Madrid: Gredos, 1960, pp. 191-215.). Trad. española en Varia lección de clásicos españoles. Madrid: Gredos, 1964, pp. 268-99.

1488. _____. "Une vision burlesque des monuments de Léon en 1602," BHi, LIII (1961), pp. 169-78.

1489. _____. "Burlesque et baroque dans La Pícara Justina," ACF, LXI (1961), pp. 399-404.

1490. _____. "¿Ríoseco? La morería de La Pícara Justina," (en Études d'Orientalisme dédiées à la mémoire de Lévi-Provençal. Paris, 1962, I, pp. 13-21.

1491. _____. "La picaresca. A propos de La Pícara Justina," (en Wort und Text. Festschrift für Fritz Schalk. Frankfurt: V. Klostermann, 1963, pp. 233-50.).

1492. _____. "Style, genre et sens. Les Asturiens de La Pícara Justina," (en Literary and Linguistic Studies in Honor of Helmut A. Hatzfeld. Washington, D.C.: Catholic University Press, 1964, pp. 48-59.).

1493. RONQUILLO, PABLO J. Hacia una definición de la pícara del siglo XVII en España. Diss. Baton Rouge, La., 1969. 220pp. DA, XXX (1970), no. 11, p. 4954-A.

XIV. LA HIJA DE CELESTINA (1612)

Por Alonso Jerónimo de Salas Barbadillo

A) Ediciones

1494. **LA HYIA / DE CELES- / TINA.** / Por Alonso Geronimo
de Salas Bar- / uadillo: impressa por la diligencia y
/ cuydado del Alferez Francisco / de Segura entretenido / cerca de la persona del / Señor Virrey de /
Aragon. / A Don Francisco Gas- sol, Caua- / llero
del Orden de Santiago del Consejo de su Megestad, y
/ su Protonotario en los Reynos / de la Corona de
Aragon. / (Adorno) Con licencia. / En Çaragoça, por
la Biuda de / Lucas Sanchez: Año de 1612. / A costa
de Iuan de Bonilla. / Mercader de libros. 4ff. +
91ff. 12o.
> Apr. del Dr. Gregorio Juan Palacios, catedrático:
> Zaragoza, 24 de abril de 1612.
> Apr. del Dr. Juan Porter: Zaragoza, 5 de mayo
> de 1612.
> Dedicatoria del Alférez Segura: 22 de mayo de
> 1612.
> Soneto del mismo a Alonso Jerónimo de Salas
> Barbadillo.
> Soneto del capitán Andres Rey de Artieda.
> Texto.
> London. British Museum.

1495. _____. Con licencia. En Lerida, por Luys Manescal.
Año 1612. A costa de Miguel Manescal mercader de
libros (al fin:) M. DC. XII. 4ff. + 92ff. 8o.
> Imprimatur. El Dr. Iuan Sentis. Vicario gen-
> eral.
> Lic. del Dr. Galipienso por comisión del obispo
> de Lérida D. Francisco Virgilio: "Dat. á 22 de
> julio de 1612."
> Apr. del Dr. Gregorio Juan de Palacios, catedrá-
> tico de Sexto en la Universidad de Zaragoza: 24
> de abril de 1612.
> Apr. del Dr. Juan Porter de orden del regente de
> la Real Chacillería José Sessé: Zaragoza, 5 de
> mayo de 1612.
> Soneto del alférez Segura y de Artieda.
> Texto.
Igual a la anterior. Dice 91ff. por error.

151

London. British Museum.

1496. LA ingeniosa / Elena. Por Alonso Geronimo de Sa- / las
Barbadillo, vezino y natu- / ral de la villa de /
Madrid. / Agora de nueuo ilustrada y / corregida por
su mismo / Autor. A Don Francisco Gasol, Ca- /
uallero del Orden de Santiago, / del Consejo de su
Magestad, y / su Patronotario en los Reynos / de la
corona de Aragon. Etc. / Con privilegio / De Cas-
tilla, y Aragon. / En Madrid. / Por Iuan de Herrera.
/ Año 1614. / Vendese en casa de Antonio Rodríguez,
calle de Santiago. 12ff. + 154ff. + 2ff. 12^0.
____Sonetos de Francisco de Segura y Rey de Artieda.
____Señas del impresor.
____Tasa: Madrid, 12 de abril de 1614.
____Erratas.
____Apr. del Dr. Gutierre de Cetina: Madrid, 20 de
diciembre de 1613.
____Priv. para Aragón.
____Dedicatoria.
____Versos de Martín Francés á Salas y de éste a él.
____Soneto de Juan Francisco Bonifaz.
____Al lector, por D. Francisco de Lugo y Dávila.
____Texto.
Igual a la Hija de Celestina, corregida y aumentada
con una nueva novela intercalada: El pretendiente dis-
creto.
London. British Museum.

1497. LA HYIA / de Celestina. / Por Alonso Geronimo / de
Salas Barbadillo: / Impressa por la diligencia y cuy-
dado / del Alferez Francisco de / Segura. / Entre-
tenido cerca de la persona del Señor / Virrey de
Aragon. / Al Molto Illustre Sig. / Filippo Trotti. /
(Escudo con un animal). En Milan, Por Iuan Bapt.
Bidelo. 1616. / Con licencia de Superiores. 4ff. +
102pp. + 1f. 12^0.
Es reimpresión de la edición de Lérida. V. no.
1495.
Contiene una dedicatoria en italiano del impresor
Bidelo a Filippo Trotti.
Roma. Biblioteca Nazionale.

1498. LA ingeniosa Elena, hija de Celestina, por Alonso Geronimo
de Salas Barbadillo, aora de nvevo ilvstrada y corregida en esta segunda impresión por su Autor. Madrid:
Pedro Joseph Alonso y Padilla, 1736. 8ff. + 320pp.
8^0.
Ed. cit. por Palau y Dulcet, Manual del librero...

1499. _____. Tercera impresión. Madrid: D. Pedro Joseph
Alonso y Padilla, 1737. 8ff. + 320pp. 8^0.
London. British Museum.

1500. LA hija de Celestina por... Madrid: Tip. de Ambrosio
Pérez y Cía, 1907. 162pp. + 2 hojas. 8º. 15cm.
(Colección Clásica de Obras Picarescas, vol. 1.).
Reproducción facsimilar del texto de la edición de
Milán, 1616, al cuidado de Joaquín López Barbadillo.

1501. LA hija de Celestina. La ingeniosa Elena. Prefacio de
Fritz Holle. Strassburg: Heitz, 1912. 137pp. 16º.
(Bibliotheca Romanica, 149-50.).
Es sobre los textos de las ediciones de Lérida y
Zaragoza, 1612.

1502. LA ingeniosa Elena. Prólogo con notas biográficas y versión moderna de Fernando Gutiérrez. Decorado con
aguafuertes y varias xilografías de Pedro Riu. Barcelona: Horta, 1946. 140pp. 32cm.
V. también no. 6.

B) Traducciones y Adaptaciones Parciales al Teatro

1. Españolas

1503. LA Escvela de Celestina, y el hidalgo presumido. Madrid:
Andrés de Porras, 1620. 24ff. 4º.
Madrid. Biblioteca Nacional.

1504. COMEDIA de la escvela de Celestina y El hidalgo presumido.
Año 1620. Madrid Con privilegio, por Andrés de Por-
ras. (Al fin:) Reimprimiose a costa de D. Francisco
R. de Uhagón en Madrid: Fortanet, 1902. 99pp. 8º.
Pp. 54-57 de la introducción contienen la bibliografía
de las ediciones de La hija de Celestina.

2. Francesas

1505. LES Hypocrites. IIᵉ nouvelle de Mr. Scarron. Paris:
Antoine Sommaville, 1655. vi + 168pp. 8º.
Paris. Bibliothèque Nationale.

1506. L'ADULTERE innocente y Plus d'effets que de paroles, (en
Les nouvelles tragi-comique. [De P. Scarron]
Paris: Antoine Sommaville, 1661. 8º.).
Paris. Bibliothèque Nationale.
Estos textos franceses pasaron al inglés en la
versión de John Davies, of Kidwelly. London, 1657,
1667 y 1670.

3. Italianas

1507. LA figlia di Celestina. Trad. di Antonio Gasparetti. Milano:

Rizzoli, 1962. 102pp. 16º. (Biblioteca Universale
Rizzoli, no. 1844.).

4. Alemanas

1507a. DIE Tochter der Celestina. Übers. von E. Hartmann.
Nachwort und Nachdichtungen von F. R. Fries. Leipzig: Reclam, 1968. 86pp.

C) Estudios y Contribuciones

1508. BARRERA Y LEIRADO, C. A. DE LA. Catálogo bibliográfico y biográfico del teatro antiguo español, desde sus
orígenes hasta mediados del siglo XVIII. Madrid,
1860.
V., en especial, pp. 352-58.

1509. D'AGLOSSE, P. Molière, Scarron et Barbadillo. Notes de
lecture. Blois, 1888. 4º. (Loir - et-Cher, I 1887.
pp. 69-70, 78-79.).

1510. V. "Introducción" (pp. 10-33) a El cortesano descortés y El
necio bien afortunado. Ed. de F. R. de Uhagón.
Madrid, 1894. xlviii +337pp. (Sociedad de Bibliófilos
Españoles, 31.).

1511. BONILLA Y SAN MARTÍN, A. "Antecedentes del tipo celes-
tinesco en la literatura latina, " RHi, XV (1906), pp.
372-86.

1512. V. OBRAS de Alonso Jerónimo de Salas Barbadillo. Con la
vida del autor por Emilio Cotarelo y Mori... Madrid:
Tip. de la Revista de Archivos, 1907-1909. 2 vols.
cxxviii + 504pp. , 403pp. 8º. (Colección de Escritores Castellanos, 128, 139.).
En la p. xv Cotarelo y Mori reproduce la partida
de bautismo de Salas Barbadillo.

1513. PÉREZ PASTOR, C. Bibliografía madrileña o descripción
de las obras empresas en Madrid. Madrid, 1891-
1907. 3 vols.
V. vol. III, pp. 466-99.

1514. PLACE, EDWIN B. A Study of the Works of Salas Barbadillo and María de Zayas. Diss. Cambridge, Mass. ,
1919.
Tesis doctoral de la Harvard University.

1515. _____. "Salas Barbadillo Satirist, " RR, XVII (1926),
pp. 230-42.

1516. _____. ed. La casa del placer honesto de A. J. de Salas Barbadillo. Together with an Introduction in which his Life and Works are Studied. Boulder, Colorado: University of Colorado, 1927. New York. Hispanic Society.

1517. HERRERO GARCÍA, M. "Imitación de Quevedo, " RBAM, V (1928), p. 307-09.

1518. LA GRONE, G. C. "Salas Barbadillo and the Celestina," HR, IX (1941), pp. 440-58.

1519. ENTRAMBASAGUAS, JOAQUÍN DE. "Un pasaje lopista de Salas Barbadillo, " CLit, I (1947), pp. 377-91.

1520. V. Testamento inédito, (en Astrana Marín, L. Vida ejemplar de Cervantes. Madrid: Reus, V, 1953, p. 551.).

1521. HILLARD, ERNEST H. K. Spanish Imitations of the Celestina. Diss. Urbana, Illinois, 1957.
Tesis doctoral inédita de la University of Illinois, DA, XVIII, p. 588.

1522. FERNÁNDEZ, S. "La hija de Celestina, " AyL, XIV (1957), no. 6, p. 8.

1523. MARTÍN ORTEGA, A. Pedro Vergel, Alguacil de la Casa y Corte de su Majestad. Madrid, 1965. 156pp.
Sus relaciones con Lope de Vega, Salas Barbadillo y Villamediana.
Res. Manual Rozas, RLit, XXVIII (1965), pp. 272-73.

XV. RELACIONES DE LA VIDA
DEL ESCUDERO MARCOS DE OBREGÓN (1618)

Por Vicente Espinel

A) Ediciones

1524. RELACIONES / DE LA VIDA DEL / ESCVDERO / MARCOS
DE OBREGON. / AL ILLVSTRISSIMO SE- / ñor Cardenal Arçobispo de Toledo, don Ber- / nardo de Sandoual, y Rojas amparo de la vir-/ tud, y padre de
los pobres. / POR EL MAESTRO VICEN- / te Es-
pinel, Capellán del Rey nuestro señor / en el Hospital
Real de la ciudad / de Ronda. / Año † 1618. / CON
PRIVILEGIO. / En Madrid, Por Iuan de la Cuestra. /
A costa de Miguel Martínez. / Vendese en la calle
mayor, a las gradas de S. Felipe. / 8ff. + 189ff. +
1f. 20cm.
_____Auto del Consejo Real nueuamente proueydo, á cerca
de la impressión de los libros, 19 de oct. de 1617.
_____Apr. del Abad de S. Bernardo.
_____Apr. del Ordinario.
_____Apr. de Fr. Hortensio Felix Parauesin.
_____Dedicatoria al Cardenal Arcobispo de Toledo...
_____Prólogo al lector.
London.   British Museum.
Madrid.   Biblioteca Nacional.

1525. RELACIONES de la vida del escvdero Marcos de Obregón.
Con licencia.   Barcelona: Sebastian de Cormellas, al
Call, y a su costa.   8ff. + 232ff.   14cm.
_____Tassa.
_____Apr. del P. Luys Pujol, 12 de enero de 1618.
_____Apr. de Fr. Hortensio Felix Parauesin.
_____Dedicatoria.
_____Prólogo al lector.
_____Texto.
London.   British Museum.
Madrid.   Biblioteca Nacional.

1526. RELACIONES de la vida del escvdero Marcos de Obregón.
Barcelona: Geronimo Margarit.   A costa de Iuan de
Bonilla, 1618.   288ff.   8⁰.
_____Apr. del P. Luys Pujor, 12 de enero de 1618.
London.   British Museum.
Madrid.   Biblioteca Nacional.

1527. RELACIONES de la vida del escvdero Marcos de Obregón.
Sevilla: Pedro Gómez de Pastrana, a su costa, 1641.
148ff. 13, 5cm.
___Tassa.
___Apr. del Abad de San Bernardo.
___Prólogo al lector.
___Texto.
Madrid. Biblioteca Nacional.

1528. RELACIONES de la vida del escvdero Marcos de Obregón.
Madrid: Gregorio Rodríguez, a su costa, 1657. 4ff.
+ 244ff. 15cm.
London. British Museum.
Madrid. Biblioteca Nacional.
Norman. University of Oklahoma.

1529. RELACIONES de la vida del escudero Marcos de Obregón.
Madrid, 1744. 4ff. +275pp. 21cm.
Es la única edición publicada durante el siglo XVIII.
Carece esta edición del nombre del impresor.
London. British Museum.
Madrid. Biblioteca Nacional.
New York. Columbia University Library.

1530. RELACIONES de la vida y aventuras del escudero Marcos de
Obregón: escritas por el maestro Vicente Espinel.
4ª. edición. Madrid, en la imprenta de Don Mateo
Repullés, 1804. 2 vols. 8º.

1531. RELACIONES de la vida del escudero Marcos de Obregón.
Ed. de Cayetano Rosell, (en Novelistas posteriores a
Cervantes. Madrid, 1851, pp. 377-479. Biblioteca
de Autores Españoles, XVIII.).
Reimp.: Madrid: Edit. Hernando, 1932, t. II.
Madrid, 1945.

1532. VIDA del escudero Marcos de Obregón. Barcelona: La
Maravilla, 1863. vii + 220pp. 27cm. (Obras en prosa,
festivas y satíricas de los más eminentes ingenios españoles. Tomo III.).
Con El donado hablador, de J. Alcalá Yáñez y Ribera.

1533. RELACIONES de la vida del escudero Marcos de Obregón.
Precedida de su biografía [la de -] por J[uan] C[uesta]
y Ck[erner]. Madrid: T. Alonso, 1868. xv + 381pp.
19, 5cm. (Biblioteca Escogida. Tesoro de Autores Españoles, 2.).

1534. PÉREZ DE GUZMÁN, J., ed. Vida del escudero Marcos
de Obregón. Edición y prólogo de ... Barcelona:
"Arte y Letras," 1881. xxxii + 436pp. 20cm.

1535. _____. 2ª. Edición. Barcelona: Arte y Letras, 1883.
xxxvi + 408pp.

1536. RELACIÓN de la vida... Madrid: E. Rubiños. 1887. 6
vols. 8º.

1537. VIDA del escudero Marcos de Obregón, por el maestro Vi-
cente Espinel. Ilustración de José Luis Pellicer.
Grabados en boj por Paris, Martín, Carretero y
Pannemaker y en zinc por Verdaguer. Barcelona:
Biblioteca "Arte y Letras," 1910. 4 + 424pp. 20cm.
Chicago. University of Chicago Library.

1538. _____. Barcelona: Edit. Maucci [s. a. c. 1918]. 300pp.

1439. GILI GAYA, S., ed. Vida del escudero Marcos de Obregón.
Edición y notas de ... Madrid: Espasa-Calpe, 1922-
25. 2 vols. 19cm. (Clásicos Castellanos, 43 y 51.).
Reimp.: 1940; 1951; 1960; 5ª. ed. en 1969.

1540. VIDA del escudero Marcos de Obregón. Prólogo de Ignacio
Bauer. Madrid: C. I. A. P., 1928. 2 vols. (Bibliotecas Populares Cervantes. Las Cien Mejores Obras
de la Literatura Española, 35, 36.).

1541. MALLORQUÍ FIGUEROLA, J. Vida del escudero Marcos de
Obregón. Edición y prólogo de ... Barcelona: Molino (s. a. , pero 1940]. 224pp. 20cm. (Colección Literatura Clásica, 11.).

1542. VIDA del escudero Marcos de Obregón. [Madrid: Imp.
Diana] [1947]. 51pp. con un grab. 32cm. (Novelas
y Cuentos.
Edición parcial.

1543. _____. Selección, estudio y notas por Julia de Francisco.
1ª. ed., ilustrada. Zaragoza: Editorial Ebro, c.
1951. 134pp. 18cm. (Biblioteca Clásica Ebro, Clásicos Españoles, 81.).
____2ª. ed. Zaragoza, 1957. 134pp.
____3ª. ed. Zaragoza, 1966.

1544. VIDA del escudero Marcos de Obregón. Barcelona: Maucci,
1962. 507pp. con ilustr. + 7 láms. 17cm. (Clásico
Maucci. Grupo Literatura Medieval).

1545. VIDA del escudero Marcos de Obregón. Estudio preliminar
y bibliografía de Angeles Cardona... Barcelona: Bruguera, 1968. 437pp. 17, 5cm. (Libro Clásico).

1545a. CARRASCO URGOITI, S. , ed. Vida del escudero Marcos
de Obregón. Edición, introducción y notas de ...
Madrid: Castalia, 1972. 2 vols.
V. también nos. 6, 11.

B) Traducciones

1. Francesas

1546. LES / RELATIONS / DE MARC / D'OBREGON. / TRAD-
VITES PAR LE SIEVER / D'AVDIGVIER. / A Monsieur
de CADENET / † A PARIS, / Chez PIERRE DE FORGE
rue Sainct / Iacques, aux Colomnes. / M. DC. XVIII
(1618). / AVEC PRIVILEGE DV ROY. 24ff. + 400pp.
8º.
Sólo la Primera parte, con 24 "relaciones."
Paris. Bibliothèque de l'Arsenal.
London. British Museum.

1547. _____. Paris: Iean Petit-Pas. [s. a.]. 8º.

1548. _____. Paris: J. du Hamel, 1628. 8º.

1549. _____. Paris, 1638. 8º.

2. Inglesas

1550. THE History of the Life of the Squire Marcos de Obregon...
by Vicente Espinel. Translated into English from the
Madrid Edition of 1618 by Major Algernon Langton.
London: John Booth, 1816. 2 vols. 23cm.
London. British Museum.

3. Alemanas

1551. LEBEN und Begebenheiten des Escudero Marcos Obregón.
Oder Autobiographie des spanischen Dichters Vicente
Espinel. Aus dem spanischen zum erstenmale in das
Deutsche Uebertragen, und mit Anmerkungen und einer
Vorrede begleitet von Ludwig Tieck. Breslau: Joseph
Max und Komp., 1827. 2 vols. 17cm.
Chicago. University of Chicago Library.

1552. LEBEN und Abenteuer des escudero Marcos von Obregon.
Mit Einleitung von Friedrich Freksa und 10 Abbildungen
nach Originalholzschnitten von Max Unold. München
und Leipzig: K. T. Senger, 1913. xv + 330pp.
19, 5cm.

1553. _____. Bearbeitet und ergänzt von Hanss Floerke, mit
Einleitung von Friedrich Freksa. München: Georg
Müller Verlag, 1927. xvi + 332pp. 8º.

1554. RIEMECK, RENATE, ed. Leben und Abenteuer des Escudero Marcos Obregón. Ein Spanischer Schelmenroman übersetzt von Ludwig Tieck. Neu hrsg. von...

mit Bilders von Anja Decker. Bruns.: C., 1946.
298pp.
Cambridge, Mass. Harvard University
V. también no. 12.

C) Estudios y Contribuciones

1555. CERVANTES, MIGUEL DE. [Elogio], (en Canto de Caliope.
Primera parte de la Galatea. Alcalá de Henares, 1585,
f. 328v.).
Madrid. Biblioteca Nacional.

1556. SUÁREZ DE FIGUEROA, C. [Elogio], (en Plaza universal
de todas ciencias... Madrid, 1615, f. 193.).

1557. VEGA CARPIO, LOPE DE. [Elogio], (en El jardín de Lope.
En La Filomena. Madrid, 1621, f. 157r.).
Madrid. Biblioteca Nacional.

1558. CHAVERO Y ESLAVA, J. M. Coloquios de la Espina entre
D. Tirso Espinosa, natural de la Ciudad de Ronda y un
Amanuense natural de la Villa del Espinar, sobre la
Traducción de la Poetica de Horacio hecha por el Li-
cenciado Vicente Espinel, y otras Espinas y Flores del
Parnaso Español. Los publica   Málaga: Félix de
Casas y Martínez, 1785. 3 vols. 15cm.
London. British Museum.
Madrid. Biblioteca Nacional.

1559. "EL maestro Vicente Espinel," SPE (1851), p. 335.

1560. MARÍN DE ESPINOSA, A. "El poeta Espinel," MP, II
(1859), p. 415.

1561. A[BRIL] R[UIZ], A. "Alonso Rodríguez Navarro. (Murciano
de quien habla Espinel en el Marcos de Obregón,"
SemM, III (1880).

1562. PÉREZ DE GUZMÁN, J. "Vicente Espinel y su obra," (en
Introducción a su ed.: Vicente Espinel. Vida del escudero Marcos de Obregón. Barcelona, 1881, pp. ii-
xxxii.).

1563. SBARBI, JOSÉ MARÍA. "Una aclaración sobre el Maestro
Vicente Espinel," AU, III (1881), no. 54, pp. 94-95.

1564. PÉREZ DE GUZMÁN, J. "Cancionero inédito de Espinel,"
IEA (1883), 1O., pp. 134-35, 159-62, 178.

1565. FERRER DEL RÍO, A. Estudio sobre la vida de Vicente
Espinel y sus obras.
Original autógrafo en la Biblioteca Nacional, de

Madrid, Mss. 2. 637. Cit. por José Simón Díaz,
B. L. H., vol. IX, no. 5556.

1566. BOURLAND, CAROLINE. "Boccaccio and the Decameron in
Castilian and Catalan Literature, " RHi, XII (1905), pp.
1-232.
V. pp. 81-83, 190.

1567. PÉREZ PASTOR, C. Bibliografía madrileña o descripción
de las obras empresas en Madrid. Tomo II. 1906,
p. 450.
V. no. 1513.
Documentos biográficos de Vicente Espinel.

1568. MADRID MUÑOZ, A. "El nuevo monumento al Maestro Espinel en Ronda, " BRAH, LXIX (1916), p. 478.

1569. CORTÉS FAURE, P. "Epistolario bibliográfico educativo.
Vicente Espinel: sus ideas pedagógicas, " Alhambra,
XIX (1916), pp. 495-98, 523-25, 543-45, 565-68; XX
(1917), no. 1, pp. 352-53, 355, 456-57, 459 y no. 2
pp. 12-16, 40-42, 68-70, 112-14, 136-38, 158-61,
207-8.

1570. AGUIRRE, RICARDO. "Noticias para la historia de la
guitarra, " RABM, XLI (1920), pp. 81-88.

1571. ICAZA, F. A. DE. "Espinel y su centenario. La nueva
del escudero y algo de literatura comparada, " GdL, II
(1924), no. 2, p. 7.

1572. MURET, EUGENE. "Notes sur Marcos de Obregón, " (en
Mélanges de linguistique et de littérature offerts a M.
Alfred Jeanroy. Paris, 1928. pp. 325-32.).

1573. CALABRITTO, GIOVANNI. I romanzi picareschi di Mateo
Alemán e Vicente Espinel. La Valletta, 1929.
V. no. 1344.

1574. ZARCO CUEVAS, J. "La primera edición de unas poesías
latinas y españolas de Vicente Espinel, " BRAE, XVIII
(1931), pp. 91-101.

1575. PENZOL, P. [Itinerario de Marcos de Obregón]. 1934.
V. no. 135.

1576. MILLÉ Y GIMENEZ, J. "Sobre la invención de la décima o
espinela, " HR, VI (1937), pp. 40-51.

1577. CLARKE, DOROTHY C. "Sobre la espinela, " RFE, XXIII
(1936), pp. 293-304.

1578. _____. "A Note on the décima or espinela, " HR, VI

(1938), pp. 155-58.

1579. SÁNCHEZ Y ESCRIBANO, F. "Un ejemplar de la espinela anterior a 1571," HR, VIII (1940), pp. 349-51.

1580. COSSÍO, JOSÉ MARÍA DE. "La décima antes de Espinel," RFE, XXVIII (1944), pp. 428-54.

1581. VÁZQUEZ OTERO, D. Vida de Vicente Martínez de Espinel. Málaga: Diputación Provincial, 1948. 242pp. + 1 lám. (Publicaciones del Instituto de Cultura. Serie B, VI.).

1582. ENTRAMBASAGUAS, JOAQUÍN DE. "Aclaración a un pasaje de Vicente Espinel," (en Miscelánea erudita. Primera serie. Madrid, 1949, pp. 20-25.).

1583. _____. "Datos biográficos de Vicente Espinel en sus Diversas Rimas," RByD, IV (1950), pp. 171-241.

1584. _____. "Para el IV Centenario de Espinel," RByD, IV (1950), pp. 265-75.

1585. PÉREZ DE GUZMÁN, J. "Espinel y sus contemporáneos en Ronda," RByD, IV (1950), pp. 269-72.
Art. reimpreso por Joaquín de Entrambasaguas, en su artículo "Para el IV Centenario de Espinel."
V. no. 1584.

1586. ENTRAMBASAGUAS, JOAQUÍN DE. "Lope y Espinel. La amistad de los dos poetas," CorLit (1951), no. 25.

1587. ZAMORA VICENTE, A. "Tradición y originalidad en el Escudero Marcos de Obregón," (en su Presencia de los clásicos. Buenos Aires: Espasa-Calpe, 1951. pp. 75-147.).

1588. BARRANCO, PEDRO. "El testamento de Espinel," Sur (26 de noviembre de 1952), p. 4.

1589. OLIVA MARRA-LÓPEZ, A. "Editorial. Vicente Espinel: un temperamento español del siglo XVII," Gibralfaro, II (1952), pp. iii-vii.

1590. V. ASTRANA MARÍN, L. Vida ejemplar... de... Cervantes. Tomo V. Madrid, 1953, pp. 42-43; VI, p. 316. Contienen documentos inéditos.

1591. PARUDUCCI, A. "Echi e risonanze boccaccesche nella Vida de Marcos de Obregón, romanzo picaresco del secolo XVII," (en Mélanges de linguistique et de littérature offerts à M. Roques. Baden-Paris, 1953, II, pp. 207-17.).

162

1592. PEDRO, VALENTÍN DE. "La geografía fantástica de Vicente Espinel," (en su América en las letras españolas del Siglo de Oro. Buenos Aires: Editorial Sudamericana, 1954, pp. 112-32.).

1593. ENTRAMBASAGUAS, JOAQUÍN DE. "Vicente Espinel, poeta de la reina Ana de Austria," RLit, VIII (1955), pp. 228-36; IX (1956), pp. 139-48.

1594. FRADEJAS LEBRERO, J. "De Pedro Alfonso a Espinel," RLit, IX (1956), pp. 154-56.

1595. HALEY, GEORGE. "Vicente Espinel and the Romancero General," HR, XXIV (1956), pp. 101-14.

1596. ANZOATEGUI, I. B. "La picaresca y Vicente Espinel," CH, XXXIII (1957), no. 94, pp. 54-65.

1597. ENTRAMBASAGUAS JOAQUÍN DE. "Un elogio entusiasta de Vicente Espinel," --- "Aclaración a un pasaje de Vicente Espinel," --- "Dos olvidados sonetos de Vicente Espinel," --- (en Miscelánea Erudita. Madrid, 1957, pp. 67-70, 41-46, 21-28 y 93-93.).

1598. CONANT, ISABEL P. "Vicente Espinel as a Musician," SRen, V (1958), pp. 133-44.

1599. HALEY, GEORGE. Vicente Espinel and Marcos de Obregón. A Life and its Literary Representation. Providence: Brown University Press, 1959. x + 254pp. (Brown University Studies, 25.).
Res.: J. B. Avalle-Arce, HR, XXIX (1961), pp. 250-52.
L. Beberfall, Hispania, XLIII (1960), pp. 632-33.
D. C. Clarke, RenN, XIII (1960), pp. 163-65.
E. Glaser, Symposium, XVI (1962), p. 154.
G. Mercadier, BHi, LXIV (1962), pp. 88-92.
P. E. Russell, MLR, LVII (1962), pp. 119-21.
A. Zamora Vicente, NRFH, XIII (1959), pp. 388-89.

1600. NAGY, EDWARD. "La honra y el marido agraviado en el Marcos de Obregón," Hispania, XLIII (1960), pp. 541-44.

1601. GILI GAYA, S. "Versos latinos de Espinel en alabanza de Guzmán de Alfarache," (en Homenaje a Angel del Río). V. no. 1417.

1602. MC CONNELL, V. Y. Antithetical Expression and Subconscious Conflict in Vicente Espinel's "Marcos de Obregón." Diss. Tucson, Arizona, 1966.
DA, XXVII (1966), pp. 1060A-61A.
Tesis doctoral inédita de la University of Arizona.
163

XVI.   LA DESORDENADA CODICIA
DE LOS BIENES AJENOS (1619)

Por Carlos García

A) Ediciones

1603.   LA / DESORDENADA / CODICIA DE LOS / BIENES AGE-
NOS. / Obra apazible y curiosa, en la qual / se
descubren los enrredos y ma- / rañas de los que no
se con- / tentan con su parte. / Dirigida al Illustrissimo y Ex- / cellentissimo Señor, Don / Luys de Rohan, / Conde de Rochafort. / En Paris, / En casa
de ADRIAN TIFENO, / á la enseña de la Samaritana. /
MDCXIX. / (1619), 5ff. + 347pp.   12º.
Ed. príncipe.
New York.   Hispanic Society.

1604.   LA desordenada codicia de los bienes agenos y La oposición
y conjunción de los dos grandes luminares de la tierra
por el Dr...   Madrid: J. A. F.   Fé, 1877.   xii +
323pp.   12º.   (Los Libros de Antaño, t. VII.).
New York.   Hispanic Society.

1605.   LA desordenada codicia de los bienes agenos, por el Doctor
Carlos García.   Sevilla: E. Rasco, 1886.   vi + 4 ho-
jas +234pp.   8º.
Tirada de cien ejemplares costeada por el Marqués
de Jerez.
New York.   Hispanic Society.
V. también no. 6.

B) Traducciones

1. Francesas

1606.   L'Antiquité / DES / LARRONS. / Ouvrage non moins
curieux que delectable; / Composé en Espagnol par /
DON GARCÍA: / et traduit en François par le Sr. /
DAVDIGVIER. / A PARIS, / chez Tovssainct Dv
Bray, ruë S. / Iacques, aux Epics meurs. / M. DC.
XXI. / (1621) Auev Priuilege du Roy. / 5ff. + 245pp.
8º.
Cambridge, Mass.   Harvard University

164

1607. _____. Sur l'imprimé à Paris: chez Toussainct du
Bray, 1623.   8⁰.
Igual a la anterior.

1608. _____.   Rouen, 1632.   8⁰.

2. Inglesas

1609. THE / SONNE OF / THE ROGUE, / or / The POLITIK /
THEEFE. / With THE AN- / TIQUITIE OF /
THEEVES. / A work no lesse Curious then delectable;
first written / in Spanish by Don Garcia. / Afterwards
translated into / Dutch, and then into French by S. D.
/ Now Englished by W. M. / LONDON, / Printed by
I. D. and are to be sold by / Bernard Langnord at the
Bybell / on Holborn-Bridge, 1638 (Al fin:) Imprimatur
Thomas Weekes, Februarie 5, 1637. 7ff. + 254pp.
Trad. de W. Melvin.
Cambridge, Mass. Harvard University

1610. LAVERNAE, / OR THE / SPANISH GIPSY: / The Excellen-
cy of THEEVES and THEEVING: / With their Statutes,
Laws, Customes, / Practises, Varieties, and whole
Art, Mystery, Antiquity, / Company, Noblenesse, and
Differences: / Also their Originall, Rise, and Beginning,
of what Parents, Education, / and Breeding the Author
was: / With a pleasant DISCOURSE hee had / in Pri-
son with a most famous THEEFE. / And also his last
disgrace: being a work / no lesse Curious then Delectable. / First written in Spanish / by Don Garcia:
/ Now in English by W. M. / London, Printed in Newgate, / 1650. / 7ff. + 254pp.   12⁰.
London. British Museum.

1611. GUZMAN, Hinde and Hannam Outstript: being a discovery
of the whole art, mistery and antiquity of theeves and
theeving: with their statutes, laws, customs and prac-
tices.   Together with many new and unheard of cheats
and trepannings.   London: Printed and are to be sold
in Pauls church-yard, 1657. 5ff. + 253pp.   12⁰.
Trad. de William Melvin.
San Marino, Cal. Henry E. Huntington Library.

C) Estudios

1612. SBARBI, J. M.   In illo tempore y otras frioleras. Bosquejo cervántico, o pasatiempo quijotesco por todos
cuatro costados.   Madrid: Imp de la viuda e hijos
de Gómez Fuentenebro, 1903. xix + 383pp.   8⁰.
Atribuye a Miguel de Cervantes las obras de
Carlos García.

1613.   PFANDL, LUDWIG.   "Carlos García und sein Anteil an
        der Geschichte der kulturellen und literarischen Bezie-
        hungen Frankreicks zu Spanien, " MM, II (1913).

1614.   LÓPEZ BARRERA, J.   "Libros raros y curiosos.   Litera-
        tura francesa hispanófoba en los siglos XVI y XVII, "
        BBMP, VII (1925), pp. 379-95.

1615.   REY, A.   "A French Source of one of Carlos García Tales, "
        RR, XXI (1930), pp. 238-39.

1616.   CARBALLO PICAZO, A.   "Datos para la historia de un
        cuento.   Una nota sobre el Doctor Carlos García, "
        RByD, I (1947), pp. 425-66.

1617.   _____.   "El doctor Carlos García, novelista español del
        siglo XVII, " RByD, V (1951), pp. 5-46.

XVII. EL DONADO HABLADOR ALONSO (1624)

Por Jerónimo de Alcalá Yáñez y Ribera

A) Ediciones

1618. ALONSO mozo de mvchos amos. Madrid: Bernardino de
Guzman. A costa de Iuan de Vicuña Carrasquilla,
1624. 8ff. + 176ff. + 167ff. + 1f. 8º.
____Suma del privilegio 24 de octubre de 1623.
____Tassa, 25 de octubre de 1624.
____Fe de erratas, 28 de octubre de 1642.
____Décima de Alonso de Ledesma.
____["Un mozo gran servidor... "]
____Décima de Juan Bravo de Mendoza ["Si a Ulises
porque trató... "]
____Décima de José Gacilópez de Aldana.
____["Hoy previniendo a sus daños... "]
____Décima de Manuel de los Ríos. ["Un criado bien
criado... "]
____Décima de María de Horozco Zúñiga y Vargas.
____["Susurra en el verde prado... "]
____Dedicatoria a D. Luis Faxardo, Marqués de los
Velez, etc.
____Prólogo al lector.
____Texto.
Ed. cit por Simón Díaz, B. L. H., V. no. 284.
New York. Hispanic Society.

1619. ALONSO, moço de mvchos amos. Barcelona: Esteuan Li-
berós. A costa de Miguel Menescal, 1625. 8ff. +
160ff.
New York. Hispanic Society.
Boston. Boston Public Library.

1620. SEGVNDA parte de Alonso mozo de mvchos amos. Valla-
dolid: Geronymo Morillo, impresor de la Vniuersidad,
1626. 16ff. + 322pp. +1f. 14, 5cm.
____Privilegio.
____Tassa.
____Fe de erratas.
____Apr. de Fr. Iuan Gomez.
____Dedicatoria. [Al Dr. Agustín Daza, Dean y Can-
ónigo de la Catedral de Segovia, etc.]
____Prólogo.
____De Iuan Brauo de Mendoça, Al Dr. Alcalá.

167

Dezima. ["Como sirue de alumbrar..."]
Del Licdo. Iosef de Aldana, al Dr. Alcalá.
Dezima. ["Sirue Alonso, y escriuiendo..."]
De Antonio de Zamora y Tapia, al doctor Alcalá.
Dezima. ["En los amos que mudays..."]
Del Licdo. Iuan de Quintela, al Dr. Alcalá.
Dezima. ["Despacha Alcalá este día..."]
Del Licdo Iuan de Caxiguera, al Dr. Alcalá.
Dezima. ["Sabeys Alcalá escriuir..."]
De Fernando Tello de San Roman, al Dr. Alcalá.
Dezima. ["Del veneno ponçonoso..."]
De Fr. Matías de Sobremonte, al Dr. Alcalá.
Dezima. ["De un peregrino siruiente..."]
Del Licdo. Diego de Soto. al libro del Dr. Alcalá.
Dezima. ["Alonso seruil oyente..."]
De Antonio Balbas Barona, al libro del Dr. Alcalá.
Dezima. ["Un moço que en el saber..."]
Del Licdo Baltasar Serrano y Tapia, al Dr. Alcalá.
Dezima. ["Moço que al mundo seruis..."]
De Francisco Oracio de Solier, al libro del Dr.
Alcalá. Soneto. ["Si quien mezcla lo dulce y
prouechoso..."]
De Alonso de Ledesma, el Poeta, al doctor Alcalá.
Dezima. ["Oy buelve Alonso a seruir..."]
De María de Orozco Zúñiga y Barbas, al Dr. Al-
calá. Dezima. ["Pintar a Iupiter viejo..."]
De Eugenio Velázquez, al Moço del doctor Alcalá.
Dezima. ["Moço viejo, bien hazeys..."]
Del Licdo. Gerónimo de Castro Suarez, al Dr.
Alcalá, y a su libro. Dezima. ["De las Escuelas
del mundo..."]
Texto.
Colofón
Ed. cit. por Simón Díaz, B. L. H., V, no. 286.
New York. Hispanic Society.
London. British Museum.

1621. EL donado hablador, vida y aventuras de Alonso, mozo de
muchos amos, compuesta por el Doctor Geronimo de
Alcalá, Yañez y Rivera, natural de la Ciudad de Segovia. Sale esta edición enmendada de varios defectos,
que tenían las antecedentes, y con algunas notas, que
ya que no les sirvan de ilustración le servirán de au-
mento. Madrid: Imp. de Benito Cano, 1788. 2 vols.
15cm.
Iowa City, Iowa. University of Iowa.

1622. _____. Madrid: Imp. de Ruiz, 1804. 2 vols. 15cm.
Cambridge, Mass. Harvard University.
New York. Hispanic Society.

1623. _____. Madrid: Imp. de Mateo Repullés, 1805. 2
vols. con 25 láms. 14, 5cm.

Reimpresión de la ed. anterior.
Chicago. The University of Chicago.

1624. OCHOA, EUGENIO DE, ed. El donado hablador. Vida y
aventuras de Alonso, mozo de muchos amos. Paris:
Baudry, 1847. 191pp. (Tesoro de Novelistas Español-
oles... Tomo II. Colección de los Mejores Autores
Españoles, XXXVII.)
Cambridge, Mass. Harvard University.

1625. EL donado hablador; ó Alonso, mozo de muchos amos. Barcelona: La Maravilla, 1863. 196pp. (Obras Festivas
y Satíricas).

1626. _____. Paris: Garnier hermanos, 1883. 337pp. 18cm.
Con La vida de Lazarillo de Tormes (1554).
New York. Hispanic Society.

1627. UTLEY, JOHN H., ed. Jerónimo de Alcalá Yañez y Ribera:
Alonso, mozo de muchos amos; a Critical Edition, by
... Diss. Urbana, Ill., 1938. 300pp.
Tesis doctoral inédita de la University of Illinois.
V. también nos. 6, 18, 574.

B) Traducciones

1. Inglesas

1628. THE Life and Adventures of Alonso, the Chattering Lay
Brother and Servant of Many Masters. Composed in
the Spanish Language by Dr. Geronimo de Alcalá
Yañez y Rivera. Tr. into the English Language from
an Edition Corrected of the Various Defects the Former
ones Had, with Notes by the Translator. New York:
W. M. Christy, 1844-45. 2 vols. 22cm.
Washington, D.C. Library of Congress.

C) Estudios de Conjunto
en Torno a la Obra y al Autor

1629. COLMENARES, D. DE. Historia de la insigne ciudad de
Segovia y compendio de las historias de Castilla.
Segovia: D. Diez, 1637. 652pp.

1630. ANTONIO, NICOLÁS. "Hieronymus de Alcalá Yáñez," (en
su Bibliotheca Hispana Nova. 2ª. ed. Tomo I. 1873,
p. 566.).

1631. LECREA Y GARCÍA, C. "Vida del doctor Alcalá Yáñez y
Ribera," (en El Verdadero Amigo del Pueblo. Segovia,
1868.).

169

1632. BAEZA Y GONZÁLEZ, T. Apuntes biográficos de escritores segovianos. Segovia, 1877. viii + 366pp. Por orden cronológico.

1633. VERGARA Y MARTÍN, G. M. Ensayo de una colección bibliográfica de noticias referentes a la provincia de Segovia. Guadalajara, 1904. 616pp. V. pp. 185-88.

1634. PENZOL, PEDRO. "Algunos itinerarios en la literatura castellana," V. no. 135.

1635. CHILDERS, JAMES W. A Study of Sources and Analogues of the "cuentos" in Alcalá Yáñez' Alonso, mozo de muchos amos. Chicago, 1941. 14pp. 24cm. Parte de su tesis doctoral.

1636. GILI GAYA, S. "Jerónimo de Alcalá y la tradición novelesca," ES, I (1949), pp. 259-62.

1637. HOLMES, HENRY A. "Anécdotas parecidas halladas en el Facundo y Alonso, mozo de muchos amos," Hispania, XXXII (1949), pp. 317-19.

1638. VERA, J. DE. "Notas sobre escritores segovianos," ES, III (1951).

1639. V. MONOGRAFÍA de la provincia de Segovia, publicada por el centro segoviano de Madrid. 1952.

1640. GONZÁLEZ HERRERO, M. "Jerónimo de Alcalá Yáñez," ES, VII (1955), no. 19, pp. 57-135.

1641. MONTERO PADILLA, J. Jerónimo de Alcalá y la novela picaresca," ES, XV (1963), pp. 259-72.

1642. CHILDERS, JAMES W. "Source of the 'magic twig' story from El donado hablador," Hispania, XLIX (1966), pp. 729-32.

1643. RUIZ MARTÍN, F. "Un testimonio literario sobre las manufacturas de paños en Segovia por 1625," (en Homenaje a Emilio Alarcos García. Valladolid, 1965-67, pp. 787-807.)

XVIII.   HISTORIA DE LA VIDA DEL BUSCON... (1626)

Por Francisco de Quevedo y Villegas

A) Ediciones

1644.   HISTORIA / DE LA VIDA / DEL BVSCON, LLAMADO /
DON PABLOS; EXEMPLO / de Vagamundos, y espejo
de Tacaños. / Por don Francisco de Queuedo Villegas,
Cauallero del / Orden de Santiago, y señor de la Villa
/ de Iuan Abad. / A Don Fray Iuan Augustin de Funes,
Cauallero de la Sagrada / Religion de San Iuan Bautis-
ta de Ierusalem, en la / Castellania de Amposta, del
Reyno / de Aragon. / Adorno / Con licencia y priui-
legio: / En Çaragoça.   Por Pedro Verges.   / A los
Señales.   Año 1626.   / + / A costa de Roberto Duport.
Vedese (sic) en su casa en la Cuchilleria.   / 7ff. +
101ff.   8º.
Madrid.   Biblioteca Nacional.
Zaragoza.   Biblioteca Universitaria
Ed. príncipe.

1645.   HISTORIA / DE LA VIDA / DEL BVSCON, LLAMADO /
DON PABLOS; EXEMPLO / de Vagamundos, y espejo
/ de Tacaños. / Por don Francisco de Quevedo Villegas, Cavallero / de la Orden de Santiago, y señor de
/ Iuan Abad. / Adorno / Con licencia.   / En çoragoça
(sic).   Por Pedro Verges, a lo Seña- / les, Año 1626.
/ 3ff. + 86ff.
Edición contrahecha, que reproduce la príncipe de
1626 con falso pie de imprenta.   Esta edición pirateada
se situa hacia 1710.
Madrid.   Biblioteca Nacional.

1646.   _____. Año (Adorno) 1626. / Con licencia, / en Barcelona, Por Sebastian de Cormellas, / y vendese en
su casa, al Call. / 5ff. + 82ff. 1 tabla.
Madrid.   Biblioteca Nacional.
Reproduce con todos sus errores, el texto de la
príncipe.

1647.   HISTORIA de la vida del Buscón, llamado D. Pablos; exemplo de Vagamundos y espejo de Tacaños.   Por D.
Francisco de Quevedo Villegas, Cauallero del Orden
de Santiago, y Señor de la villa de Juan Abad.   A Don
Fray Juan Augustín de Funes Cauallero de la Sagrada

171

Religión de San Juan Bautista de Jerusalén, en la Castellanía de Amposta, del Reyno de Aragon. Año (Dibujo) 1627. Con Licencia. En Barcelona en la Emprenta de Lorenço Deu, delante el Palacio del Rey. IVff. + 82ff. 8°.
London. British Museum.
Paris. Bibliothèque Nationale.

1648. HISTORIA de la vida del Bvscon, llamado don Pablos; exemplos de Vagamundos, y espejo de Tacaños. Por Don Francisco de Queuedo Villegas, Cauallero del Orden de Santiago, y Señor de la Villa de Iuan Abad. Con licencia, En Valencia, Por Chrysostomo Garriz, al molino de la Rouella, 1627. 4ff. + 103ff. + 1f. 8°.
Paris. Bibliothèque Nationale, pero como de 1626. Error que se repite en otras bibliografías.

1649. HISTORIA / de la vida / del Bvscon, llamado / Don Pablos, exemplo / de Vagamundos y espejo / de Tacaños. / Por Don Francisco de Quevedo Villegas, Cauallero de / la Sagrada Religion de San Iuan Bautista de Ge-/ rusalem, en la Castellanía de Amposta, del Rey de Aragon. (Grabado e madera) / Con licencia y Privilegio, / en Çaragoça. Por Pedro Verges. A los / Señales. Año M. DC. XXVIII. / A costa de Roberto Duport. Vendense en la Cuchillería. 8ff. + 100ff. 8°.
Encuadernado con Juguetes de la niñez.
Madrid. Biblioteca Nacional.

1650. HISTORIA / de la vida / del buscón llamado / don Pablos; exemplo / de Vagamundos, y espejo / de Tacaños. Por Don Francisco de Queuedo Villegas, Cauallero del Orden / de Santiago, y Señor de la villa de Iuan Abad. Anãdieronse en esta vltima Impression otros tratados del mis- / mo Autor, que aunque parecen graciosos tienen muchas / cosas vtiles, y prouechosas para la Vida como / se vera en la oja siguiente. (Viñeda) en ruan / A costa de Carlos Osmont, / en la calle del Palacio. (Filete) / M. DC. XXIX (1629), 207ff. 8°.
New York. Hispanic Society.
London. British Museum.

1651. HISTORIA de la vida del Buscón, llamado don Pablos, exemplo de vagamundos y espejo de tacaños, por don Francisco de Quevedo Villegas... En Ruan: C. Osmont, 1629. 164pp. 8°.
Paris: Bibliothèque Nationale.

1652. HISTORIA de la vida del Bvscon llamado don Pablos; exemplo de Vagamundos y espejo de Tacaños. Por don Francisco de Queuedo Villegas, Cauallero de la Sagrada Religion de San Iuan Bautista de Ierusalem en la Castellanía de Amposta, del Rey no de Áragón. En

172

Pamplona: Por Carlos de Labayen, Impresor del Reyno de Navarra. Año 1631. ff. 82-195. 8º.
Se trata de la portada del f. 82 de la edición de 1631 de la Política de Dios que contiene el texto de 1626 de El Buscón.
Edinburgh. Edinburgh University Library.

1653. HISTORIA / de la vida / del Bvscon, llamado / Don Pablos, exemplo / de Vagamundos, y espejo / de Tacaños. / Por don Francisco de Queuedo Villegas, Ca- / uallero del Orden de Santiago, y señor / de Iuan Abad. / (Un adorno) / Con licencia. En Lisboa: Por Mathias Rodriguez. / Anno de 1632. / 3ff. + 93ff. + 1 tabla. 8º.
Madrid. Biblioteca Nacional.

1654. HISTORIA i Vida de el Gran Tacaño. dividida en dos Libros .... Madrid: A costa de Pedro Coello, 1648. 202ff. 4º.
Volumen misceláneo impreso con el título de Enseñanza entretenida.
Madrid. Biblioteca Nacional.

1655. HISTORIA y vida del gran Tacaño. Madrid: Antonio Espinosa, 1788. 4ff. +229pp. + 1f. (En Obras escogidas en 4 vols.).
Madrid. Biblioteca Nacional.

1656. VIDA del gran Tacaño. Madrid, 1790. 8º.

1657. LA vida del gran Tacaño. Madrid. Con licencia. En la Imprenta de Manuel González MDCCXCIII. Se hallará en la Libreria de Castillo frente a las Gradas de San Felipe el Real, en la del Carro calle de Cedeceros: y en su puesto, calle de Alcalá, (1793). 1f. + 229pp. + 1f. 8º.
Madrid. Biblioteca Nacional.

1658. HISTORIA y vida del gran Tacaño. Madrid, 1800. 235pp. + 3pp de índice. (En Obras escogidas...).

1659. HISTORIA y vida del gran Tacaño. Por Don Francisco de Quevedo Villegas. Barcelona: Imp. de A. Bergues y Compañía, calle de Escudillers, núm. 13. Con licencia, 1833. 256pp. 16º.

1660. _____. Barcelona: Mayol, 1845. 252pp. 16º. con viñetas.

1661. _____. Madrid: Imp. y Estab. de D. Vicente Castelló, 1845.
Es de una serie.

1662. _____. Barcelona, 1852. 8º.

1663. HISTORIA de la vida del Buscón llamado don Pablos...
Madrid: Biblioteca de Instrucción Universal, 1859.
125pp. 8º. (La Instrucción Universal, IV.).
Reimp.: Madrid, 1881.

1664. EL Gran Tacaño, Sueño de las Calaveras, Alguacil alguacilado, Las zahurdas de Plutón, Carta del Caballero de la Tenaza y La culta latiniparla. Valencia: Terraza y Alena, 1877. 231pp. 8º. (En Obras escogidas ...).

1665. EL Gran Tacaño. El sueño de las calaveras. El alguacil alguacilado. Madrid, 1879.

1666. HISTORIA / de / la vida del Buscón, / por / Don Francisco de Quevedo. / Primera edición. / (Un grabado) Madrid: Gaspar, editores, 1881. 43pp. Retrato de Quevedo
Madrid. Biblioteca Nacional.

1667. DON Francisco de Quevedo y Villegas / El / Gran Tacaño / Visita de los Chistes Cuento de cuentos / Casa de locos de amor / Libro de todas las cosas y otras muchas más / Pragmática del tiempo. Barcelona: Biblioteca Clásica Española, 1884. 280pp. 8º.
Madrid. Biblioteca Nacional.

1668. VIDA del Buscón. Barcelona, 1886.
Con el Lazarillo de Tormes.

1669. VIDA del Gran Tacaño, Libros de todas las cosas y otras más. Pragmática del tiempo. Madrid, 1887. 8º.

1670. EL Gran Tacaño. Barcelona: Biblioteca Económica, 1900.
32pp. 8º.

1671. QUEVEDO / El Gran Tacaño / (Un adorno). Madrid: Imprenta de Valero Díaz, 1906. 94pp. 12º.
Madrid. Biblioteca Nacional.

1672. OBRAS completas. Historia de la vida del buscón llamado D. Pablos, exemplo de vagamundos y espejo de tacaños. Madrid, Imprenta y editorial Hernando, S.A., 1906. 183pp. 17cm. (Biblioteca Universal, 91.).
Reimp.: Madrid: Imp. y Edit. Hernando, 1914. 183pp. (Biblioteca Universal, 91.).

1673. VIDA del Buscón. Introducción por Américo Castro. Texto con anotaciones. Madrid: Ediciones de "La Lectura," 1911. xxiii + 273pp. 8º. (Clásicos Castellano, 5.).

1674. _____. Barcelona: Ramón Sopena, 1916. 333pp. 8º.
(Biblioteca Sopena, 15.).

1675. QUEVEDO. El gran Tacaño. Madrid: Imprenta de Valero
Díaz, 1916. 8º.

1676. FOULCHÉ-DELBOSC, R., ed. La vida del Buscón por
Don... New York: Hispanic Society of America, G.
Putnam's Sons, 1917. ix + 207pp. 2pp.
Reproducción de la edición príncipe con prólogo
original.

1677. HISTORIA de la vida del Buscón. Prólogo y notas de A.
Castro. Paris: Nelson, 1919. xii + 288pp. 8º.
London. British Museum.

1678. LA vida del gran Tacaño. Paris: Nelson, 1922. 16º.

1679. _____. Barcelona: Edit. Sopena, 1922. 16º.

1680. HISTORIA de la vida del Buscón. (Novela Picaresca).
Madrid: Talleres "Calpe," 1922. 200pp. 16º.
(Colección Universal, 556, 557.).

1681. _____. Madrid: Imp. y editorial Hernando, S.A., 1926.
183pp. 13, 5cm. (Biblioteca Universal, t. XCI.).

1682. ROSE, R. SELDEN, ed. Historia de la Vida del Buscón,
llamado Don Pablos; Exemplo de Vagamundos y Espejo
de Tacaños, por Don Francisco de Quevedo Villegas,
Cauallero del Orden de Santiago, Señor de la Villa de
Iuan Abad. Edición Crítica por Don..., Catedrático
de Lengua y Literatura Españolas en la Universidad de
Yale (Estados Unidos). Con las variantes de los textos más autorizados y del nuevo manuscrito, anterior
a la Edición Príncipe, que se halló en la Biblioteca de
Menéndez Pelayo. Madrid: Hernando, 1927. 405pp.
8º.

1683. CASTRO, AMÉRICO, ed. El Buscón. I. Nuevo texto, edi-
tado y comentado por ... Madrid: Ediciones de "La
Lectura," 1927. vii + 292pp. 19cm. (Clásicos Cas-
tellanos, 5.).
Texto del manuscrito de la Biblioteca Menéndez
Pelayo).

1684. HISTORIA de la vida del Buscón. Madrid: Imp. Aldecoa,
Edit. Razón y Fe, 1930. 213pp. 8º. (Biblioteca de
Clásicos Amenos, t. 1.).
Contiene también El Lazarillo de Tormes.

1685. _____. Madrid: Imp. Blass, Edit. C.I.A.P., (hoy
Librería Fernando Fe) [s. a.] x + 204pp. 8º. (Bibliotecas Populares Cervantes. Las Cien Mejores Obras
de la Literatura Española, III.).

1686. _____. Segunda edición. Madrid, (19..). 205pp. 8º.
(Las Cien Mejores Obras de la Literatura Española,
III.).

1687. EL Buscón y Los sueños. Edición ilustrada con 12 grabados sobre madera. Barcelona: Ediciones Iberia, 1932.
98pp. + 1 hoja. 4º. (Las Grandes Obras Maestras
de la Literatura Universal).

1688. ASTRANA MARÍN, L. , ed. El Buscón, (en su Obras completas. Obras en Verso. Obras en prosa. Textos
genuinos del autor, descubiertos, clasificados y anota-
dos por ... Edición crítica. Madrid: Edit. Aguilar,
1932. 2 vols. de lxxi + 1579pp. y xxviii + 1620pp.
8º.).
_____ Segunda edición. Madrid: Edit. Aguilar, 1941.
2 vols. 8º. papel bilia.
_____ Tercera edición. Madrid: Edit. Aguilar, 1943.
2 vols. 8º.

1689. HISTORIA de la vida del Buscón. Novela. Nueva edición.
Madrid: Imp. y Edit. Espasa-Calpe, S. A. , 1934.
208pp. 16º. (Colección Universal).

1690. LA vida del Buscón. Madrid: Imp. y Edit. Hernando, S. A.. ,
1935. 183pp. 16º. (Biblioteca Universal, t. 91.).

1691. HISTORIA de la vida del Buscón. Buenos Aires: Edit.
Espasa-Calpe, 1938. 190pp. + 1 hoja. 8º. (Colección
Austral, 24.).
Reimp. : Madrid: Edit. Espasa-Calpe, 1939. 8º.

1692. _____. Prólogo y notas de Américo Castro. Edinburgh
[s. a.], 288pp. 8º.

1693. _____. Madrid: Espasa - Calpe, 1940. 202pp. 16º.
(Colección Universal).

1694. HENRÍQUEZ UREÑA, P. , ed. El Buscón y escritos breves.
Buenos Aires: Losada, 1940.

1695. MALLORQUÍ FIGUEROLA, J. , ed. Vida del Buscón. Premáticas y Aranceles generales. Libro de todas las
cosas. Capitulaciones matrimoniales. Carta de un
Cornudo a otro. Prólogo y notas de ... Barcelona:
Edit. Molino, 1940. 222pp. 8º.

1696. HISTORIA de la vida del Buscón. Segunda edición. Buenos
Aires: Edit. Espasa-Calpe, 1941. 168pp. 8º. (Co-
lección Austral, 24.).
Reimp. : Buenos Aires: Espasa-Calpe, 1943.
168pp. 8º.
Tercera edición: Buenos Aires: Espasa-Calpe,

176

152pp. 8º. (Colección Austral, 24.).

1697. SANTA MARINA, L. , ed. Vida del Buscón. Segunda edi-
ción. Prólogo y notas de ... Madrid: Edit. Espasa-
Calpe, 1941. 216pp. 8º. (Clásicos Castellanos, 5.).
Reimp. : Madrid: Espasa-Calpe, 1954. 216pp. 8º.

1698. HISTORIA de la vida del Buscón. Barcelona: Edit. Cisne.
Tall. Gráficos J. Polonio, 1941. 90pp. (Colección
Novela Selecta).

1699. GILI GAYA, S. , ed. Historia de la vida del Buscón...
Selección, estudio y notas por ... Zaragoza: Edit.
Ebro. Imp. "Heraldo de Aragón, " 1941. 133pp. 8º.
(Clásicos Ebro, 40.).

1700. VIDA del Buscón. Buenos Aires: Tor, 1942. 187pp.

1701. VIDA del Buscón y Sueños y Discursos. Madrid: Edit.
Aguilar, 1943. 623pp. + 1 lám. 16º. (Colección
Crisol, 15.).

1702. ASTRANA MARÍN, L. , ed. Vida del Buscón. Sueños y
Discursos. Madrid: Edit. Aguilar, 505pp. + 1 lám.
16º. (Colección Crisol, 15.).

1703. HISTORIA de la vida del Buscón. Los Sueños. Barcelona:
Edit. Joaquín Gil, Iberia, 1945. 349pp. + 1 hoja. 8º.
(Obras Maestras).

1704. GILI GAYA, S. ed. Historia de la vida del Buscón. Selección, estudio y notas por ... Segunda edición ilustrada.
Zaragoza: Edit. Ebro, 1945. 133pp. con grabados +
1 hoja. 8º. (Clásicos Ebro, 40.).

1705. HISTORIA de la vida del Buscón. Novela picaresca.
Madrid: Espasa Calpe, 1946. 202pp. 16º. (Colección Universal, 556-557.).

1706. GILI GAYA, S. , ed. Historia de la vida del Buscón. Prólogo de ... Xilografías de Enrique C. Ricart... Palma
de Mallorca: Edit. Moll, 1948. 224pp. + 1 hoja + 2
láms + 1 hoja. 8º. (Colección Exemplaria Mundi).

1707. _____. Historia de la vida del Buscón. Selección, estudio y notas por ... Tercera edición ilustrada. Zaragoza: Edit. Ebro, 1949. 133pp. 8º. (Clásicos Ebro,
40.).

1708. VIDA del Buscón. Sueños y Discursos. Tercera edición.
Madrid: Aguilar, 1954. 530pp. + 1 lám. 16º. (Colección Crisol, 15.).

177

1709. JACOME, BENITO V. , ed. El Buscón llamado don Pablos.
Santiago de Compostela: Porto y Compañía, 1958.
221pp. 8o. (Colección Siete Estrellas).

1710. ALCINA, JUAN, ed. Historia de la vida del Buscón. Ejem-
plo de vagamundos y espejo de tacaños. Edición ano-
tada por ... Barcelona: Juventud, 1958. 214pp. 8º.
(Colección Z, 47.).
Reimp. : Barcelona: Bibl. de la Universidad de
Barcelona, 1959.

1711. _____. Historia de la vida del Buscón. Ejemplo de
vagamundos y espejo de tacaños. Edición anotada por
... Portada de J. Narro. Ilustraciones ... de Victor
Pallarés. Barcelona: Juventud, 1959. 214pp. 8º.
(Colección Z, 47.).

1712. HISTORIA de la vida del Buscón. Séptima edición. Madrid:
Edit. Espasa-Calpe, 1959. 148pp. 8º. (Colección
Austral, 24.).

1713. EL Buscón. Nueva edición. Madrid: Edit. Espasa-Calpe,
1960. 272pp. 4º. (Clásicos Castellanos, 5.).

1714. HISTORIA de la vida del Buscón, (en Buendía, Felicidad, ed.
Francisco de Quevedo y Villegas. Obras completas.
I. Madrid: Aguilar, 1961. 1786pp.).
V. pp. 285-350.

1715. DOS novelas picarescas. El Lazarillo de Tormes. El Buscón. Garden City, N. Y. : Doubleday and Company,
1961. 239pp. (Colección Hispánica).

1716. HISTORIA de la vida del Buscón. Los Sueños. Barcelona:
Maucci, 1962. 480pp. (Clásicos Maucci).

1717. HISTORIA de la vida del Buscón llamado Don Pablos, ejemplo de vagamundos y espejo de tacaños. Barcelona:
Ramón Sopena, 1963. 176pp. 18cm. (Biblioteca Sopena,
471.).

1718. _____. México: Universidad Nacional Autónoma, 1963.
226pp. (Nuestros Clásicos).

1719. _____, y Los Sueños. Madrid: Bullón, 1963. 375pp. +
2 hojas. ("Generaciones Juntas, " 12.).

1720. GILI GAYA, S. , ed. Historia de la vida del Buscón. Selección, estudio y notas, por ... Séptima edición. Ilustrada. Zaragoza: Edit. Ebro, 1963. 134pp. + 1
hoja. (Biblioteca Clásica "Ebro, " 40.).

1721. VIDA del Buscón Don Pablos. El Lazarillo de Tormes.

México: Porrúa, 1964. 227pp. (Sepan Cuantos, 34.).
2ª. edición, 1966.
3ª. edición, 1967.
4ª. edición, 1968.
5ª. edición 1969.

1722. LÁZARO CARRETER, F., ed. La vida del Buscón, llamado
don Pablos. Edición crítica y estudio preliminar de
... Salamanca: Universidad, 1965. lxxviii + 286pp.
+ 3 láms. (Acta Salmanticensia. Filosofía y Letras.
Tomo XVIII, no. 4.).

1723. CASTRO, AMÉRICO, ed. El Buscón. Edición de ... Quin-
ta edición. Madrid: Edit. Espasa-Calpe, 1965. 272pp.
(Clásicos Castellanos, 5.).
Nueva edición, 1967. 1 vol. 19, 5cm.

1724. HISTORIA de la vida del Buscón, llamado don Pablos, ejemplo de vagabundos y espejo de tacaños. Barcelona:
Sopena, 1965. 176pp. (Biblioteca Sopena, 47-1.).

1725. GILI GAYA, S., ed. Historia de la vida del Buscón. Selección, estudio y notas por ... Octava edición. Zaragoza: Edit. Ebro, 1966. 133pp. + 1 hoja (Biblioteca
Clásica "Ebro," 40.).

1726. LA vida del Buscón llamado don Pablos. Ilustraciones,
Goñi. Barcelona: Marte, 1966. xix + 21 + 237pp.
20cm. (Colección "Pliegos de Cordel Oro").

1727. HISTORIA de la vida del Buscón. Los sueños. Barcelona:
Iberia, 1966. 370pp. + 1 hoja. 19cm. (Obras Maestras).

1728. VIDA del Buscón. Sueños y Discursos. Séptima edición.
Madrid: Aguilar, 1967. 383pp. + 1 lám., grab. 14cm.
(Crisol Literario, 31.).

1729. HISTORIA de la vida del Buscón. Décima edición. Madrid:
Edit. Espasa-Calpe, 1967. 148pp. 17, 5cm. (Colección
"Austral," 24.).

1730. HERRERO SALGADO, F., ed. Historia de la vida del Buscón llamado don Pablos... Madrid: Emesa, S.A.,
1967. 229pp. + 2 hojas. 17, 5cm. (Novelas y Cuentos.
Sección Literatura, 10.).

1731. QUEVEDO. La vida del Buscón. Lazarillo de Tormes.
Anónimo. Barcelona: Edics. Zeus, 1968. 249pp. +
10 hojas. 17cm. (Colección Pódium).

1732. LA vida del Buscón llamado don Pablos. Texto fijado por
Fernando Lázaro Carreter. Prólogo y notas de Juan

179

Alcina Franch. Ilustraciones de Jaime Azpelicueta.
Barcelona: Editorial Juventud, 1968. 287pp. 8º.
(Colección Clásicos).

1733. LA vida del Buscón. Madrid: Edics. Susaeta, 1968. 215pp.
+ 7 hojas. 16cm. (Clásicos Universales, 3.).

1734. HISTORIA de la vida del Buscón, (en Obras satíricas, picarescas, políticas, burlescas, filosóficas, ascéticas,
crítico-literarias, poéticas. Madrid: E. D. A. F. , 1969.
1. 482pp. 17cm. (Obras Inmortales).
V. también nos. 6, 9, 10, 591, 608.

B) Traducciones

1. Francesas

1735. L'AVENTVRIER Bvscon. Histoire facétieuse composée en
Espagnol par Don Francisco de Quévédo, Caualier Es-
pagnol, et traduit en François par M. de la Geneste.
Ensemble les lettres du Cheualier de l'Espagne. Paris:
Pierre Billaine, 1633. 2 vols. 8º.
Paris. Bibliothèque Nationale.
London. British Museum.

1736. L'AVENTURIER Buscon, histoire facétieuse, composée en
Espagnol, par Dom Francisco de Quevedo, cavalier espagnol... Ensemble les Lettres du chevalier de i'Espagne. A Lyon, chez Nicolas Gory, 1634. 8º.

1737. L'AVENTURIER Bvscon. Histoire facétieuse, composée en
Espagnol par Dom Francisco de Quévédo, Caualier Es-
pagnol, et traduit en Francois, par M. de la Geneste.
A Bruxelles: Chez Iean Pepermans, Libraire jurë
(sic) et Imprimeur de la Ville demeurant a la Bible
D'Or, 1634. 6ff. +177pp.

1738. L'AVENTVRIER Bvscon, historie facetievse, Composée en
Espagnol, par Dom Francisco de Quévédo, Caualier Espagnol. Ensemble les lettres du Cheualier de l'Espargne (sic). A Paris: Chez Pierre Billaine, ruë
sainct Iacques à la bonne-Foy, deuant S. Yues. M.
DC. XXXV. Auec Priuilege du Roy. 2ff. + 397pp. +
1f. + 44pp. 8º.
London. British Museum.

1739. _____. A Paris: Chez Pierre Billaine... M. DC.
XXXIX (1639). 2ff. + 397pp.
Paris. Bibliothèque de l'Arsenal.

1740. _____. Lyon: Chez J. Casteun, 1639. Ed. cit por
Palau y Dulcet, Manual del librero... no. 243935.

1741.   _____. A Rouen: Chez Iacques Besongne, dans la court du Palais, M. DC. XLI (1641). 2ff. + 442pp. 8⁰.
London. British Museum.

1742.   _____. A Paris: A. Cotinet, rue des Carmes, près la Mazure, 1644. 8⁰.
Ed. cit. por Palau y Dulcet, op. cit., no. 243942.

1743.   _____. A Lyon: Chez Pierre Bailly, 1644. 8⁰.

1744.   _____. Paris: Impr. d'A. Cotinet, 1645. 401pp. 8⁰.
Paris. Bibliothèque Nationale.

1745. LES Oevvres de Dom Francisco de Quevedo Villegas, Cavalier Espagnol. Contenant, Le Coureur de Nuict, ou l'Auanturier Nocturne. Buscon, Historie Facetieuse. Les Lettres du Cheualier de l'Espargne (sic). Les Visions De l'Algoüazil Demoniaque. De la Mort. Du Iugement Final. Des Foux Amoureux. Du Monde en son Interieur. De l'Enfer Reformé. A Roven: Chez Iacques Besongne, dans la Court du Palais, M. DC. XLV (1645). 8⁰.
Traductor Mr. de la Geneste.
Madrid. Biblioteca Nacional.

1746. L'AVENTURIER / Bvscon, / historie / facetievse. / Composée en Espagnol, / par Dora (sic) Francisco de Quéuédo, Caualier Espagnol. Ensemble ies lettres, / Du Chevalier de l'Espargne (sic) (Un adorno) A troyes, / Chez Nicolas Ovdot, en la rue du / Temple au Sainct Esprit. M. DC. XLVI (1646). 204pp. 8⁰.
Madrid. Biblioteca Nacional.

1747. LES / Oeuvres / de Dom / Francisco / de Qvevedo / Villegas, / Cavalier / Espagnol. / Contenant: Le Coureur de Nuict, ou l'Aventurier Nocturne. [Apócrifa] Buscon, Histoire Facecieuse. Les lettres du Chevalier de l'Espargne (sic). - Les Visions de l'Agouazil Demoniaque. - De la Morte. Du Jugement Final. Des Foux Amoreux. - De l'Enfer. - et l'Enfer Reformé. (Un adorno). Roven: Chez Iacques. Besongne, dans la Cour du Palais, M. DC. XLVII (Rouen, 1647), 4ff. + 159pp. + 2ff. + 216pp. + 2ff. 257pp. + 2ff. 8⁰.
Madrid. Biblioteca Nacional.

1748.   _____. A Roven: Chez Iacqves Besongne, dans la Cour du Palais, M. DC. LV. (Rouen, 1655) 8⁰.
Igual a la anterior.
Paris. Bibliothèque Nationale.

1749. L'AVENTURIER Buscon. Histoire facécieuse, composée en espagnol par Dom Francisco de Quévedo, cavalier espagnol, ensemble les lettres du chevalier de l'Espargne

181

(sic). A Troyes: Chez Nicolas Oudot, 1657. 12⁰.
Probablemente de 1668. Hay una reimpresión con
este pie: "A Troyes, et se vend a Paris, chez Antoine de Raffé. " V. no. 1756.

1750. _____. A Lyon: Chez Iean Molin, rue Tupin, M. DC.
LXII (1662). (En la portada de Le Chevalier:) A
Lyon: Chez Antoine Beavjollin, a la Grand rue de l'
Hospital, vis a vis la belle Etoille, M. DC. LXII (1662).
8⁰.
Madrid. Biblioteca Nacional.

1751. LES Oevvres de Qvevedo. Traduction nouuelle. A Paris:
Chez Iean Cochart au Palais, dans la Galerie des
Prisonniers au saint Esprit, M. DC. LXIV. 2 vols.
2ff. + 335pp. y 6ff. + 416pp. 12⁰.
Paris. Bibliothèque Nationale.

1752. _____ Paris: Chez Gabriel Qvinet, M. DC. LXIV (1664).
2 vols. 2ff. + 335pp. y 6ff. + 416pp. 12⁰.
Paris. Bibliothèque Nationale.

1753. _____ Paris: I. Le Gras, M. DC. LXIV (1664). 2
vols. 12⁰.
Paris. Bibliothèque Nationale.

1754. _____ A Roven: Chez Clement Malassis, dans le Parvis
de Nostre-Dame, M. DC. LXV (1665) 2 vols. 4ff. +
216pp. y 257pp. + 3ff. 8⁰.
Paris. Bibliothèque Nationale.

1755. _____ A Roven: Chez Iean Berthelin, Ruë aux Iuifs,
prés le Palais, M. DC. LXV (1665). 2 vols. 4ff. +
216pp. y 257pp. + 3ff. 8⁰.
Paris. Bibliothèque Nationale.

1756. L'AVENTURIER Buscon, histoire facécieuse, composée en
espagnol par Don Francisco de Quévedo, Cavalier Es-
pagnol et traduit en François (par le sieur de la
Geneste). Ensemble les lettres du Chevalier de l'
Epargne (sic). A Troyes, et se vend a Paris, chez
Antoine de Raffé [s. f.] (Hacia 1668). 8⁰.
V. no. 1749.

1757. _____ Paris: Clément Malassis (Bruxelles, Fr. Foppens),
1668. 276pp. 12⁰.
Igual a la anterior.
Ed. cit. por Palau y Dulcet, op. cit., no. 243954.

1758. L'AVENTURIER Buscon, histoire facétieuse, composée en
espagnol par Dom Francisco de Quevedo; Ensemble les
Lettres du Chevalier de l'Espargne, (sic) traduit en
françois par le sieur de La Geneste. Francfurt:

chez Herman von Sand, 1671. 12⁰.
Reimpresión de la edición anterior.
Doble texto francés y alemán. Trad. alemana por
Graesse.

1759. LES OEuvres de Dom Francisco de Quevedo Villegas,
Chevalier Espagnol. Brusseles, 1691. 2 vols. 8⁰.
Contiene ilustraciones de Harrewyn.

1760. _____ A Paris: Chez Helie Josset, ruë S. Jaques à la
Fleur de Lis d'or. Et se vendent A Brusselles, Chez
Josse De Grieck, 1698. 2 vols. 2ff. + 272pp. y 3ff.
+336pp. + 5ff. 12⁰.
Trad. de Sr. Raclots. Con ilustraciones de Harre-
wyn.
Paris. Bibliothèque Nationale.

1761. _____ Nouvelle traduction de l'Espagnol en François par
le sieur Raclots parisien. A Brusselles, Chez Josse
de Grieck, 1698. 12 vols. 12⁰.
Paris. Bibliothèque Nationale.

1762. _____ A Brusselles, Chez Josse de Grieck, Imprimeur
& Marchand Libraire proche la Steenporte à S. Hubert,
1699. Avec Privilege du Roy. 2 vols. 2ff. + 528pp.
y 8ff. + 3ff. + 420pp. 12⁰.
Con ilustraciones de Harrewyn. Igual a la anterior.
Reimp. : Paris, 1700. 12⁰.
Paris. Bibliothèque Nationale.

1763. L'AVENTURIER Buscon, histoire facécieuse, composée en
espagnol, par dom Francisco de Quevedo, cavalier espagnol. Ensemble les lettres du chevalier de l'épargne
(sic). A Evreux, et se vend à Paris, chez Jean Musier, 1699. 168pp. 12⁰.
Paris. Bibliothèque Nationale.

1764. _____ Troyes: Vve. J. Oudot, 1705. 8⁰.
Sin el Chevalier de l'Espargne.
London. British Museum.

1765. LES Œuvres de Don Francisco de Quevedo Villegas, chevalier espagnol. Tome Premier. Contenant le Coureur
de Nuit ou l'Aventurier Nocturne. L'Aventurier Buscon
et les Lettres du Chevalier de l'Espargne. Traduit de
l'espagnol par le Sieur Raclots Parisien. Nouvelle édition revuée et corrigée. Se vend a Brusseles chez Joseph t'Serstevens, imprimeur et marchand libraire, a
la Biblie d'or. 1718. 2 vols.
32 grabados de Harrewyn.
El Buscón está en el primer vol.

1766. L'AVENTURIER Buscon, histoire facétieuse... Troyes:

183

Jean Oudot [s. a.] (Privilegio de 1728). 159pp. 8⁰.
Ed. cit. por Palau y Dulcet, op. cit., no. 243960.

1767. _____ Troyes: Jean Oudot, 1630. 8⁰.
Igual a la anterior. Cit. por Palau y Dulcet, op. cit.,
no. 243961.

1768. OEUVRES choisies de dom François de Quévêdo, traduites de
l'espagnol; en trois parties, contenant le Finmatois,
les Lettres du chevalier de l'Espargne, la Lettre sur
les qualités d'un mariage. - Castigat ridendo mores. -
Imprimé á la Haye. Vue. Duchesne, se trouve a
Paris, chez les libraires indiqués apres la fin de la
IIIᵉ partie, 1776. 3 vols. viii + 208pp., 216pp. y
176pp. 12⁰.
Ed. publicada por Costard. Traducción por Restif
de la Bretonne con la ayuda de Vaquette d'Hermilly.
Madrid. Biblioteca Nacional.

1769. LE FIN- MATOIS ou histoire du Grand Taquin, traduit de
l'espagnol avec des notes historique et politiques néces-
saires pour la parfaite intelligence de cet auteur. La
Haie, 1786. 16⁰.
Ed. cit. por Palau y Dulcet, op. cit., no. 243969.

1770. LA VIDA del Buscôn nueva edición ou la Vie de Chercheur
(de Francisco Quevedo) suivie d'une Traité sur la nature de l'homme, traduit de l'Espagnol avec des notes
historiques par Charles F. Mersan. Lyôn, 1793. 2
vols. 8⁰.
Paris. Bibliothèque Nationale.

1771. HISTOIRE de Don Pablo de Ségovie, surnommé l'Aventurier
Buscon; traduite de l'espagnol et annoté par A. Germond de Lavigne, précédée d'une lettre de M. Charles
Nodier. Paris: Chez Warée, 1842. 8⁰.
Ed. cit. en Catalogue General de la Librarie Française pendant 25 ans. (1840-1865). Paris: O. Lorez,
1871. Tome IV, p. 155.

1772. _____ Paris: Chez Warée, 1843. xxxi + 400pp. con
grabados y láminas. 8⁰.
London. British Museum.
Madrid. Biblioteca Nacional.

1773. _____ Paris: E. Picard, 1868. 236pp. 16, 5cm.
Igual a la anterior.
Washington. Library of Congress.
Paris. Bibliothèque Nationale.

1774. _____ Paris: A. Lemerre, 1877. 236pp. 16⁰. (Nouvelle
Collection Jannet Lemerre).
Paris. Bibliothèque Nationale.

184

1775. ŒUVRES choisies de Francisco de Quevedo. Histoire de
Pablo de Ségovie (El Gran Tacaño). traduite de l'
espagnol et annotée par A. Germond de Lavigne...
[Préface de la 1re édition, lettre de Charles Nodier au
traducteur.] Paris: L. Bonhoure, 1882. xxxii +
270pp. 8º. (Bibliothèque Illustrée des Chefs- d'Œvre
de l'Esprit Humain.). Grabs. de D. Vierge. Retrato.
Paris. Bibliothèque Nationale.
London. British Museum.

1776. PABLO de Ségovie, el Gran Tacaño. Traduit par J. - H.
Rosny. Illustré de cent vingt dessins par Daniel
Vierge ... Étude sur Daniel Vierge, par Roger Marx.
Édition définitive. Paris: E. Pelletán, 1902. xi +
229pp. 4º.
Paris. Bibliothèque Nationale.
London. British Museum.

1777. FRANCISCO de Quevedo -Villegas. Don Pablo de Ségovie.
[Traduit de l'espagnol par Rétif de la Bretonne. Illustré par Henry Chapront.]-Paris: à l'enseigne du "Pot
cassé," 1929. 241pp. 16º. (Scripta manent. (Collection publiée sous la direction de Constantin Castéra,
no. 45.).
Paris. Bibliothèque Nationale.
V. también no. 13.

1778. L'AVENTURIER Buscon, histoire facécieuse... Paris: J.
Boissevin [s. a.]. 4º.
Paris. Bibliothèque Nationale.

2. Italianas

1779. HISTORIA / Della vita / Dell'Astutissimo e Sagacissimo /
Buscone / CHIAMATO DON PAOLO, / Scritta da D.
Francesco de Queuedo, / Tradotta dalla lingua Spag-
nuola / DA- GIO: PIETRO FRANCO, / al Clarissimo
Signor Giulio Mafetti. / Con Tauola de' Capitoli, Li-
centia de' / Superiori, e Priuilegio / (sole quid Lu-
cidius, ecc. 17) IN VENETIA, / M. DC. XXIV/(1634)
Presso Giacomo Scaglia / 7ff. + 137ff. 8º.
Dedicatoria 21 Febbraio 1634.
Paris. Bibliothèque Nationale.

1780. _____ [Trad. italiana por Cesare Zanucca] IN VENETIA,
M. DC. XXXIV (1634). Presso Giacomo Scaglia.
Ed. cit. por Quadrio en su Storia e ragione di ogni
poesia, vol. VI, p. 273.

1781. PABLO di Segovia, il gran Taccagno. Milano: Tip. Edoar-
do Sonzogno Edit. , 1886. 132pp. 8º. (Biblioteca
Universale, 158.).

185

1782. GIANNINI, ALFREDO, TRAD. Vita del Pitocco. Prima
versione italiana di ... Con disegni di Plinio Nomellini.
Roma: A. F. Formiggini, 1918. xxxiv + 231pp. 8º.
(Classici del Ridere, 32.).

1783. _____ Roma: A. F. Formiggini, 1922. xxx + 238pp.
8º. (Classici del Ridere, 32.).

1784. _____ Seconda edizione rifatta sul testo critico. Roma:
A. F. Formiggini, 1927. xxx + 240pp. 8º. (Classici
del Ridere, 32.).

1785. GASPARETTI, ANTONIO, TRAD. Il Pitocco. A cura di....
Torino: Unione Tipografico Editrice Torinese, 1935.
238pp. 8º. (I Grandi Scrittori Stranieri. Collana di
Traduzioni Diretta da A. Farinelli, 59.).

1786. CATONE, BRUNE, TRAD. Il Briccone. Avventure e disav-
venture di Paolo di Segovia. Traduzione dallo spagnolo
di... Illustrazioni e coperta di M. Lapucci. Firenze:
Edit. Marzocco, 1952. 120pp.

1787. FADINI, OTTONE, TRAD. Il Buscón. Prefazione e libera
traduzione di ... Milano: O. Cibelli, 1953. 192pp.

1788. GIANNERI, A. , TRAD. Vita del Pitocco. Traduzione dallo
spagnolo di ... riv. da F. Franconeri. Milano:
Bietti, ¿ 1966? 165pp.

1789. VITA del Pitocco. Milano: Rizzoli, 1967. 207pp. (Biblioteca Universale Rizzoli, 2408 / 9.).
V. también nos. 14, 15, 16, 16a.

3. Holandesas

1790. D. V. R. [pseud.], TRAD. De hollebolige Buskon. [s. l.]
1642. 12º. 2 vols.

1791. LANGE, J. DE, TRAD. Vermaecklyche. Historie van den
kluchtighen Buskon. [s. l.] 1642.

1792. D. V. R. [pseud.], TRAD. De hollebolige Buskon. Amsterdam, 1659. 12º. 2 vols.
Edición erroneamente atribuida a J. de Lange, según
la portada.

1793. DE Vol - geestige Werken, behelsende de Wonderlijke Avon-
turen van Don Lucifuge, Vermakelyke Historie, van
den Koddigen Buscon... Op nieuws vertaalt, en met
curieuse figuren verrijkt. Eerste deel-tweede deel...
Amsterdam... Jan ten Horn Boekverkoper woomende
tegenover bet Hoererer Logement in der Historyschrig-

ver, 1669. 173pp. 8º.
Traducción anónima. Además del Buscón y de los Sueños, contiene dos obras que se atribuyen a Quevedo: 1) Las maravillosas aventuras de don Lucifugo o el Noctámbulo; 2) Las Cartas del Caballero de la hucha. Colección J. A. Van Praag, Amsterdam.
London. British Museum.

1794. _____ Amsterdam: John Sluyter en Son, ¿ 1740? 2 vols.
8º.
Con el Hollebolige Buskon, trad. de D. V. R.

1795. NEIJS, H. H. A., ed. Verhaal van de lotgevallen van den gelukzoeker don Pablo, hat model van vegebonden en de spiegel voorscheimen. 17 eeuwsche schelmenroman vit het Spaansch vert. door ... Rotterdam, 1920. 8º.
Utrecht. Biblioteca de la Univ. de Utrecht.

4. Inglesas

1796. THE / LIFE /AND / ADVENTURES / OF BUSCON / the Witty Spaniard. / Put into English by a Person of Honour. / To which is added, The / PROVIDENT KNIGHT. / By Don Francisco de Quevedo, a Spanish / Cavalier. / London, Printed by J. M. for Henry Herr-ingman, and / are to be solde at his Shop at the An-chor in New- / Exchange in the Lower-Walk, 1657. 219pp. 8º.
London. British Museum.

1797. _____ London: Printed for Henry Herringman, 1670.
247pp. 8º.
Segunda edición.
London. British Museum.

1798. THE Famous / History / of / Auristella, / Originally Written / By Don Gonsalo de Cepedes. / Together / With the Pleasant Story / of / Paul of Segovia, / By / Don Francisco de Quevedo. / Translated from the Spanish / London, / Printed for Joseph Hindmarsh, Book - / seller to his Royal Highness, at the / Black Bull in Cornhil, 1683. 3ff. + 140pp. 12º.
El Buscón empieza a la página 66 y finaliza en el billete de Pablos a su tío el verdugo de Segovia. Sigue: Carta de las calidades de un casamiento, traducida con el título On the Qualities of a Marriage.
London. British Museum.

1799. THE / Comical Works / of / Don Francisco de Quevedo, / AUTHOR / OF THE VISIONS: / CONTAINING, / ... The Life of Paul the Spanish Sharper... etc. / Trans-lated from the Spanish. / LONDON, Printed and are to

be sold by / John Morphew near Stationers - Hall,
1707. / Front. + 6ff. + 564pp. 8⁰
Contiene:
  I. The Night-Adventure, or the Day-Hater (Don
     Diego de Noche, por Salas Barbadillo, Madrid,
     1623).
  II. The Life of Paul the Spanish Sharper, pp. 159-
      347).
  III. The Retentive Knight and his Epistles.
  IV. The Dog and the Fever.
  V. A Proclamation by the Old Father Time.
  VI. A Treatise of all Things Whatsoever.
  VII. Fortune in her Wits, or the Hour of all Men.
  ___Trad. de John Stevens.
  ___Dedicatoria a Joseph Hodges, hijo de Sir William
     Hodges.
  London. British Museum.

1800.   London: Printed for J. Woodward, in St. Christo-
          pher's Church-Yard, Threadneedlestreet, 1709. 511pp.
          8⁰.
          Segunda edición de la anterior.
          London. British Museum.

1801.   London: Printed for C. Ward, R. Chandler, and
          W. Sandby, and Sold at the Ship without Temple-Bar.
          London: in Coney-Street, York, and at Scarborough,
          M. DCC. XLII. 352pp. 12⁰.
          London. British Museum.

1802. THE Works of that Most Celebrated and Witty Spaniard, Don
          Francisco de Quevedo: Containing... I. The Night Ad-
          venturer. II. The Life of Paul, the Spanish Sharper.
          III. Fortune in her Wits. IV. A Proclamation by Old
          Father Time. V. A Treatise of All Things Whatso-
          ever... VI. Letters upon Several Occasions. Trans-
          lated... by Mr. Pinneda. London: Printed for the
          Translator, sold by E. Commyns, 1745. 352pp. 8⁰.
          London. British Museum.

1803. THE Works of Don Francisco de Quevedo. Translated from
          the Spanish. In Three Volumes ... Edinburgh:
          Printed for Mundell & Son, 1798. 3 vols. 8⁰.
          Contiene: Vol. I. The Author's Life. The Visions.
          Vol. II. The Curious History of the Night Adventurer.
          The Life of Paul the Spanish Sharper (book I). Vol. III.
          The Life of Paul the Spanish Sharper (book II). For-
          tune in her Wits. Proclamation by Old Father Time.
          A Treatise of All Things Whatsoever, Past, Present
          and to Come. Letters on Several Occasions.
          ___Frontispicio en cada volumen, dibujados, por A.
             Casi.
          ___Grabados por R. Jacott.

London.   British Museum.

1804. THE History of the Life and Actions of Paul, the Spanish
Sharper, (en The Spanish Novelists: A Series of Tales.
London: Richard Bentley, 1832, pp. 43-158.).
Trad. de Roscoe.

1805. STEVENS, JOHN, TRAD.   The Pleasant History of the Life
and Actions of Paul the Spanish Sharper, the Pattern of
Rogues and Mirror of Vagabonds.   Translated from the
Spanish of Don Francisco de Quevedo by...   London:
Published by J. Clements, Little Pulteney Street, for
the Proprietors of the Romancist and Novelist's Library,
1841.   59pp.   21cm.

1806. THE History of the Life and Actions of Paul, the Spanish
Sharper, (en The Spanish Novelists.   London: Frederick Warne & Co. , 1880, pp. 204-59).   Un vol. en
18cm.
Nueva versión abreviada de Roscoe.

1807. PABLO de Segovia, the Spanish Sharper, Translated from
the Original of Francisco de Quevedo -Villegas.   Illus-
trated with One Hundred and Ten Drawings by Daniel
Vierge [Daniel Urrabieta] Together with Comments on
them by Joseph Pennell, and an Essay on the Life and
Writings of Quevedo by Henry Edward Watts.   London:
Printed by Unwin.   Brothers at the Gresham Press for
T. Fisher Unwin and Published by Him at 11 Paternos-
ter Building, 1892.   xlii + 239pp.   4⁰.
El texto de esta traducción inglesa proviene de la
edición de 1798.   V. no. 1803.
Lond on.   British Museum.

1808. DUFF, CHARLES, ed.   Quevedo.   The Choice Humorous and
Satirical Works.   Translated into English by Sir Roger
L'Estrange, John Stevens and Others.   Revised and
Edited, with an Introduction, Notes, and a Version of
The Life of the Great Rascal - Vida del Buscón - by
... London: G. Routledge & Sons Ltd. New York: E.
P. Duttcn & Co. , 1926.   xlvii + 407pp.   8⁰.   (Broad-
way Translations).
Versión del Buscón hecha por C. Duff a base del
texto de Foulché-Delbosc, publicada en 1917.
London.   British Museum.

1809. PABLO de Segovia, the Spanish Sharper.   By Francisco de
Quevedo-Villegas.   Translated from the Spanish.   With
an Introduction by Henry Edward Watts.   London: T.
Fisher Unwin, Ltd.   Bouverie House.   Fleet Street,
1927.   vii + 272pp.   8⁰.

1810. VILLAMIQUEL Y HARDIN, F. , TRAD.   The Life and Adven-

189

tures of Don Pablos the Sharper, an Example for Vaga-
bonds and a Mirror for Scamps, by Don Francisco de
Quevedo y Villegas. Translated by ... Leicester: The
Minerva Co., 1928. 222pp. 8º. (The Anglo-Spanish
Library).

1811. HARTER, HUGH A., TRAD. Quevedo. The Scavanger.
Translated into English and with an Introduction by...
New York: Las Americas Publishing Co., 1962. 3
hojas + 146pp.
V. también no. 812.

5. Alemanas

1812. DER abenteuerliche Buscon, eine kurzweilige Geschichte mit
angehängten Schreiben des Ritters der Sparsamkeit.
Franckfurt, 1671. 12º.
Ed. cit. por Gräsze, Lehrbuch einerallg.
Literärgeschichte...

1813. L'AVENTURIER Buscon... Franckfurt: Chez Herman von
Sand, 1671. 12º.
Texto en alemán y en francés. (Gräsze).
V. no. 1758.

1814. BERTUCH, FRED JUST., TRAD. Geschichte des Gran Tacaño oder Leben und Thaten des Erzschelms gennant
don Paul, von Francisco de Quevedo Villegas, (en
Magazin der spanischen un portug. Literatur, II,
Dessau, 1781, pp. 1-246.).

1815. DER abenteuerliche Buscon... Franckfurt, 1781. 12º.
Igual a la ed. 1671.

1816. _____ Amsterdam, 1789. 12º.

1817. GESCHICHTE eines Kraftgentes... Hamburg: Campe, 1789.
8º. Trad. anónima. (Gräsze).

1818. DER abenteuerliche Buscon... Gotha, 1810. 12º. Ed. cit.
por Palau y Dulcet, op. cit., no. 244017.

1819. KEIL, J. G., TRAD. Leben des Erzschelms gennat don
Paul, von Francisco de Quevedo Villegas. Urschrift
und übersetzt von ... Leipzig: Melzar, 1812. 12º.
(Sammlung Spanischer Original-Romane, Bd. II.).

1820. _____ Geschichte und Leben des Erzschelms, gennant
Don Paul, von D. Francisco de Quevedo Villegas. Aus
dem spanischen übersetzt durch ... Mit einer Einleitung ... Leipzig: F. A. Brockhaus, 1826. xx + 181pp.
(Bibliothek Classischer Romane und Novellen des Aus-

landes, X.). Reimp.: Leipzig, 1828.
Paris. Bibliothèque Nationale.

1821. GRAN Tacaño oder Leben und Theten eines Erzschelms
komischer Roman frei nach dem spanischen des Quevedo. Von Amalie Schope geb. Veise. Leipzig:
Taubert, 1826. 8⁰.

1822. KEIL, J. G., TRAD. Der abenteuerliche Buscon. Aus dem
spanischen von ... Leipzig, 1826.
Reimpresión de la ed. de 1822.

1823. _____ Gotha, 1840.

1824. KEIL, J. G., TRAD. Leben des Erzschelms gennant don
Paul, von Francisco de Quevedo Villegas. Leipzig,
1842. (Bibliothek der Verzügl. Belletristiker des
Auslendes, I.).

1825. BIESANDAHL, KARL, ed. Geschichte und Leben des gros-
sen Spitzbuben Paul von Segovia, von Don Francisco
Gómez de Quevedo. Nach der Ubersetzung von Johan
Georg Keil, hrsg - und eingeleitet von ... Berlin und
Leipzig: J. Hegner, 1904. 239pp.

1826. SENGER, K. TH., TRAD. Geschichte der Spitzbuben Don
Pablos... ubersetz von... München, 1913. xxxii +
210pp. 8⁰. Grabados.

1827. ARTMANN, H. C., TRAD. Der abenteuerliche Buscón oder:
Leben und Taten des weitbeschrieenen Glücksritters
Don Pablos aus Segovia. Eine kurzweilige Geschichte
in spanischer Sprache erstlich beschrieben durch Don
Francisco de Quevedo y Villegas, hier aber ins Hoch-
deutsche übersetzt von einem Liebhaber. Übersetzer...
Frankfurt / Main, 1963.
V. también nos. 710, 711.

6. Portuguesas

1828. HISTORIA jocosa do gran Tacanho. Paris: Pommert et
Moreau, 1849. 2 vols. en 1.

7. Árabes

1829. ABID, MUSA, TRAD. [Historia de la vida del Buscón,
llamado don Pablos] Tetuán: Imp. Majzén, 1917.
(Biblioteca de Traducciones Hispanoárabiga).
Reimp.: Tetuán: Imp. del Majzén, 1950.

191

8. Checas, rusas, servio-croatas y ucranianas

1830. ŽIVOT Roštaka. Přel. a doslovem i poznámkami opatřil
Eduard Hodoušek. Praha, 1957.

1831. ISTORIJA zisni projdokhi po imeni Don Pablos ... Moskva:
Goslitzdat, 1950. 172pp.

1832. TABAK, JOSIP, TRAD. Zivotopis Lupeza. Zagreb: Novo
Pokolenje, 1951. 191pp.

1833. DERZAVIN, K. N., TRAD. Istorija zizni projdohi po imeni
Don Pablos, primer brodjag i zercalo mosennikov.
Kiev: Goslitizdat Ukrainy, 1956. 176pp.

C) Estuidos y Contribuciones

1834. FERNÁNDEZ - GUERRA Y ORBE, A. Obras de Don Francisco de Quevedo y Villegas. I. Madrid: Rivadeneyra,
1852. 551pp. (Biblioteca de Autores Españoles, 23.).
V. pp. xxi-xxii y 485-528.

1835. MÉRIMÉE, ERNEST. Essai sur la vie et les oeuvres de
Quevedo. Paris: Picard, 1886. 466pp.
V. pp. 150-72.

1836. "NOTES Bibliographiques," BHi, XI (1900), p. 332. Artículo
sobre El Buscón.

1837. BONILLA Y SAN MARTÍN, A. "Sobre las construcciones
del relativo 'quien' en la Historia de la vida del Buscón,"
ALE (1900-1904), pp. 180-86.

1838. NOGALES, JOSÉ. "Don Quijote y El Buscón: El Ateneo de
Madrid en el III centenario de la publicación de El in-
genioso hidalgo don Quijote de la Mancha. Madrid:
Conferencia de señores, 1905.

1839. ROSE, ROBERTO SELDEN. Quevedo and El Buscón. Diss.
Berkeley, Cal., 1915. 309pp.
Tesis doctoral inédita de la Univ. of California.

1840. REYES, ALFONSO, ed. Páginas escogidas. Madrid:
Calleja, 1916. 402pp.
V. pp. 111-40.

1841. FOULCHÉ-DELBOSC, R. "Notes sur le Buscón," RHi,
XLI (1917), pp. 265-91.
Tir. aparte 31pp.

1842. ALONSO CORTÉS, N. "Sobre el Buscón," RHi, XLIII (1918),
pp. 26-37.

192

1843. FITZMAURICE-KELLY, J. "La vida del Buscón," RHi, XLIII (1918), pp. 1-9.

1844. GARCÍA CALDERÓN, V. "Del Buscón," RHi, XLIII (1918), pp. 38-42.

1845. MILLÉ Y GIMÉNEZ, J. Quevedo y Avellaneda. Algo sobre el "Buscón" y el falso "Quijote." Buenos Aires, 1918. New York. Hispanic Society.

1846. _____ "Juan de Leganés. Una rectificación al texto de la Vida del Buscón," RAH (1918), pp. 150-57.

1847. PERÉS, R. D. "Divagaciones de un moderno acerca de un clásico," RHi, XLIII (1918), pp. 10-25.

1848. PESEUX RICHARD H. "Une traduction italienne du Buscón," RHi, XLIII (1918), pp. 59-78.

1849. _____ "A propos du Buscón _____ Edad de março," RHi, XLIII (1918), pp. 43-58 y 565-66.

1850. ALONSO CORTÉS, N. "Sobre el Buscón," Jornadas (1920), pp. 107-20.

1851. RETANA, W. E. "Tercera Parte de la Vida del Gran Tacaño, del P. Vicente Alemany," RHi, LIV (1922), 417-41.

1852. JUDERÍAS, JULIÁN. Don Francisco de Quevedo y Villegas. Madrid: Ratés, 1923. 269pp.
V. pp. 175-77.

1853. PFANDL, LUDWIG. "Sobre La vida del Buscón, por Francisco de Quevedo Villegas, ed. de R. Foulché-Delbosc, New York: S. P. Putman's Sons, 1917," LGRPh (1923), nos. 9-12, col. 287-89.

1854. ARTIGAS, MIGUEL. "El Buscón, de Quevedo," BBMP, VIII (1926), pp. 89-90.
V. Catálogo de los manuscritos de la Biblioteca, sign. 101.

1855. CASTRO, AMÉRICO. "En el tercer centenario del Buscón," La Nación (15 de agosto de 1926), p. 11.

1856. ASTRANA MARÍN, L. "Consideraciones finales sobre el Buscón," Imparcial (22 de mayo de 1927).

1857. SPITZER, L. "Zur Kunst Quevedos in seinem Buscón," ARom, XI (1927), pp. 511-80. También en Romanische Stil und Literaturstudien. II. Marburg, 1931, pp. 48-125. Trad. italiana por G. M. Bertini en su Cinque

saggi d'ispanistica.   Torino: Giappichelli, 1952, pp.
129-220.

1858.   HERRERO GARCÍA, M.   "Imitación de Quevedo. "
V.   no.   1517.

1859.   BOUVIER, RENÉ.   Quevedo, homme du Diable, homme de
Dieu.   Paris: Champion, 1929.   369pp.
V.   pp.   45-51.
Trad.   de R.   Bula Piriz.   Quevedo, hombre del
Diablo, hombre de Dios.   2ª. ed.   Buenos Aires:
Losada, 1951.   198pp.

1860.   LIDA, RAIMUNDO.   "Estilística.   Un estudio sobre Quevedo, " Sur (1931), no.   4, pp.   163-72.

1861.   PENZOL, P.   "Comentario al estilo de Quevedo, " BSS,
VIII (1931), p.   76.

1862.   _____ "El estilo de Quevedo, " EIU, II (1931), p.   70.

1863.   THOMAS, H.   "The English Translation of Quevedo's La
vida del Buscón, " RHi, LXXXI (1933), pp.   282-99.

1864.   VOSSLER, KARL.   "Los motivos satíricos en la literatura
del Siglo de Oro, " CyR, VII (1933), pp.   7-32.
V.   pp.   23-26.

1865.   CASTRO, AMÉRICO.   "Algunas publicaciones sobre Quevedo, " RFE, XXI (1934), pp.   171-78.
Páginas 176-78 se refieren al Buscón.

1866.   ROSENBLAT, ÁNGEL.   "Notas bibliográficas, " RFE, XXI
(1934), p.   288.

1867.   PRAAG, J.   A.   VAN.   "Ensayo de una bibliografía neer-
landesa de las obras de don Francisco de Quevedo, "
HR, VII (1939), pp.   151-66.

1868.   ASTRANA MARÍN, L.   Ideario de don Francisco de Quevedo.
Madrid: Biblioteca Nueva, 1940.   247pp.
V.   pp.   53-61.

1869.   CAMPOAMOR, CLARA.   Vida y obra de Quevedo.   Buenos
Aires: Gay-Saber, 1945.   296pp.
V.   pp.   153-57.

1870.   ASTRANA MARÍN, L.   La vida turbulenta de Quevedo.
Madrid: "El Gran Capitán, " 1945.   622pp.
V.   pp.   200-02.

1871.   BARKER, J.   W.   "Quevedo en la literatura inglesa, " BBMP,
XXI (1945), pp.   429-35.
V.   pp.   430-31.

1872. ENTRAMBASAGUAS, JOAQUÍN DE. "Una alusión al Quijote
en el Buscón de Quevedo," RByD, anejo III (1945), pp.
26-27.

1873. HERRERO GARCÍA, M. "Bibliografía complementaria de
Quevedo," (en Aportación a la bibliografía de Quevedo.
Homenaje del Instituto Nacional del Libro Español.
Madrid: González, 1945. 58pp.).

1874. _____ "La primera edición del Buscón pirateada," RBAM,
XIV (1945), pp. 367-80.
Tir. ap. Madrid, 1945. 20pp. 25, 5cm.

1875. TORRE, GUILLERMO DE. "Aproximaciones de Quevedo,"
Nacional (9 de septiembre 1945).

1876. FUCILLA, JOSEPH G. "A Passage in Quevedo's Buscón,"
Italica, XXIII (1946), pp. 102-03.

1877. GONZÁLEZ DE AMEZÚA Y MAYO, A. Las almas de Quevedo. Discurso leído en la junta pública que celebró
la Real Academia Española el día 17 de febrero de
1946 para conmemorar el III centenario de la muerte
de don Francisco de Quevedo y Villegas. Madrid:
Aguirre, 1946. 52pp.

1877a. PETIT CARO, C. "Sevilla en la obra de Quevedo, "ArH,
(1946), 2.ª época, no. 18, 19 y 20, 47pp. Monografía.

1878. VILA SELMA, J. "Humanismo en le Buscón. Notas para
su estudio," Mediterráneo (1946), nos. 13-15, pp. 161-
71.

1879. GILI GAYA, S. "El Buscón en la técnica novelística,"
Ínsula, XIX (15 de julio de 1947), pp. 1-2.

1880. PAPELL, ANTONIO. Quevedo, su tiempo, su vida su obra.
Barcelona: Barna, 1947. 576pp.
V. pp. 464-71.

1881. PARKER, A. A. "The Psychology of the pícaro in El Buscón," MLR, XLII (1947), pp. 58-69.

1882. CARILLA, EMILIO. "El Buscón y la picaresca," (en su
Quevedo. Tucumán: Intituto de Lengua y Literatura
Españolas, 1949, 236pp.).
V. pp. 99-109.

1883. D'OCÓN, ERNESTO VERES. "Notas sobre la enumeración
descriptiva en Quevedo," Saitabi, VII (1949), pp. 7-30.

1884. DUNN, PETER N. "El individuo y la sociedad en La vida
del Buscón," BHi, LII (1950), pp. 375-96.

1885. MAY, T. E. "Good and Evil in the Buscón: A Survey,"
MLR, XLV (1950), pp. 319-35.

1886. HESPELT, E. H. "Quevedo's Buscón as a Chapbook," BSA,
XLIV (1951), pp. 66-69.

1887. DURÁN, MANUEL. "Los contrastes en el estilo de Quevedo," Ínsula, CII (1 de junio de 1953), pp. 1; 4a, b.

1888. RODRÍGUEZ-MOÑINO, A. "Los manuscritos del Buscón de
Quevedo," NRFH, VII (1953), pp. 657-65.

1889. WILSON, EDWARD M. Y JOSÉ Manuel Blecua, ed. "Los
aforismos de las Lágrimas y La vida del Buscón," (en
su Lágrimas de Hieremías castellanas. Madrid:
C. S. I. C., 1953. 177pp. (RFE, Anejo 55.).
V. pp. cxxviii-cxxxvi.

1890. DURÁN, MANUEL. "El sentido del tiempo en Quevedo,"
CA, LXXIII (1954), pp. 273-88.

1891. ALARCOS GARCÍA, E. "Quevedo y la parodia idiomática,"
Archivum, V (155), pp. 3-38.
También en Homenaje Al Profesor E. Alarcos
García. I. Valladolid: Univ. de Valladolid, Fac.
de Fil. y Letras, 1965, pp. 443-72.

1892. ENTRAMBASAGUAS, JOAQUÍN DE. "Semántica de una er-
rata del Buscón," RFE, XXXIX (1955), pp. 220-31.

1893. MAY, T. E. "El sueño de Don Pablos: Don Pablos, Don
Quijote y Segismundo," Atlante, III (1955), pp. 192-
204.

1894. EOFF, SHERMAN. "Tragedy of the Unwanted Person in
Three Versions: Pablos de Segovia, Pito Pérez, Pas-
cual Duarte," Hispania, XXXIX (1956), no. 2, pp. 190-
92.

1895. ENTRAMBASAGUAS, JOAQUÍN DE. "Una alusión al Quijote
en el Buscón de Quevedo," (en Miscelánea erudita.
Serie 1ª. Madrid: C.S.I.C., 1957, pp. 27-28.).

1896. MAS, A. La caricature de la femme, du mariage et de
l'amour dans l'oeuvre de Quevedo. Paris: Edics.
Hispano-Americanas, 1957. 415pp.

1897. PÉREZ MINIK, D. "Quevedo escribe una novela picaresca,"
(en su Novelistas españoles de los siglos XIX y XX.
Madrid, 1957, pp. 57-65.).

1898. REYES, ALFONSO. "Estudios en torno al Buscón," (en su
Obras completas. VII. México: Fondo de Cultura

Económica, 1958. 529pp.).
V. pp. 400-04.

1899. PÉREZ NAVARRO, F. "El diablo en Occidente. En torno
a la Celestina, a la Cañizares y a la madre del Buscón,
don Pablos, " IAL, a. XIII (1959), no. 126, p. 19d.

1900. RODRÍGUEZ MOÑINO, A. Relieve de erudición. (Del
"Amadis" a Goya: Estudios literarios y bibliográficos.)
Valencia: Castalia, 1959. 340pp.
V. pp. 205-18.

1901. SERRANO PONCELA, S. "El Buscón ¿ parodia de la picaresca?, " Ínsula, XIII (1959), no. 154, pp. 1-10.
También en Del Romancero a Machado. Caracas,
1962, pp. 87-101.

1902. AYALA, FRANCISCO. Observaciones sobre el Buscón, " (en
su Experiencia e invención. Madrid: Taurus, 1960,
261pp. V. , en especial, pp. 159-70, 189-93.).
También en La Nación (19 de junio de 1960).

1903. IVENTOSCH, H. "Onomastic Invention in the Buscón, " HR,
XXIX (1961), pp. 15-32.

1904. LÁZARO CARRETER, F. "Originalidad del Buscón, " (en
Studia Philologica, Homenaje ofrecido a Dámaso Alonso
... II. Madrid: Gredos, 1961, pp. 319-38.).

1905. ESPINA, ANTONIO. Quevedo. Estudio y antología por...
Madrid: Cía Bibl. Esp. , 1962. 186pp.

1906. GÓMEZ DE LA SERNA, R. Quevedo. 2ª. ed. Madrid:
Espasa-Calpe, 1962. 234pp.
V. pp. 43-48.

1907. HARTER, HUGH A. "Language and Mask: The Problem of
Reality in Quevedo's Buscón, " KFLQ, IX (1962), pp.
205-09.

1908. SCHALK, FRITZ. "Über Quevedo und El Buscón, " RF,
LXXIV (1962), nos. 1-2, pp. 11-30.

1909. NALLIM, CARLOS O. "Sobre Quevedo y el Buscón, " LS,
XXII (1964), pp. 3-8.

1910. RANDALL, DALE B. J. "The Classical Ending of Quevedo's
Buscón, " HR, XXXII (1964), no. 2, pp. 101-08.

1911. BRÖNDSTED, HOLGER. Magt og moral. En studie i den
spanske barok. Köbenhaven, Gyldendal, 1964. 231pp.
Sobre Quevedo, Saavedra Fajardo, Gracián.

1912.   ALARCOS GARCÍA, E.   "El dinero en las obras de Quevedo,"
        (en Homenaje a Emilio Alarcos García I. Valladolid,
        1965, pp. 375-42.).

1913.   BAADER, HORST.   "Nonnenbuhler und 'Täuferinnen. " Über
        die Bedeutung einer Textstelle in Quevedos Buscón, "
        RF, LXXVII (1965), pp. 368-74.

1914.   MORRIS, CYRIL B.   The Unity and Structure of Quevedo's
        "Buscón": "desgracias encadenadas. " Yorkshire:
        The University of Hull Publications, 1965.   31pp.
        Res. BHS, XLIV (1967), pp. 233-34.

1915.   COLÓN, GERMÁN.   "Una nota al Buscón de Quevedo, "
        ZRPh, LXXXII (1966), pp. 451-57.

1916.   AYALA, FRANCISCO.   "Quevedo: Notas para su semblanza,"
        CdI (1967), no. 7, pp. 5-32.

1917.   BAGBY, ALBERT I. JR.   "The Conventional Golden Age
        pícaro and Quevedo's Criminal pícaro, " KRLQ, XIV
        (1967), no. 4, pp. 311-20.

1918.   BELLINI, GIUSEPPE.   Francisco de Quevedo.   Studio e an-
        tologia.   Milano: La Goliardica, 1968.   191pp.   24cm.

1919.   LEVISI, MARGARITA.   "Las figuras compuestas en Arcim-
        boldo y Quevedo, " CL, XX (1968), no. 3, pp. 217-35.

1920.   NAUMANN, WALTER.   "'Staub, entbrannt in Liebe': Das
        Thema von Tod und Liebe bei Properz, Quevedo und
        Goethe, " Arcadia, III (1968), pp. 157-72.

1921.   SIEBER, HARRY.   "Apostrophes in the Buscón: An Approach
        to Quevedo's Narrative Technique, " MLN, LXXXIII
        (1968), pp. 178-211.

1922.   _____   The Narrative Art of Quevedo in "El Buscón. "
        Diss. Durham, N. C. , 1968.
        Tesis doctoral inédita de la Duke University.

1923.   MAY, T. E.   "A Narrative Conceit in La vida del Buscón, "
        MLR, LXIV (1969), no. 2, pp. 327-333.

1924.   PARKER, A. A.   "La Buscona piramidal: Aspects of Que-
        vedo's conceptismo, " IRom, I (1969), no. 3, pp. 228-
        34.

1925.   ROSE, CONSTANCE HUBARD.   "Pablos Damnosa Heritas, "
        RF, LXXXII (1970), pp. 94-101.

1925a. STOLL, ANDREAS.   Scaron als Übersetzer Quevedos.   Stu-
        dien zur Rezeption des pikaresken Romans "El Buscón"

in Frankreich. Frankfurt am Main, 1970. 496pp. 8º.
Tesis doctoral de la Universidad de Colonia, 1968.

1926. FROHOCK, W. M. "The Buscón and the Current Criticism,"
(en Homenaje a William L. Fichter. Estudios sobre
el teatro antiguo hispánico y otros ensayos. Editado
por A. David Kossoff y José Amor y Vázquez. Madrid:
Castalia, 1971.).

1927. GOLBY, K. J. The Theme of Justice in Quevedo. Diss.
Toronto, 1971.
Tesis doctoral inédita de la Univ. de Toronto.

1928. LERNER, LÍA S. Satirical Style of Quevedo. Diss. Urbana, Ill., 1971.
Tesis doctoral inédita de la Univ. de Illinois.

1929. PRICE, R. M. "On Religious Parody in the Buscón,"
MLN, LXXXVI (1971), pp. 273-79.
V. también no. 328.

1929a. AGÜERA, VICTORIO G. "Notas sobre las burlas de Alcalá
de La vida del Buscón llamado Pablos," RN, XIII (1972),
no. 3, pp. 505-506

1929b. LIDA, RAIMUNDO. "Sobre el arte verbal del Buscón,"
Ph. Q, LI, (1972), no. 1, pp. 255-69.

XIX. LA NIÑA DE LOS EMBUSTES,
TERESA DE MANZANARES (1632),
AVENTURAS DEL BACHILLER TRAPAZA (1637),
LA GARDUÑA DE SEVILLA (1637)

Por Alonso de Castillo Solórzano

A) Ediciones

1. La niña de los embustes, Teresa de Manzanares

1930. LA NIÑA DE / LOS EMBVSTES / TERESA DE MAN- /
ÇANARES, NATVRAL / de MADRID. / POR DON
ALONSO DE / Castillo Solorzano. / A Ioan Alonso Mar-
tinez de Vera, cauallero de / la Orden de Santiago,
Tesorero, y Teniente de / Bayle de la ciudad de Ali-
cante. / Año 1632. / EN BARCELONA. / POR GER-
ONYMO MARGARIT. / A costa de Juan Sapero Li-
brero. / 4ff. + 218ff. + 3ff. 15, 5cm.
Apr. de Fr. Thoás Roca.
Apr. de Fr. Francisco Viader.
Dedicatoria a Iuan Alfonso Martínez de Vera, Caual-
lero de Santiago, etc.
Prólogo al lector.
Madrid. Biblioteca Nacional.
Paris. Bibliothèque de l'Arsenal.
Santander. Biblioteca Menéndez Pelayo.

1931. LA niña de los embustes: Teresa de Manzanares. Novela.
Con introducción y notas de Emilio Cotarelo y Mori.
Madrid: Librería de la Viuda de Rico, 1906. xcv +
340pp. 8º. (Colección Selecta de Antiguas Novelas
Españolas, III.).
London. British Museum.
Madrid. Biblioteca Nacional.

1932. _____ Madrid: Aguilar, 1929. 282pp. (Colección de
Autores Regocijados, 4.).

1933. _____ New York: Instituto de las Españas, 1936. 283pp.

1934. _____ Madrid: Aguilar, 1964. 583pp. (Colección
Crisol, 21.).

1935. AVENTURAS / DEL BACHILLER / TRAPAZA, QVINTA ES-
SENCIA / de Embusteros y Maestro de / Embelecador-
es. / Al illustrissimo señor Don IVAN / Sanz de Latràs, Conde de Altares, Señor de las / Baronias y
Castillos de Latràs, y Samerregay / y de los Lugares
de Ançanego Sieso, / Arto, Belarra, y Escalete, y /
Cauallero de la Orden / de Santiago. POR DON ALON-
SO DE CASTILLO / SOLORZANO, / CON LICENCIA /
En Çaragoça: Por Pedro Verges, Año 1637. / A
costa de Pedro Alfay mercader de libros. / 4ff. +
157ff. 8º.
       Apr. del Santo Oficio del 22 de julio de 1635.
       Apr. Real del 18 y 26 de octubre de 1635.
       Dedicatoria ["Obras de este genio se han ofrecido a
grandes Príncipes y Señores, y no las han desestimado
por esso, antes admitídolas, y honrándo donayre, su
fondo es dar aduertimientos, y doctrina para reformar
vicios, los, que si por la corteza manifiestan como lo
vsaron los antiguos, escriviendo Fábulas. "]
    London. British Museum.
    New York. Hispanic Society.
    Madrid. Biblioteca Nacional.

1936.   2ª. impresión. Madrid: Pedro Joseph Alonso y
Padilla, 1733. 7ff. + 314pp. + 3ff. 8º.
    Boston. Public Library.
    Madrid. Biblioteca Nacional.
    Montpellier. Municipale.

1937.   Madrid: Imp. A Yenes. Librería de Pérez,
1844. 8º.
    Ed. adicionada por el Licenciado Lanceta.
    Cit. por Palau y Dulcet, op. cit., no. 48. 401.

1938.   Madrid: El Tiempo, 1880. 8º.
    Ídem.

1939. AVENTURAS del bachiller Trapaza... Pozuelo de Alarcón.
Madrid: Edit. La Enciclopedia Moderna. Sucesores
de Minuesa de los Ríos, 1905. 267pp. 8º. (Biblioteca Picaresca, 1.).
    London. British Museum.
    Madrid. Biblioteca Nacional.

1940. AVENTURAS del Bachiller Trapaza. Madrid: Edics. At-
lás, 1944. 130pp. 8º. (Colección Cisneros, 78.).

1941.   Edición, prólogo y notas de Agustín del Campo.
Madrid: Edics. Castilla, 1949. 411pp. 16º. (Biblioteca Clásica Castilla).

1942. **EL** Bachiller Trapaza y **La** Garduña de Sevilla. Madrid: Alonso, 1966. 413pp. (Biblioteca de Obras Famosas).

1943. **LAS** aventuras del bachiller Trapaza. Madrid: Edit. Libra. 1970. 201pp.

3. La Garduña de Sevilla

1944. **LA** Gardvña de Sevilla, y anzvelo de las bolsas. Madrid: Imp. del Reino. A costa de Domingo Sanz de Herrán, 1642. 7ff. + 192pp. 8°.
_____Apr. 29 de marzo y 13 de mayo de 1642.
_____Tassa 23 de julio de 1642.
Madrid. Biblioteca Nacional.
Paris. Bibliothèque Nationale.

1945. _____ Barcelona: En la Imprenta administrada por Sebastián de Cormellas Mercader. Y a su costa, 1644. 192ff. 8°.
_____Apr. del 24 de julio de 1644.
_____Licencia del 24 de julio de 1644.
_____Permiso en latín del 5 de agosto de 1644.
New York. Hispanic Society.
London. British Museum.

1946. _____ Madrid: Pedro Joseph Alonso y Padilla, 1733. 11ff. + 192pp. 8°.
Madrid. Biblioteca Nacional.
Boston. Public Library.

1947. _____ Madrid: Viuda de Jordán e Hijos, 1844. 3 + 279pp. + 2ff. 1 lám. 8°.
_____Con 120 dibujos de A. Bravo, grabados en madera por C. Ortega.
Boston. Public Library.
London. British Museum.

1948. _____ Madrid: Mellado, 1846. 307pp. con grabados + 1 láms. 8°.
Madrid. Biblioteca Nacional.

1949. **LA** Garduña de Sevilla, y anzuelo de las bolsas. Dos novelas ... (en Tesoro de novelistas españoles antiguos y modernos... por Eugenio de Ochoa. Tomo II. Paris: Baudry, 1847, pp. 1-128 y pp. 1-37.). (Colección de los Mejores Autores Españoles, XXXVII.).

1950. _____ (En Obras en prosa festivas y satíricas de los más eminentes ingenios españoles. Tomo II. Barcelona: La Maravilla, 1862, 125pp.).

1951. _____ Barcelona: La Maravilla, 1862. 132pp. + 2

láms.   27cm.

1952. _____ Madrid: El Tiempo, 1879.   286pp.   17cm.

1953. _____ Madrid: Viuda de Jordán, 1884.   4⁰.   Con los
dibujos de A. Bravo.   V. no. 1947.

1954. _____ Barcelona: Cortezo y Cía, 1887.   244pp.   20cm.
(Biblioteca Clásica Española).

1955. _____ Ed. de Louis Michaud.   Paris: Pierre Landais
[s. a.], 272pp. + 1 lám. 19cm.   (Biblioteca Económica
de Clásicos Castellanos).

1956. LA Garduña de Sevilla [s. l. - s. i], 1916.   132pp.   8⁰.

1957. _____ Prólogo y notas de Federico Ruiz Morcuende.
Madrid: La Lectura, 1922.   312pp.   8⁰.   (Clásicos
Castellanos, 42.).
_____Reimp.:   Madrid, 1942 y 1957.

1958. _____ Buenos Aires: Espasa-Calpe, 1955.   211pp.   17cm.
(Colección Austral, 1249.).

1959. _____ La Habana: Congreso Nacional de Cultura, 1964.
274pp.   (Biblioteca Básica de Literatura Española).

1960. PÉREZ DEL HOYO, J. ed.   Madrid: Edit. Pueyo, 1970.
195pp.   (Colección 100 Clásicos Universales, 38.).

B) Traducciones de "La Garduña de Sevilla"

1. Holandesas

1961. BAY, G. DE, TRAD.   't Leeven en bedrijff van den Door-
sleepen Bedrieger meester van bedrogh en fieltery ...
Uyt het Spaans vertaalt door G. D. B. Amsterdam: A.
de Wees, 1657.   304pp.   12⁰.
London.   British Museum.

1962. _____ Amsterdam... Baltus Boekholt... 1670.   2 partes.
8⁰.
Igual a la anterior.   Edición rarísima.   Colección
de J. Terlingen, Holanda.

1963. HET Leven van Rufine, of het weseltje van Sivilien ... in
het Spaans beschreven door Alonso de Castillo Soar-
cano (sic).   Amsterdam: Gerrit Bos, Boekverkoper,
1725.   400pp.   8⁰.
London.   British Museum.

2. Francesas

1964. LA FOVYNE de Seville, ov l'hameçon des bovrses. Paris: Louys Bilaine, M. DC. LXI (1661), 7ff. + 592pp. + 1f. Trad. atribuida a François Le Métel de Boisrobert y a su hermano Antoine.
New York. Hispanic Society.
London. British Museum.
Paris. Bibliothèque Nationale.

1965. _____ Paris: A. Courbê, 1661. iv + 594pp. 8º.
Paris. Bibliothèque Nationale.

1966. HISTOIRE et aventures de Dona Rufine, fameuse courtisane de Seville. Amsterdam: H. de Sauzet, 1723. 2 vols. 12º. 8 grabados y 7 láms.
Madrid; Biblioteca Nacional.

1967. _____ Amsterdam: Aux depens de la Compagnie, 1731. 2 vols. 12º.
Paris. Bibliothèque Nationale.

1968. HISTOIRE et avantures de Dona Rufine, Fameuse Courtisane de Seville. Traduite de l'Espagnol. Paris: Brunet, Fils. 1731. 2 vols. 12º.
Madrid. Biblioteca Nacional.

1969. _____ La Haya: A. van Dole, 1734. 2 vols. 12º.
London. British Museum.
Washington. Library of Congress.

1970. _____ Amsterdam: Henry du Sauzet, 1773. 2 vols. 15cm.

1971. LES Divertissemens de Cassandre et de Diane ou les Nouvelles de Castillo et de Taleyro. Traduit par Vanel. Paris: J. Jombert, 1785. 3 partes en un vol. 12o.
London. British Museum.

3. Inglesas

1972. LA Picara; or, the Triumphs of female subtility, display'd in the artifices and impostures of a beautiful woman ... originally a Spanish relation enriched with three pleasant novels. Render'd into English with some alterations and additions, by J. Davies of Kidwelly. London: John Starkey, 1665. 304pp. 8º.
London. British Museum.

1973. THE Perfidious Mistress. - The Metamorphos'd Lover. - The Impostour out-witted. - The Amorous Miser. - The Pretended Alchymist. [Stories from "La Garduña

204

de Sevilla" translated by Sir Roger L'Estrange.], (en
The Spanish Decameron... London: Printed for Simon
Neale, 1687. 587pp. 8⁰.).
    Reimp.: London: Printed by G. Croom, for W.
Hawes, et. [c. 1700] 319pp. 3ª. ed. London: Printed
by E. P. for Geo. Harris, 1712. 8⁰. 4ª. ed. London:
Jonah Bowyer, 1720. 380pp. 12⁰.
London. British Museum.

1974. THE Life of Donna Rosina. A Novel... Originally a Spanish
Relation... Done into English by... E. W. [i. e. Ed-
ward Waldron, seud. de John Davis of Kidwelly.].
London: B. Harris [¿1700?]. 157pp. 12⁰.
London. British Museum.

1975. THREE Ingenious Spanish Novels: Namely, I. The Loving
Revenge: Or, with in a Woman. II. The Lucky Escape:
Or, The Jilt Detected. III. The Witty Extravagant: Or,
The Fortunate Lover. ... Translated with Advantage.
By a Person of Quality. The Second Edition. London:
Printed for E. Tracy, 1712. 2ff. + 162pp. 12⁰.
Trad. by John Davies of Kidwelly.
London. British Museum.

1976. THE Spanish Pole - Cat; or, the Adventures of Seniora Ru-
fina; in four books ... Begun to be translated by Sir
R. L'Estrange; and finish'd by Mr. Ozell. London:
Printed for E. Curll & W. Taylor, 1717. 394pp. 12⁰.
Madrid. Biblioteca Nacional.
London. British Museum.

1977. SPANISH Amusements; or the Adventures of... Seniora Rufina
... Second Edition. London: H. Curll, 1727. 394pp.
12⁰.
London. British Museum.

1978. THE Spanish Rogues: being the History of Donna Rosina, a
Notorious Cheat, and Her Accomplices. Translated by
Edward Waldron... Thirteenth edition. Dublin:
Thomas M'Donnel, 1792. 180pp. 12⁰.
London. British Museum.

4. Alemanas

1979. DONNA Rufina. A. d. Span. Wien: J. Alberti, 1791. 2
partes. 8⁰.
    Versión alemana juntamente con Die Harpien von
Madrid.
    Edición citada por Palau y Dulcet, op. cit., no.
48426.

205

5. Italianas

1980. LA faina di Siviglia, (en Lazzarino di Tormes. -- Introduzione e traduzione a cura di Elena Raja. Torino:
U. T. E. T. , 1960. 334pp. 18, 5cm.).

C) Estudios y Contribuciones en Torno
a Las Obras y al Autor

1981. GARCÍA GÓMEZ, E. "Boccaccio y Castillo Solórzano, "
RFE, XV (1928), pp. 376-78.

1982. DUNN, P. N. Castillo Solórzano and the Decline of the
Spanish Novel. Oxford: Basil Blackwell, 1952. xviii
+ 141pp. (Modern Language Studies Series.).

1983. HORNEDO, R. M. "Fernández de Avellaneda y Castillo
Solórzano, " AC, II (1952), pp. 249-67.

1984. TUCKER, JOSEPH E. "Castillo Solórzano's Garduña de
Sevilla in English Translation, " BSA, XLVI (1952),
pp. 154-58.

XX. NOVELAS AMOROSAS Y EJEMPLARES (1635)

Por María de Zayas y Sotomayor[1]

A) Ediciones

1985. NOVELAS amorosas y exemplares. Zaragoza: Hospital de
Nuestra Señora de Gracia, 1637. 12ff. + 380pp.
Madrid. Biblioteca National.

1986. _____ Zaragoza: Hospital de Nuestra Señora de Gracia,
1638. 4ff. + 224ff.
Madrid. Biblioteca Nacional.

1987. _____ Barcelona: Gabriel Nogués, 1646. 2ff. + 250ff.
8º.
Es sólo Primera parte.
New York. Hispanic Society.

1988. PARTE segunda del saroa, y entretenimientos honestos.
Barcelona: Sebastián de Cormellas, 1647. 8ff. +
256ff. 8º.
_____ Reimp. : Barcelona: Sebastián de Cormellas,
1649. 8º.

1989. PRIMERA y segvnda parte de las novelas amorosas, y exemplares de Doña Maria de Zayas y Sotomayor, natural
de Madrid. Corregidas, y emendadas en esta vltima
impresión. Dedicanse al Señor D. Vicente Bañuelos y
Suaço, del Consejo de su Magestad, Alcalde de su Casa,
y Corte, ... Con Licencia en Madrid: Por Melchor
Sánchez. Año de 1659. Acosta (sic) de Mateo de la
Bastida, Mercader de Libros, enfrente de San Felipe.
4º.
New York. Hispanic Society.
London. British Museum.

1990. NOVELAS exemplares y amorosas... Barcelona, 1663.
536pp. 4º.
London. British Museum.

---

1. La primera edición de estas novelas se hizo en Zaragoza en
1635 y se tituló Honesto y entretenido sarao. Al género picaresco corresponde El castigo de la miseria, en el mismo volumen.

1991. PRIMERA y segvnda parte de las novelas amorosas y ejemplares... Madrid: J. Fern de Buendía, 1664. 4ff. + 247ff. 4º.
London. British Museum.

1992. _____ Barcelona: Joseph Teixidó, 1705. 4ff. + 494pp. 4º.

1993. _____ Valencia, 1712. 4º.

1994. _____ Barcelona, 1716. 4º.

1995. _____ Madrid: Ramón Ruiz, 1724. 2ff. + 518pp. 4º.

1996. _____ Madrid, 1729. 4º.

1997. _____ Madrid: Padilla, 1734. 4º.

1998. _____ Madrid: Pablo Campins, 1734. 4º.
New York. Hispanic Society.

1999. _____ Barcelona: María Angela Martí, 1752. 4º.

2000. _____ Barcelona, 1764. 4º.
London. British Museum.

2001. _____ Madrid, 1786. 4º.

2002. _____ Madrid: Don Pedro Marín, 1788. 4º.
New York. Hispanic Society.

2003. _____ Madrid, 1795. 4º.
London. British Museum.

2004. _____ Madrid: Viuda del Barco López, 1814. 523pp. 4º.
London. British Museum.

2005. _____ Paris, 1835. 8º. (Colección de los Mejores Autores Españoles, 35, 37.).
London. British Museum.
Madrid. Biblioteca Nacional.

2006. _____ Paris: Baudry, 1847. 430pp. (Colección de Autores Españoles, 26.).
New York. Hispanic Society.

2007. CUATRO novelas. El castigo de la miseria. - La fuerza del amor. - El juez de su causa. - Tarde llega el desengaño. Madrid, 1849. 8º. (Biblioteca de Autores Españoles, 33.).
Reimp. : Madrid, 1854, t. 33, pp. 551-82.

2008. _____ En Miguel de Cervantes Saavedra: Obras ...
Nueva ed... Paris, 1875. (Colección de los Mejores
Autores Españoles, 2.).

2009. NOVELAS ... La fuerza del amor. - El juez de su causa. -
Tarde llega el desengaño. - El castigo de la miseria. -
No hay desdicha que no acabe. - Por un ingenio de
esta córte. 192pp. 1885, 13, 5cm. (en Biblioteca Universal. Colección de los mejores autores antiguos y
modernos nacionales y extranjeros. Madrid: Edit.
Hernando; Perlado Páez y Cía y otras, 1876 - 1926, t.
104.).
London. British Museum.

2010. PARDO BAZÁN, E., ed. Novelas amorosas y ejemplares
... Madrid, 1892. 347pp. 8°. (Biblioteca de la
Mujer, 3.).

2011. SERRANO Y SANZ, M., ed. Novelas amorosas y ejemplares... Madrid, 1905. 584pp. (Biblioteca de Es-
critoras Españolas, 3.).

2012. AMEZÚA, AGUSTÍN G. DE, ed. Novelas amorosas y ejemplares. Edición y prólogo de ... Madrid: Real Academia Española, 1948. 423pp.

2013. RINCÓN, EDUARDO, ed. Novelas ejemplares y amorosas o
Decameron español. Madrid: Alianza Edit., 1968.
226pp. + 3 hojas. (El Libro de Bolsillo. Sección
"Clásicos, " 109.).
V. también nos. 6, 18.

B) Traducciones

1. Inglesas

2014. THE Miser Chastised, (en Thomas Roscoe. The Spanish
Novelists... [s. l.], 1832, t. 2. 12°.).

2. Francesas

2014a. LES Nouvelles tragiques... A Paris, 1656.

2015. LES Nouvelles tragiques... A Paris, 1661. Contiene La
précaution inutile y Le chestiment de l'avarice. Cit
por Palau y Dulcet, op. cit.

2016. LES Nouvelles de Dona María de Zayas. A Paris: En la
Boutique de G. Quinet, Palais, a l'entrée de la Galerie des Prisonniers, a l'Ange Gabriel. M. DC. LXXX
(1680). 12°.
London. British Museum.

3. Alemanas

2017. DIE lehrreichen Erzählungen und Liebesgeschichten der
Donna M. de Z. und S., (en Sophie Mereau, Ed.
Spanische und italienische Novellen. Herausgegeben
von S.[ophie] B.[rentano]. Penig, 1806. 2 vols. 8⁰.).

C) Estudios y Contribuciones

2018. ÁLVAREZ DE BAENA, J. A. "Dona María de Zayas y
Sotomayor," (en Hijos de Madrid... Madrid: Cano,
1789-91, vol. IV, pp. 48-49.).

2019. PETTERS, R. Paul Scarron's "Jodellet duelliste" und seine
spanischen Quellen... Erlangen-Leipzig: Deichert,
1893. 102pp.

2020. SERRANO Y SANZ, M. Apuntes para una biblioteca de es-
critoras españolas desde el año 1401 al 1833. Madrid,
1903-5. 2 vols.

2021. SYLVANIA, L. E. V. "Doña María de Zayas y Sotomayor:
A Contribution to the Study of her Works," RR, XIII
(1922), pp. 197-213; XIV (1923), pp. 199-232.
Tir. ap. New York: Columbia University Press,
1922. 51pp.

2022. PLACE, E. B. María de Zayas, an Outstanding Woman
Short-story Writer of the Seventeenth Century Spain.
Boulder, Colorado, 1923. 56pp. (University of
Colorado Studies, XIII.).

2022a. _____ "Spanish Sources of the 'Diabolism' of Barbey d'
Aurevilly," RR, XIX (1928), pp. 332-38.

2023. LARA, M. V. DE. "María de Zayas y Sotomayor," BSS,
IX (1932), pp. 31-36.

2024. MORBY, E. S. "The Difunta pleitada Theme in María de
Zayas," HR, XVI (1948), pp. 238-42.

2025. AMEZÚA, AGUSTÍN G. DE. "Prólogo," (en sus Opúscolos
histórico-literarios, II. 1951, p. 1-47.).

2026. PRAAG, J. A. VAN. "Sobre las novelas de María de
Zayas," Clavileño (1952), no. 15, pp. 42-43.

2027. CADOREL, R. Scarron et la nouvelle spagnole dans le
"Roman comique." Aix-en-Provence: La Pensée Uni-
versitaire, 1960. 290pp.

2028. SERRANO PONCELA, S. "Casamiento engañoso (Doña María

de Zayas, Scarron y un proceso de creación literaria), "
BHi, LXIV (1962), pp. 248-59.

2029. SENABRE SEMPERE, R. "La fuente de una novela de Doña
María de Zayas, " RFE, XLVI (1963), pp. 163-72.

2030. ROCA FRANQUESA, J. M. "Aventurarse perdiendo, novela
de doña María de Zayas y Sotomayor, " (en Homenaje
a Emilio Alarcos García. Valladolid, 1965-67, II, pp.
401-10.).

2031. SERRANO PONCELA, S. Literatura y subliteratura. Caracas: Universidad Central de Venezuela, 1966. Incluye
ensayos sobre María de Zayas.

2031a. CABILLON, E. "A propos d'une traduction des Novelas
amorosas y ejemplares de María de Zayas y Sotomayor, " LLN (1968), nos. 183-4, pp. 48-65.
Sobre la traducción parisina de 1656.

2032. VASOLESKI, IMRA V. María de Zayas y Sotomayor: Su
época y su obra. Madrid: Plaza Mayor Edics. , 1971.
V. también no. 1514.

XXI. EL DIABLO COJUELO (1641)

Por Luis Vélez de Guevara

A) Ediciones

2033. EL DIABLO / COIVELO. / NOVELA DE LA / OTRA VIDA. / TRADVZIDA A ESTA / por Luis Velez de Gue- / uara. / A LA SOMBRA DEL / Excelentissimo Señor Don Rodrigo de Sandoual, de Silua, de Mendoça, y de la / Cerda, Principe de Melito, Duque de Pastrana, de Estremera, y Francauila, Marques / de Algecilla, Señor de las Villas de Val- /daracete, y de la casa de Silua / en Portugal, etc. / En Madrid, en la Imprenta del Reyno. 1641. A costa de Alonso Perez Librero del / Rey nuestro señor. / 8ff. + 135ff. 8º. ___ Privilegio del 17 de diciembre de 1640. New York. Hispanic Society.

2034. _____ Madrid: En la Imprenta del Reyno, 1646. 6ff. + 111ff. 8º. New York. Hispanic Society.

2035. _____ Barcelona: En la Emprenta administrada por Sebastián de Cormellas Mercader, 1646. 8º. New York. Hispanic Society.

2036. _____ Barçelona: Antonio Lacavallería, 1680. 6ff. + 114ff. 8º. Cit. por Palau y Dulcet, op. cit.

2037. _____ Barcelona: Antonio Lacavallería, 1680. 3ff. + 144. Ed. distinta de la anterior. New York. Hispanic Society.

2038. EL Diablo coxuelo, verdades soñadas y novelas de la otra Vida, traducidas à esta POR LVIS PEREZ DE GUEVARA. Añadido a esta impression un Cathalogo de Libros entretenidos, ocho Enigmas curiosas, y dos Novelas, Tercera Impres. Madrid: D. Pedro Joseph Alonso y Padilla, 1733. 11ff. + 133ff. 8º. New York. Hispanic Society.

2039. EL diablo cojuelo. Novela de la otra vida. Traducida al español por Luis Vélez de Guevara... Barcelona: Im-

prenta de C. Gibert y Tutó, 1779. 128pp. 8°.
New York. Hispanic Society.

2040. _____ Madrid: Imprenta del Consejo de Indias, 1785.
6ff. + 257pp. 8°.
New York. Hispanic Society.

2041. _____ Madrid: Ramón Ruiz, 1798. 5ff. + 257pp. 8°.

2042. EL observador nocturno o el Diablo cojuelo. Madrid: Repullés, 1806. 2 vols. 8°.

2043. EL diablo cojuelo. Madrid: Cano, 1812. 176pp. 16°.

2044. _____ Bordeaux: Pedro Beaume, 1817. 16°.

2045. _____ Paris: T. Barrois, Hijo, 1822. 2 vols. 12°.

2046. _____ Perpiñán: Alzine, 1824. 2 vols. 12°.

2047. _____ Nueva edición corregida. Paris: Gualtier -
Languionie, 1828. xxiv + 156pp. 32°.

2048. _____ Reus: Sánchez, 1830. 2 vols. 16°.

2049. _____ Paris, 1832. 2 vols. 16°.

2050. _____ Madrid: Sojo y Vila, 1840. 8°. Con 100 ilustraciones.

2051. _____ Madrid: Alegría y Charlain, 1842. 8°. 2 láms.
y 120 grabs.

2052. _____ Boix, 1842. 4°. Con 175 grabs.

2053. _____ Nueva versión castellana. Edición de lujo con
125 grabados en madera por una sociedad de artistas.
Segunda edición. Madrid: Mellado, 1844. 312pp. +
1 hoja. 8°.
New York. Hispanic Society.

2054. _____ Tercera edición. Madrid: Mellado. 1852. 8°.

2055. _____ Madrid: Murcia y Martín, 1862. 319pp. 2
láms. 8°.

2056. EL diablo cojuelo. Novela de costumbres (siglo XVII).
Original de Luis Vélez de Guevara. Madrid: Gregor-
io Juste, 1877.
New York. Hispanic Society.

2057. EL diablo cojuelo por Luis Vélez de Guevara. Reproducción de la edición príncipe de Madrid, 1641, por

213

Adolfo Bonilla y San Martín. Vigo: Librería de E.
Krapt. 1902. xxxviii + 273pp. + 1 hoja. 23cm.
New York. Hispanic Society.

2058. PÉREZ Y GONZÁLEZ, F., ed. El diablo cojuelo. Notas
y comentarios por ... Madrid: Sucesores de Rivadeneyra, 1903. 218pp. 8°.
Tir. de 250 ejemplares.

2059. EL diablo cojuelo, y Alivio de caminantes por Juan de Timoneda. Madrid: Perlado Páez y C^a., 1906. 187pp.
16°. (Biblioteca Universal, XCVI.).

2060. BONILLA Y SAN MARTÍN, A., ed. El diablo cojuelo. Introducción, comentario, bibliografía y apéndices por ...
Madrid: Suárez, 1910. xxxviii + 275pp. 4°. (Sociedad de Bibliófilos Madrileños, II.).

2061. EL diablo cojuelo. Barcelona: Sopena, 1917. 233pp. 8°.

2062. RODRÍGUEZ MARÍN, F., ed. El diablo cojuelo. Edición y
notas de ... Madrid: Edics. de "La Lectura," 1918.
3pp. + xl + 295pp. (Clásicos Castellanos. 38.).

2063. EL diablo cojuelo. Madrid: Clásicos Granada, 1921. 251pp.
16°.

2064. _____ 3^a. ed. Madrid: C^a. Iberoamericana de publicaciones, s. a. ... ¿1928? 152pp. (Bibliotecas Populares Cervantes. Ser. 1. Las Cien Mejores Obras de
la Literatura Española, 19.).

2065. EL diablo cojuelo, por Luis Vélez de Guevara. Sobremesa
y alivio de caminantes, por Juan de Timoneda. Madrid: Razón y Fe, ¿1931? 162pp. (Biblioteca de
Clásicos Amenos, XIII.).

2066. EL diablo cojuelo y el Lazarillo de Tormes. Barcelona,
Buenos Aires, 1940. 174pp. 8°.

2067. EL diablo cojuelo, novela de la otra vida traducida a esta
por Luis Vélez de Guevara. Obra impresa en Madrid,
en 1641. Texto íntegro. Ed. anotada ... Buenos
Aires: Edit. Sopena argentina, 1940. 152pp. (Colección Orbe).

2068. GUTIÉRREZ, FERNANDO, ed. El diablo cojuelo. Ed. pro-
logada y anotada por ... ilustrada con grabados en
madera por Enrique C. Ricart. Barcelona: Edit.
Orbis, 1943. 216pp.

2069. SÁNCHEZ PÉREZ, J. A., ed. El diablo cojuelo. El
asombro de Turquía y valiente toledano. El ollero

de Ocaña. Introd. y notas de ... Madrid: Aguilar, 1946. 465pp. + 1 facs. (Colección Crisol, 168.). _____ 2ª. ed. Madrid, 1956. 3ª. ed. Madrid, 1960.

2070. RODRÍGUEZ MARÍN, F. , ed. El diablo cojuelo. Prólogo y notas de ... Madrid: Espasa-Calpe, 1960. xxxv + 227pp. (Clásicos Castellanos, 38.).

2071. EL diablo cojuelo, novela de la otra vida. Lazarillo de Tormes. Barcelona: R. Sopena, 1963. 190pp. 18cm. (Biblioteca Sopena, 49-1.).

2072. EL diablo cojuelo. Madrid: Edics. Susaeta, 1968. 138pp. (Clásicos Universales, 1.).

2072a. EL diablo cojuelo. Barcelona: Círculo de Lectores, 1968. 179pp.

2073. CEPEDA, ENRIQUE DE Y ENRIQUE RULL, ed. El diablo cojuelo. Estudio y edición de ... Madrid: Edics. Alcalá, 1968. 253pp. (Colección Aula Magna, 16).

2073a. EL diablo cojuelo (novela de la otra vida). Prólogo y notas de J. A. Sánchez Pérez. Madrid: Aguilar, 1972. 384pp.
V. también nos. 6, 8, 10, 18, 567, 586, 591, 658, 679.

B) Traducciones

1. Francesas

2074. LE diable boiteux, par Le Sage. Paris: Veuve Barbin, 1707. 5ff. + 314pp. + 4ff. 12º.
Primera refundición francesa de la obra de Vélez de Guevara por el ingenioso Renato Lesage. Paris. Bibliothèque Nationale.

2075. _____ Seconde édition. A Paris: Veuve Barbin, 1707. 318pp. + 3ff. 12º.
Paris. Bibliothèque Nationale.

2076. _____ Lyon: A. Besson, 1707. 12º.

2077. _____ Amsterdam: Desbordes, 1707. 12º.
Una segunda tirada de esta cuarta edición, bajo la la misma fecha, lleva en la portada un florón y las iniciales V. C. L. S.

2078. _____ Quatrième édition. Amsterdam: Desbordes, 1707. 12º.
También lleva "Quatrième édition" la siguiente:

2079. _____ Quatrième édition. Paris: Chez la Veuve Barbin, 1708. 4ff. + 318pp. +3ff. 12º.

215

Bequilles du diable boiteux, 23pp.

2080. _____ Amsterdam: Desbordes, 1710. 12⁰.

2081. _____ Seconde édition. A. Amsterdam, M. DCCXI, (1711), 5ff. + 318pp. +3ff. 12⁰.

2082. _____ A Paris: Veuve Barbin, 1720. 4ff. + 318pp. + 5ff. 12⁰.

2083. _____ Cinquième édition. A Lyon: Freres Bruyset, 1725. 4ff. + 318pp. + 4ff. 12⁰.

2084. _____ Nouvelle édition refondue, ornée de figures, augmentée d'un volume. Paris: Veuve Pierre Ribou, 1726. 2 vols. 12⁰. 12 láms.

2085. _____ Paris: Veuve de Pierre Ribou, 1727. 2 vols. 12⁰.

2086. _____ Paris: Veuve de Pierre Ribou, 1728, 2 vols. 12⁰.

2087. _____ Amsterdam: P. Mortier, 1729. 2 vols. 12⁰. y 12 láms.

2088. LE diable boiteux... Avec les "Entretiens sérieux et comiques des cheminées de Madrid" et "Les Béquilles dudit diable. " Par M. B. S. (L'Abbé L. Bordelon). Paris: Prault, 1737. 2 vols. 12⁰. 12 láms.

2089. _____ Amsterdam: P. Mortier, 1739. 2 vols. 12⁰.

2090. _____ Amsterdam: P. Mortier, 1747. 2 vols. 16⁰.

2091. _____ London: Jean Nourse, 1751. 12⁰. 12 láms.

2092. _____ Amsterdam: P. Mortier, 1752. 3 vols. 12⁰.

2093. _____ Amsterdam: P. Mortier, 1753. 3 vols. 12⁰.

2094. _____ Paris: Damonneville, 1756. 3 vols. 12⁰.

2095. _____ Amsterdam: P. Mortier, 1757. 3 vols. 12⁰.

2096. _____ Amsterdam, 1759. 2 vols. 12⁰.

2097. _____ London, 1759. 2 vols. 12⁰.

2098. _____ Edinburgh: A. Donaldson, 1761. 364pp. 12⁰.

2099. _____ Paris: Musier, 1765. 3 vols. 12⁰. 12 láms.

2100. _____ Amsterdam: P. Mortier, 1766. 2 vols. 12⁰.

2101. _____ London: P. Van Cleef, 1768.

2102. _____ Paris: Chez les Libraires Associes, 1773. 2 vols. 12 láms.

2103. _____ Amsterdam: P. Mortier, 1773 y 1775. 2 vols. 12⁰.

2104. _____ Paris: Chez Musier, 1779 y 1781. 4 tomos en 2 vols. 12⁰. 12 láms.

2105. _____ Amsterdam et Paris, 1783 y 1785. 8⁰. Retrato y 4 láms. de Marillier.

2106. _____ London: Cazin, 1784. 3 vols. 18⁰.

2107. _____ Paris, 1786.

2108. _____ Liège: De Boubers, 1789. 2 vols. 12⁰.

2109. _____ Amsterdam: P. Mortier, 1789. 2 vols. 12⁰. 12 láms.

2110. _____ London, 1792. 2 vols. 12⁰.

2111. _____ Dijon: Frantin, 1792. 2 vols. 12⁰.

2112. _____ Paris: Nicolle, 1805. 2 vols. 18⁰.

2113. _____ Paris: Mame, 1809. 2 vols. 18⁰.

2114. _____ Paris: Nicolle et Belin, 1812 y 1813. 2 vols. 18⁰.

2115. _____ Paris: Dabo, 1819 y 1824. 2 vols. 12⁰.

2116. _____ Paris: Tramblai, 1819. 2 vols. 12⁰.

2117. _____ Paris: Le Telier, 1819. 2 vols. 12⁰.

2118. _____ Boulogne: Leroy-Berger, et a Paris, 1820. 2 vols. 18⁰.

2119. _____ Paris: Genet Jeune, 1820. 2 vols.

2120. _____ Paris: Lebegne, 1821. 2 vols.

2121. _____ Paris: Veuve Dabo, 1824. 2 vols.

2122. _____ Paris: Berquet, 1824. 2 vols.

2123. _____ Paris: Permantier, 1824. 2 vols.

2124. _____ Paris: Verdet, 1826. 2 vols.

2125. _____ Paris: Dauthereau, 1827. 2 vols.

2126. _____ Paris: Dalibon et C^a., 1829. 2 vols.

2127. _____ Paris: Au Bureau Principal des Editeurs, 1830.
8°.

2128. _____ Paris, 1830. 2 vols. 12°.

2129. _____ Paris: Treuttel et Würtz, 1834. 8°.

2130. _____ Paris: Lecointe, 1835. 2 vols. 12°.

2131. _____ Paris: Riou, 1835. 2 vols. 16°.

2132. _____ Paris: Lecou, 1838. 8°.

2133. _____ Paris: Chez les Marchands de Nouveauntes,
1839. 2 vols. 12°.

2134. _____ Poitiers: Chez Tous les Libraires, 1839. 12°.

2135. PAMPHLET du diable, chapitre omis dans le Diable boiteux,
trad. de l'espagnol par Jacob le Muscophile. Lyon:
Boursy, Fils, 1839. 8°.

2136. LE diable boiteux, illustre par Toni Johannot précédé d'une
notice sur Le Sage, par M. Jules Jannin. Paris:
Ernest Bourdin et C^a., 1840. xvi + 380pp. 140
grabados. 4°.

2137. _____ Paris: Ernest Bourdin et C^a., 1842. 4°. Casi
igual a la anterior.

2138. _____ Paris: Ledentu, 1842. 4°.

2139. _____ Paris: Renault, 1844. 4°.

2140. _____ Paris: Ernest Bourdin, 1845. 4°.

2141. _____ Paris: Labbe, 1845. 2 vols. 12°.

2142. _____ Paris: Renault, 1846. $4o$.

2143. _____ Paris: Lecoffre et C^a., 1855. 12°.

2144. _____ Paris: Didot, 1857. 8°.

2145. _____ Paris: Dubisson et C^a., 1863 y 1864. 2 vols.
16°.

2146. LE diable boiteux, suivi d'Estevanille Gonzalez. Paris: Garnier, freres, 1864. 8⁰.
Paris. Bibliothèque Nationale.

2147. LE diable boiteux. Paris: Bureau de Publications, 1865 y 1866. 8⁰.

2148. _____ Paris: Picard, 1867. 2 vols. 16⁰. Ed. precedida de una noticia de P. Jannet.

2149. _____ Paris: Jouaust, 1868. 8⁰. Conforme al texto de las ediciones de 1707 y 1726.

2150. _____ Paris: Garnier, 1874. 8⁰.

2151. _____ Paris: Lemerre, 1874. 2 vols. 12⁰.

2152. _____ Paris: Garnier, 1877. 8⁰.

2153. _____ Paris: Lemerre, 1878. 2 vols. 12⁰.

2154. _____ Paris: Henri Pille, 1879. Edición grabada por L. Mouzies.

2155. _____ Paris: Garnier, 1880. 12⁰.

2156. LE diable boiteux, avec une préface par H. Reynald. Gravures a l'eau forte par Ad. Lalauze. Paris: Librairie des Bibliophiles, 1880. 2 vols. 16⁰.

2157. _____ Paris: Marpon et Flammarion, 1883. 2 vols. 16⁰.

2158. _____ Paris: Garnier, 1884. 12⁰.

2159. _____ Paris: Charpentier, 1884. 12⁰.

2160. _____ Paris: Dentu, 1884. 16⁰.

2161. _____ Paris: Didot, 1885. 8⁰.

2162. _____ Paris: Hachette, 1887. 8⁰.

2163. _____ Paris: Gautier, ¿1889?

2164. _____ Paris: Hachette, 1890. 8⁰.

2165. _____ Paris: Bibliothèque Nationale, 1895. 2 vols. 16⁰.

2166. _____ Paris: Hachette, 1896. 8⁰.

2167. _____ Paris: Bibliothèque Nationale, 1898. 2 vols. 16⁰.

2168. LE diable boiteux. Illustrations en couleurs par Evelio
       Torent. Paris: Maurice Glomeau, 1913. 8º.
       Reimpresión del texto original de 1707.

       2. Inglesas

2169. THE Devil upon Two Sticks, Translated from the Diable
       Boiteux. London, 1708. 2 vols. 12º.
          Traducción de la versión francesa de R. Lesage de
       1707.

2170. _____ London, 1729. 2 vols. 12º.

2171. _____ London, 1741. 2 vols. 12º.

2172. _____ London, 1750. 2 vols. 12º.

2173. THE Devil upon Crutches from the Diable boiteux. A New
       Translation to which are Now First Added Asmodeus'
       Crutches a Critical Letter upon the Work and Dialogues
       Between two Chimneys of Madrid. London: Osborne,
       1759. 2 vols. 12º.

2174. _____ Berwick: Taylor, 1773.

2175. _____ Edinburgh, 1778. 8º. 5 grabados.

2176. _____ London: Printed by John Rivington, 1778.

2177. _____ London: Harrison and Co. , 1780. 2 vols. 8º.
       4 láms.

2178. _____ Edinburgh, 1783. 8º.

2179. _____ London: Harison and Co. , 1790. 4 vols. 12º.

2180. _____ London: C. Cooke, ¿1793? 12º.

2181. _____ Sherwood: Neely and Jones, 1811. 6 vols. 12º.

2182. _____ Sherwood: Walker and Co. , 1815. 12º.

2183. _____ London: Penny National Library, ?1830? 4 vols.
       8º.

2184. THE Devil upon Two Sticks, Translated by Joseph Thomas.
       London: J. Thomas, 1841. 8º.
          Ilustraciones por Tony Johannot.

2185. _____ London: Willoughby, 1846. 4º.

2186. _____ London: Champman, 1852. ff.

2187.   _____   London: Charlton Tucker, 1870.   8°.

2188.   _____   London: Tegg, 1877.   16°.

2189.   _____   London: Routledge, 1878, 1879, 1888.   8°.
          Ilustraciones por Tony Johannot.

2190.   _____   London: Nimmo and Bain, 1881.   8°.

2191.   _____   London: Dicks, 1889.   8°.

3. Italianas

2192.   IL diavolo zoppo, tradotto dal Abate Nicola Felleti.   Venezia:
          Recurti, 1714.   4ff. + 298pp. + 3ff.   12°.

2193.   _____   Venezia: Recurti, 1721.   264pp.   12°.

2194.   IL diavolo zoppo, illustrato con intagli da Tony Johannot e
          preceduto da cenni biografici su lo Sage di Giulio Janin.
          Torino: Fontana, 1840.   4°.

2195.   IL diavolo zoppo.   Milano: Croci [s. a.].   8°.

4. Danesas

2196.   _____   Kjöbenhavn, 1746-47 y 1749-50.   2 vols.

5. Suecas

2197.   SAHLSTED, ABRAHAM, TRAD. ____ Westeras, 1752.   8°.
          Traducción hasta el capitulo V.

2198.   _____   Stockholm: Holmerus, 1772 y 1786.   8°.

2199.   GRANBERG, ADOLF, TRAD. ____ Gotheborg, 1798.   8°.

2200.   SANDSTRÖM, ENRIQUE, TRAD. ____ Stockholm: Hulberg,
          1842.   2 vols.   12°.

2201.   _____   Stockolm: Alkerbergsforlag, 1878.   2 vols.   12°.

6. Rusas

2202.   LEGKIM, DMITRIJEM Y MOKEJEVYM, DMITRIJEM, TRAD.
          Povest' o chromonogom bese... San Petersburgo, 1763.
          8°.

2203.   _____   San Petersburgo: Tip. Akad. nauk, 1774.   8°.

Igual a la anterior.

2204. _____ San Petersburgo: Tip. Akad. nauk, 1791. 8º.
Igual a la anterior.

2205. _____ Moscú: Tip. Akad. nauk, 1807. 8º.

2206. _____ San Petersburgo: Tip. Akad. nauk, 1817. 8º.

2207. _____ San Petersburgo, 1832. Helsinki. Biblioteca de la Universidad de Helsinki.

2208. PASYNKOVA, G., TRAD. Chromonogij bes. perev ... San Petersburgo: Tip. St. Ord. Korp Vnut Strazi, 1832.

2209. LISENKO, EVGUENIA, TRAD. [EL diablo cojuelo] Introd. de Leonid Pinski. Moscú, 1965.
Hay, además, traducciones de 1747, 1871 y 1895.
La mayoría de ellas contienen ilustraciones y grabados.

7. Alemanas

2210. DER hinkender Teufel. Frankfurt und Leipzig: Bronner, 1777. 3ff. + 384pp. 8º.

2211. _____ Leipzig: Baumgarten, 1832. 8º.

2212. _____ Rudolfstadt, 1833. 2 vols. 8º.

2213. _____ Pforzheim: Denning: Finck und C., 1840. 8º.
También hay traducciones por D. Barrasch de 1853 y 1858.

2214. SCHÜCKING, LEVIN, TRAD. Der hinkender Teufel. Hildburgharsen: Verlag des bibliographischen Institut, 1886. 2 vols. 8º.

2215. DER hinkender Teufel. Stuttgart, 1881 y 1882. 8º.

2216. GLEISCH, FRIED., TRAD. Der hinkender Teufel. [s. l.] 1891. 8º.

8. Polonesas

2217. _____ Varsovia, 1804 y 1854. 2 vols. 8º.

9. Portuguesas

2218. O DIABO coxo, verdades sonhadas e novellas de outra vida traduzida a esta por Sage. Lisboa, 1819. 8º

2219. FONSECA, JOSÉ DA, TRAD. O diabo coxo... Paris:
Beaulé e Jubin, 1838. 12⁰.

10. Checas

2220. _____ Praga, 1873. 8⁰.

11. Ungaras

2221. A sánta ördög. (El diablo cojuelo.) Regény (Ford Szegö
István. Atd. Benyhe János). Budapest: Europa.
Békésm. ny Gyoma, 1962. 129pp. 17cm.

C) Estudios y Contribuciones

2222. BARRERA Y LEIRADO, C. A. DE LA. Catálogo bibliográfico y biográfico del teatro antiguo español... Madrid,
1860. xiii + 727pp.
Contiene la biografía de Vélez de Guevara.

2223. RODRÍGUEZ MARÍN, F. "Cervantes y la Universidad de
Osuma, " (en Homenaje a Menéndez Pelayo, t. II.
Madrid, 1899, pp. 757-812.).
Contiene el acta de grado de Bachiller en Artes de
Vélez de Guevara.

2224. BONILLA Y SAN MARTÍN, A. "Carta abierta. Al Sr. D.
M. Serrano y Sanz, " RABM, VI (1902), pp. 382-83.
Sobre El diablo cojuelo.

2225. PAZ Y MELIA, A. "Nuevos datos para la vida de Luis
Vélez de Guevara, " RABM, VII (1902), pp. 120-30.
Contiene una carta de don Juan Vélez de Guevara,
hijo del poeta ecijano, escrita el 20 de octubre de
1645, en la cual se da a luz, aunque con algunos errores y equivocaciones, la biografía del autor del
Diablo cojuelo.

2226. PÉREZ Y GONZÁLEZ, F. "El diablo cojuelo. " Notas y
"comentarios" y a un "comentarios" y a unas notas.
Nuevos datos para la biografía de Luis Vélez de
Guevara. Madrid: Tip. Rivadeneyra, 1903. 218pp.
Col. de artículos publicados en la Ilustración Es-
pañola y Americana, de Madrid.

2227. PÉREZ PASTOR, C. Bibliografía madrileña, t. III.
Madrid, 1907, pp. 499-516.
Contiene documentos referentes a la vida de Vélez
de Guevara.

2228. RODRÍGUEZ MARÍN, F., ed. Luis Vélez de Guevara.
Madrid, 1910. 8pp.
Ed. de 25 ejemplares.

2229. G. [ÓMEZ] O. [CERÍN], J. "Un nuevo dato para la biografía
de Vélez de Guevara, " RFE, IV (1917), pp. 206-7.

2230. VIC, JEAN. "La composition et les sources du Diable
boiteux de Lesage, " RHLF (1920), pp. 481-517.

2231. HENDRIX, W. S. "Quevedo, Guevara, Le Sage and the
Tatler, " MPh, XIX (1921-22), pp. 177-86.
Sobre la influencia de los Sueños y del Diablo co-
juelo en las revistas inglesas Tatler (1709) y Spectator.

2232. WILLERS, W. "Le Diable boiteux" (Lesage) -"El diablo cojuelo" (Guevara) Ein Beitrag zur Geschichte der franko-
spanischen Beziehungen. Diss. Rostock, 1935.
Tesis doctoral publicada en la RF, XLIX (1935),
pp. 215-316.

2233. PLACE, E. B. "A Note on El Diablo Cojuelo and the
French Sketch of Manners and Types, " Hispania, XIX
(1936), pp. 235-40.

2234. HERRERO GARCÍA, M. "Una fuente de El diablo cojuelo, "
CE (1941), p. 93.

2235. CIROT, G. "Le style de Vélez de Guevara, " BHi, XLIV
(1942), pp. 175-80.

2236. _____ "Le procédé dans El diablo cojuelo, " BHi, XLV
(1943), pp. 69-72.

2237. MUÑOZ CORTÉS, M. "Aspectos estilísticos de Vélez de
Guevara en su Diablo cojuelo, " RFE, XXVII (1943),
pp. 48-76.

2238. CIROT, G. "Une histoire de captifs dans le Diable boiteux
de Lesage, " BHi, XLVI (1944), no. 1, pp. 26-34.

2239. _____ A" propos du Diable cojuelo. Aperçus de stylis-
tique comparée, " BHi, XLVI (1944), pp. 240-51.

2240. SCHAEPERS, R. "La mula de Liñan. Eine Bemerkung zu
Guevaras Diablo cojuelo, " RF, LXIX (1957), pp. 133-
35.

2241. ROSSELLI, FERDINANDO. "Alcune integrazioni ai glossari
del Diablo cojuelo, " MSI (1963), no. 6, pp. 178-222.

2242. AUBRUN, CHARLES. "El diablo cojuelo et Le diable

boiteux - Deux définitions du Roman, " (en Mélanges à la mémoire de Jean Sarrailh. I. Paris: Centre de Recherches de l'Institut d'Etudes Hispaniques, 1965, pp. 57-73.).

2243. NIKOLAEVA, I. "Guzmán de Alfarache y El diablo cojuelo en lengua rusa, " LS (1965), no. 7, pp. 187-88.

2244. ALFARO, GUSTAVO. "El diablo cojuelo y la picaresca alegorizada, " RF, LXXXIII (1971), no. 1, pp. 1-9.

Por Antonio Enríquez Gómez

A)   Ediciones

2245.   EL siglo pitagórico, y vida de D. Gregorio Guadaña.   Roan:
Laurens Maurry, 1644.   8ff.   + 267pp.   4º.
_____Dedicatoria a Monseñor François Bassompierre,
Marques de Harouel, Mariscal de Francia...
_____A los que leyeren.
_____Poesía latina.
_____Poesías francesas.
_____Soneto de Diego Henriquez Basurto, hijo del autor.
["Si así como se hereda el ser humano..."]
_____Soneto de A. G. de la Coste ["Raro yngenio a
pesar, sí, de los años..."]
_____Dezima del mismo.   ["En este Siglo yngenioso..."]
_____Dezima de F. L. H. ["En vuestras Transmigra-
ciones..."]
_____Yndice de las transmigraciones del Siglo pitagórico.
_____Texto.   ["Señor Mundo, paçiençia..."]
Paris.   Bibliothèque de l'Arsenal.
Madrid.   Academia de la Historia.
Simón Díaz, B. L. H., IX, no. 4544.

2246.   _____ Segunda Edición, purgada de las Erratas Orto-
graphicas.   Segun el Exemplar.   Rohan: Laurentio
Maurry, 1682.   4ff. + 292pp.   4º.
Madrid.   Biblioteca Nacional.
Sevilla.   Colombina.
Simón Díaz, B. L. H., IX, no. 4545.

2247.   _____ 3ª. edición.   Rohan: Laurentio Maurry, 1726.
2ff. + 284pp.   4º.

2248.   _____ Nueva edición purgada de muchas erratas orto-
gráphicas.   Bruselas: Francisco Foppens, 1727.   4ff.
+ 284pp.   4º.
Madrid.   Biblioteca Nacional.
Paris.   Bibliothèque de l'Arsenal.

2249.   _____ Madrid: A. Espinosa, 1788.   4ff. + 355pp. +
2ff.
Madrid.   Biblioteca Nacional.

2250. VIDA de Don Gregorio Guadaña, (en Tesoro de novelistas
españoles. . .)
V. no. 567.

2251. VIDA de Don Gregorio Guadaña, (en Novelistas posteriores
a Cervantes. . . Edición de Cayetano Rossell.).
V. no. 18.

2252. VIDA de Don Gregorio Guadaña. Barcelona: La Maravilla,
1862. 57pp. + 2 láms. 4º. (Col. Biblioteca La
Maravilla).

2253. VIDA de Don Gregorio Guadaña, (en La Novela Picaresca. . .
Barcelona: Iberia, 1947).
V. no. 8.

2254. VIDA azarosa de don Gregorio Guadaña. Madrid: Diana,
1951. 44pp. 23cm. (Revista Literaria Novelas y
Cuentos, no. 1. 034.).

2255. VIDA de Don Gregorio Guadaña, (en La Novela Picaresca
Española . . . por Ángel Valbuena Prat. 1946.).
V. no. 6.

B) Estudios y Contribuciones

2256. RÍOS, JOSÉ AMADOR DE LOS. "Antonio Enríquez Goméz, "
(Estudios históricos, políticos y literarios sobre los
judíos en España. Madrid, 1848, pp. 569-607).
El capítulo VII versa sobre la vida del autor; el
VIII, muy rápidamente, sobre El Siglo pitagórico.

2257. MENÉNDEZ Y PELAYO, M. Historia de los heterodoxos
españoles. 2ª. edición refundida, tomo V. Madrid,
1928. pp. 301-16.

2258. RÉVAH, I. S. "Un pamphlet contre l'Inquisition d'Antonio
Enríquez Gómez: la seconde partie de la Política an-
gélica, " REJ, CXXXI (1962), pp. 81-168.

XXIII. VIDA Y HECHOS DE ESTEBANILLO GONZÁLEZ, HOMBRE DE BUEN HUMOR ... (1646)

A) Ediciones

2259. LA / VIDA I HECHOS / DE / ESTEVANILLO GONZALEZ, / Hombre de buen humor, / Compuesto (sic) por el mesmo. / Dedicada à el Excelentissimo Señor OCTAVIO PICOLOMINI DE ARAGON, Duque/ de Amalfi, Conde del Sacro Romano Impe- / rio, Señor de Nachot, Cavallero de la Orden / del Tuson de Oro, del Consejo de Estado i / guerra, Gentilhombre de la Camara, Capi- / tan de la guardia de los archeros, Mariscal de / Campo General, i Coronel de Cavalleria i In- / fanteria de la Magestad Cesarea, i Gobernador / general de las armas i exercitos de su Magestad / Catholica en los Estados de Flandes. / En Amberes, / En casa de la Viuda de Iuan Cnobbart. 1646. 8ff. + 382pp. + 4pp. 4º.
    Suma del Privilegio, 28 de junio de 1646.
    New York. Hispanic Society.
    London. British Museum.

2260. _____ Madrid: Gregorio Rodríguez, 1652. 388pp. 8º.
    Ed. cit. por Palau y Dulcet, op. cit. no. 84153.

2261. _____ Madrid: Melchor Sánchez, 1655. 8ff. + 381ff. + 1 hoja.
    New York. Hispanic Society.

2262. _____ Madrid: Juan Sanz, 1720. 2ff. + 396pp. + 2 hojas.
    Madrid. Biblioteca Nacional.
    London. British Museum.
    New York. Hispanic Society.

2263. _____ Madrid: Bernardo de Peralta, 1725. 8ff. + 396 pp. + 2 hojas.
    New York. Hispanic Society.
    London. British Museum.

2264. _____ Madrid: J. Alonso y Padilla, 1729. 396pp. 8º.
    New York. Hispanic Society.

2265. _____ Madrid: Andrés de Sotos, 1778. 2 vols. 8º.
    Ed. cit. por Palau y Dulcet, op. cit., no. 84158.

2266. _____ Nuevamente corregida y enmendada en esta última impressión. Madrid: Imp. Ramón Ruiz, 1795. 2 vols. 8°.
London. British Museum.
New York. Hispanic Society.

2267. VIDA y hechos de Estevanillo González. Paris: E. Ledoux, 1826. 2pp. + 421pp. (Oeuvres de A. René Le Sage, t. 7.).
New York. Hispanic Society.

2268. _____ Nueva edición. Madrid: Est. Tip de D. F. de Mellado, 1844. 320pp. + 2 hojas. 16°.
New York. Hispanic Society.

2269. _____ Paris: Baudry, 1847. 165pp. 8°.
V. no. 567.

2270. _____ Madrid: Rivadeneyra, 1854. (Biblioteca de Autores Españoles, XXXIII, pp. 285-368.).

2271. _____ Zaragoza, 1857.
Catálogo de García Rico y Cía. , de Madrid, no. 34. 846. Cit por Juan Millé y Giménez en el prólogo de su edición La vida y hechos de Estebanillo González.

2272. _____ Publicaciones Ilustradas de "La Maravilla. " Barcelona: Ramirez, 1862. 164pp. 4°.

2273. _____ Barcelona, 1894. 142pp. 4°.

2274. _____ Paris: Garnier, 1910. 8°.

2275. _____ Publicado por Álvarez de la Villa. Paris: Sociedad de Ediciones, Luis Michaud, 1913. 269pp. + 1 hoja.

2276. _____ Madrid: Imp. Yagües, 1928. 337pp. 4°.

2277. _____ Madrid: M. Aguilar, 1928. 340pp. 8°.
(Colección de Autores Regocijados).

2278. MILLÉ Y GIMÉNEZ, J. , ed. La vida y hechos de Estebanillo González, hombre de buen humor... Edición y notas de ... Madrid: Espasa-Calpe, 1934. 2 vols. 8°. (Clásicos Castellanos).

2279. VIDA y hechos de Estebanillo González. Adaptación de A. J. M. Madrid: M. Aguilar, 1962. 88pp. (El Globo de Colores).

2280. _____ Madrid: Narcea, 1971. 532pp. (Biblioteca Bitácora).

Prólogo de J. Goytisolo.

2281. ZAHAREAS, A. Y. N. Spadaccini, ed. Vida y hechos de
Estebanillo González... Introducción y notas de ...
Madrid: Castalia, 1972.
V. también nos. 6, 654.

B) Traducciones

1. Inglesas

2282. STEVENS, JOHN (CAPT.), TRAD. The Spanish Libertines.
The Life of E. G., the Pleasantest and most Diverting
of All Comical Scoundrels. London: Samuel Bunchley,
1707. 4ff. + 528pp. 8º.
Quedan suprimidas las composiciones en verso,
exepto dos. También, se hizo otra distribución de
capítulos, a partir del séptimo original.

2283. THE Comical History and Humorous Adventures of Estevanille Gonzalez, surnamed the Merry fellow, Written
by Himself, Translated from the Spanish by the Ingenious Monsieur Le Sage. Done Out of the French.
London: For W. Mears, 1735. viii + 270pp. 12º.
London. British Museum.

2284. _____ London: O. Payne, 1737. viii + 270pp. 12º.
Es segunda edición de la anterior.
Paris. Bibliothèque Nationale.

2285. THE Life and Adventures of Estevanillo González. London,
1777. 8º.

2286. _____ Surnamed the Merry Bachelor. London, 1797.
2 vols. 8º.

2287. LAYTON, J. , TRAD. Spanish Tales. Estevanillo González,
Translated from Le Sage and Selected from Other Au-
thors... by ... London, 1816. 3 vols. 12º.
London. British Museum.

2288. THE History of Vanillo (sic) González, (en Ballantyne's
Novelists Library, IV. Edinburgh, 1822, pp. 401-534.).
8º.

2289. THE History of Vanillo Gonzáles, Surnamed the Merry
Bachelor. Translated from the French of Alain René
Le Sage. With ... etchings by R. de los Ríos. Lon-
don: J. C. Nimmo & Bain, 1881. xi + 455pp. 8º.

230

2. Francesas

2290. **LE SAGE, RENÉ, TRAD.** Histoire d'Estevanille Gonzalez, surnommé le garçon de bonne humeur, tirée de l' espagnol par M.... Paris: Prault, 1734. 2 vols. 12º.

Más bien que una traducción, la obra de Le Sage es una versión nueva que contiene algunos pasajes de la Vida de Estebanillo González.
Paris. Bibliothèque Nationale.
London. British Museum.

2291. _____ Paris, 1741. 2 vols. 12º.
London. British Museum.

2292. _____ Paris, 1754. 2 vols. 12º.
Cit. por Palau y Dulcet, op. cit., no. 84174.

2293. _____ Paris, 1763. 4 vols. 12º.
Paris. Bibliothèque Nationale.

2294. _____ Paris, 1765. 4 vols. 12º.
Paris. Bibliothèque Nationale.

2295. _____ Paris: Musier, 1767. 2 vols. 12º.
Paris. Bibliothèque Nationale.

2296. _____ Amsterdam-Paris, 1783. 8º. (En Oeuvres choisies, de Lesage, t. X.).

2297. **HISTOIRE** d'Estevanille Gonzalez. Tiré de l'Espagnol, par Le Sage. A Lille: Collection de C. J. F. Lehoucq, 1792. 3 vols. 12º.

2298. _____ Paris, 1821. 2 vols. 12º.
Paris. Bibliothèque Nationale.
London. British Museum.

2299. _____ Paris, 1821. 8º. (En Oeuvres choisies, de Lesage, t. VIII.).
Reimp.: Paris, 1823. 8º.
Paris, 1828. 8º.

2300. _____ Paris: Berquet, 1825. 3 vols. 16º.
Paris. Bibliothèque Nationale.

2301. **LE** diable boiteux, suivi d'Estevanille González... par Le Sage. Paris, 1864. 8º.
Paris. Bibliothèque Nationale.

3. Italianas

2302. AVVENTURE di Stefanello González, sopranominato il Garzone di buon genio. Venetia, 1754. 12⁰.

2303. GASPARETTI, A., TRAD. Vita e imprese di Stefanello González, uomo di buon cuore. A cura di ... Milano: Rizzoli, 1966. 368pp. 8⁰.

4. Rusas

2304. POCHOŽDNI Estevanilla Gonzaleca, prozvannogo vesel' čakom, soč. gospodinom Lesažem... San Petersburgo, 1765. 2 vols. 8⁰.

5. Alemanas

2305. GESCHICHTE des Estevanille González mit dem Zunahmen des Lustigen. Wien: J. Alberti, 1791. 2 vols. 8⁰. London. British Museum.

6. Portuguesas

2306. FONSECA, JOSÉ DE, TRAD. Historia d'Estevinho Goncalves, cognominado Rapaz de bon humor. Paris: Pillet, 1838. 2 vols. 12⁰. Paris. Bibliothèque Nationale.

7. Danesas

2307. _____ Copenhagen, 1801-1802. 3 vols.

C) Estudios y Contribuciones

2308. GLOSSART, ERNEST. "Estevanille González," RdB (1893).

2309. _____ Les espagnols en Flandre. Histoire et poésie. Bruxelles, 1914.
Páginas 245-96 versan sobre La vida y hechos de Estebanillo...

2310. MILLÉ Y GIMÉNEZ, J. "Los clásicos castellanos. Estebanillo González, hombre de buen humor," Nosotros (1924), pp. 373-79.

2311. JONES, W. K. "Estebanillo González," RHi, LXXVII (1929), pp. 201-45.

2312. BATES, ARTHUR S. "Historical Characters in Estebanillo
González," HR, VIII (1940), pp. 63-66.

2313. MOORE, ERNEST R. "Estebanillo Gonzáiez' Travels in
Southern Europe," HR, VIII (1940), pp. 24-45.

2314. CORDERO DE BOBONIS, I. "La vida y hechos de Estebanillo González. (Estudio sobre su visión del mundo
y actitud ante la vida)," Archivum, XV (1965), pp.
168-89.

2315. GIL, ALFONSO M. "La historia a vista del pícaro. Algunos aspectos del Estebanillo González," (en Miscelánea Ofrecida al Ilmo. Señor D. José María La Carra
y Miguel. Zaragoza: Fac. de Filosofía y Letras de
la Univ. de Zaragoza, 1968, pp. 275-89.).

Por Francisco Santos

A)   Ediciones

2316.   PERIQVILLO EL DE LAS / GALLINERAS. / ESCRITO POR
FRANCISCO SANTOS. / Dedicado al Excmo. Señor D.
Bernardo Fernandez / Manrique, Marqués de Aguilar,
... Con licencia. EN MADRID. Por Bernardo / de
Villa-Diego, año 1668. / A Costa de Gabriel de León,
Mercader de libros. / Vendese en su casa, en la
Puerta del Sol. 14ff. + 256pp. 8º.
____Apr. del maestro fray Tomás de Auellaneda del
8 de septiembre de 1667.
____Licencia del Ordinario, 13 de septiembre.
____Apr. de Fray Antonio de Figueroa: 30 de sep-
tiembre de 1667.
____Fe de erratas: 30 de agosto de 1668.
Álvarez de Baena, en su Hijos de Madrid, vol. II,
p. 217, cita una edición de Madrid de 1667, pero
yo no he visto ningún ejemplar.
New York. Hispanic Society.

2317.   _____ Valencia, 1704. 8ff. + 258pp. 8º. Es reimpresión de la edición de 1668.
New York. Hispanic Society.

2318.   _____ (En Obras en prosa y verso. Discvrso politicos,
máximas christianas y morales, adornadas con cvrio-
sos exemplos... Madrid: Francisco Martínez Abad,
1723, 4 vols. 4º.).

B)   Estudios y Contribuciones

2319.   ÁLVAREZ DE BAENA, J. A. Hijos de Madrid... Madrid,
1789-91, t. II, p. 216.

2320.   WINTER, C. J. "Notes on the Works of Francisco Santos, "
Hispania, XII (1929), pp. 457-64.

2321.   HAMMOND, J. H. Francisco Santos' Indebtedness to Gón-
gora. Austin: The University Press, 1950. iii +
102pp.

2322. _____ "Francisco Santos y Zabaleta," MLN, LXVI (1951), p. 166.

2323. ALFARO, G. A. "La anti-picaresca en el Periquillo de Francisco Santos," KRLQ, XIV (1967), no. 4, pp. 321-27.

XXV. VIDA, ASCENDENCIA, NACIMIENTO, CRIANZA Y AVENTURAS DEL DOCTOR DON DIEGO DE TORRES Y VILLARROEL (1743)

A) Ediciones

Trozos I-IV

2324. VIDA, ascendencia, nacimiento, crianza y aventuras del Doctor Don Diego de Torres Villarroel, Cathedrático de prima de Mathematicas en la Universidad de Salamanca. Escrita por el mismo Don ... Con licencia, En Madrid: En la Imprenta del Convento de la Merced. Año de 1743. 4º.
Madrid. Biblioteca Nacional.

2325. _____ Con licencia, y con permiso del Autor, impresso en Sevilla, en la Imprenta Real de Don Diego López de Haro (sin año, pero 1743). 79pp. 4º.
New York. Hispanic Society.

2326. _____ Valencia: En casa de Martín Navarro, 1743. 8º. No vista. Cit. por Palau y Dulcet, op. cit., no. 337548.

2327. _____ Con licencia: En Valencia, en la Imprenta de Gerónimo Conejos, en frente San Martín. Año 1743. Se hallará en casa de Vicente Navarro, Mercader de Libros, en frente la Diputación. 8ff. + 160pp. 8º.
Madrid. Biblioteca Nacional.
No es la misma que la anterior, impresa por Martín Navarro.

2328. _____ En Pamplona: En la Imprenta de Pedro Joseph de Ezquerro, vive junto la Plaza del Consejo. Año de 1743. 4ff. + 79pp. 4º.
New York. Hispanic Society.

2329. _____ Con licencia. En Madrid: En la Oficina de Don Benito Cano. Año MDCCLXXXIX (1789). 4ff. + 115pp. 4º.
New York. Hispanic Society.

Con el trozo V.

2330. QUINTO Trozo de la vida de Don Diego de Torres. Sevilla:
Imprenta Real (hacia 1743). 4.
Cit. por Palau y Dulcet, op. cit., no. 337553.

Trozos I a V

2331. VIDA, ascendencia, nacimiento, crianza y aventuras de el
Doctor Don... ... por el mismo Don... Con licencia.
En Salamanca: En la Imprenta de Pedro Ortiz Gómez.
Año 1752. 1f. + 173pp. + 11ff. 4°. (En Tomo XIV
de sus Obras...)
New York. Hispanic Society.

2332. _____ Madrid: En casa de González, 1792. 262pp. 8°.
New York. Hispanic Society.

Trozo VI

2333. SEXTO trozo de la Vida y Aventuras de el Doctor D. Diego
de Torres Villarroel, del Gremio, y Claustro de la
Universidad de Salamanca, y su Cathedrático de Mathematicas Jubilado por su Magestad... Escrito por el
mismo Don Diego de Torres. Con Licencia. En Salamanca: por Antonio Vallagordo, 1758. 4°.
Madrid. Biblioteca Nacional.

Trozos I a VI

2334. VIDA, ascendencia, nacimiento, crianza y aventuras del
Doctor Don ... ... por el mismo D... Tomo XV.
Madrid, MDCCXCIX. En la Imprenta de la Viuda de
Ibarra, 1799. 4ff. + 316pp. 8°.

2335. _____ Barcelona: Por Juan Francisco Piferrer, Imp.
de S. M. Véndese en su Librería, administrada por
Juan Sellent, ¿1820? 339pp. 8°.
Igual a la anterior sin lo de Tomo XV.
London. British Museum.
Madrid. Biblioteca Nacional.

2336. _____ Salamanca: Imp. El Adelanto, por F. Núñez,
1894. xvi + 355pp.

2337. _____ Madrid, 1899. 8°.

2338. ONÍS, FEDERICO DE, ed. Torres de Villarroel. Vida...
Edición, introducción y notas por ... Madrid: "La
Lectura," 1912. xxxi + 297pp. 8°. (Clásicos

237

Castellanos, 7.).
Reimp. : Madrid, 1941. xxxvii + 247pp. 8º.
Madrid, 1964. xxvi + 246pp. 8º.

2339. VIDA.... Memorias. Madrid-Barcelona, MCMXX (1920). 2 vols. 8º.

2340. VIDA.... Prólogo de Juan López Núñez. Madrid: Cía. Ibero-Americana de Publicaciones, 1930. 213pp. 8º. (Bibliotecas Populares. Serie I. Las Cien Mejores Obras de la Literatura Española, 89.).

2341. L'ESPAGNE picaresque et studieuse. Estudiantes de antaño. Textes présentés et annotés par J. Testas... Paris: A. Hatier, 1956. Pp. 32-48. 16º. (Collection Ibéro-Americaine, Publiée sous la Direction de M. Duviols et J. Villégier, 3.). Los testos de Torres Villarroel provienen de su Vida...

2342. VIDA.... Edición, estudio preliminar, notas y bibliografía seleccionada por Doña Angeles Cardona de Gibert y D. Francisco de A. Sales Coderch. Barcelona... Edit. Bruguera, 1968. 334pp. 8º. (Libro Clásico, 27).

2343. VIDA... Prólogo y notas de Antonio Espinosa... Madrid: M. Aguilar, 1970. 516pp. 16º. (Colección Crisol).

2344. MERCADIER, GUY, ed. Vida... Edición, introducción y notas de... Madrid: Castalia, 1971.

B) Estudios y Contribuciones

2345. BIBL.: PAPELL, A., (en G. Díaz Plaja. Historia General de las Literaturas Hispánicas, 1957, vol. IV, pp. 145-48.).

2346. ANÓNIMO: Testamento del Reverendo D. Diego de Torres Villarroel, Cathedrático de Astrología en la Universidad de Salamanca. Valladolid: Imp. Real de la Chancillería. [s. a.]

2347. ÁLVAREZ DE TOLEDO, G. Obras pósthumas poéticas, con la Burromaquia. Ed. de D. de Torres Villarroel, el que escribe al principio un resumen de la Vida y Virtudes de este Author. Madrid: Convento de la Merced, 1744. 11ff. + 132pp.

2348. GUTIÉRREZ, MIGUEL. "Don Diego de Torres y Villarroel," RCon (1885), pp. 28-44 y 144-70.

2349. MARTÍNEZ RUIZ, J. (AZORÍN). "Don Diego de Torres

238

Villarroel, " (en su Clásicos y modernos. Madrid: Renacimiento, 346pp.).

2350. PÉREZ GOYENA, A. "Estudios recientes sobre el doctor Torres Villarroel, " RyF, XXXV (1913), pp. 198-204.

2351. MONNER Y SANS, R. El siglo XVIII. Introducción al estudio de la vida y obras de Torres de Villarroel. [Conferencia] Buenos Aires, 1915. 20pp.

2352. GARCÍA BOIZA, A. "Nuevos datos sobre Torres Villarroel, " BT, IV (1918), pp. 15-21, 33-37.

2353. _____ Nuevos datos sobre Torres Villarroel. La fortuna de don D. T. D. T. Primicerio de la Universidad de Salamanca. Salamanca, 1918. 23pp. con 2 láms.

2354. BORGES, JORGE L. "Torres Villarroel, " Inquisiciones (1925), p. 13.

2355. ENTRAMBASAGUAS, J. DE. "Un memorial autobiográfico de don Diego de Torres y Villarroel, " BRAE, XVIII (1931), pp. 395-417.

2356. GARCÍA BOIZA, A. Don Diego de Torres y Villarroel. Ensayo biográfico. Madrid: Edit. Nacional, 1949. 297pp. (Breviario de la Vida Española, 33.).

2357. SEGURA COVARSÍ, E. "Ensayo crítico de la obra de Torres Villarroel, " CLit, VIII (1950), nos. 22, 23 y 24, pp. 125-64.

2358. BARRAS DE ARAGÓN, F. DE LAS. "Don Diego de Torres Villarroel, iniciador de los estudios científicos en nuestras universidades, " AAEPC, XVI (1951).

2359. ENTRAMBASAGUAS, J. DE. "Puntualizando un dato en la biografía de Torres y Villarroel, " (en Miscelánea Erudita. Madrid, 1957, pp. 35-37.).

2360. CARILLA, EMILIO. "Un quevedista español: Torres Villarroel, " (en su Estudios de literatura española. Rosario: Rep. Argentina, Universidad Nacional del Litoral, 1958, 253pp.).

2361. LIRA URQUIETA, P. "Don Diego de Torres y Villarroel, " (en su Sobre Quevedo y otros clásicos. Madrid, 1958, pp. 87-100.).

2362. SEBOLD, P. R. "Torres Villarroel y las vanidades del mundo, " Archivum, VII (1958), pp. 115-47.

2363. FERNÁNDEZ, SERGIO. "Vida de Torres Villarroel, " Universidad (1959), nos. 16-17, pp. 33-44.

2364.   SEBOLD, R. P.   "Torres Villarroel, Quevedo y El Bosco,"
         Ínsula (1960), no. 159, p. 3.

2365.   PEÑUELAS, M. C.   "La vida de Torres y Villarroel: Aco-
         taciones al margen," CA, a. XX (1961), no. 116, pp.
         165-76.

2366.   DI PINTO, MARIO.   "Il diavolo a Madrid (Scienza e supe-
         stizione in Torres Villarroel)," FL, VIII (1962), pp.
         198-224.

2367.   MERCADIER, GUY.   "A propos du Quinto trozo de la Vida
         de Diego de Torres Villarroel. Notes bibliographiques,"
         BHi, LXIV (1962), pp. 551-58.

2368.   SEBOLD, R. P.   "Mixtificación y estructura picaresca en la
         Vida de Torres Villarroel," Ínsula (1963), no. 112,
         pp. 7-12.

2369.   BERENGUER CARISOMO, A.   El Doctor Diego de Torres
         Villarroel, o el pícaro universitario. Buenos Aires:
         Edics. Esnaola, 1965. 89pp. (Deus, Divulgación de
         Estudios de la Universidad del Salvador, 1.).

2370.   MARICHAL, JUAN.   "Torres Villarroel: Autobiografía bur-
         guesa al hispánico modo," PSA, XXXVI (1965), pp. 297-
         306.

2371.   MERCADIER, GUY.   "Joseph de Villarroel et Diego de
         Torres Villarroel," (en Mélanges à la mémoire de
         Jean Sarrailh. Paris: Centre de Recherches de l'
         Institut d'Etudes Hispanique, 1966, t. II, pp. 147-59.).

2371a.   ILIE, P.   "Grotesque portraits in Torres Villarroel,"
         BHS, XLV (1968), pp. 16-37.

2372.   MESA, CARLOS E.   "Tores Villarroel, vértice de la pica-
         resca," Ábside, XXXII (1968), no. 2, pp. 212-21.

2373.   SUÁREZ-GALBAN, E.   El sentido y los valores de la "Vida
         de Torres Villarroel." Diss. New York, 1968. DA
         XXIX (1968), p. 276A.

2374.   _____   "La estructura autobiográfica de la Vida de
         Torres Villarroel," Hispano, XIV (1971), no. 41,
         pp. 23-53.

XXVI. MISCELÁNEA

A) Sobre La Picaresca De Cervantes

2375. CHASLES, E.   "L'Espagne picaresque, " (en su Michel de
Cervantes.   Sa Vie, son temps, son oeuvre politique
et litéraire.   Paris: Didier, 1866, p. 254-68.).

2376. CRONON, URBAN.   "Mateo Alemán y Miguel de Cervantes. "
V. no. 1334.

2377. BONILLA Y SAN MARTÍN, A.   "Los pícaros cervantinos, "
(en su Cervantes y su obra.   Madrid: Beltrán, 1916,
cap. IV, pp. 129-61.).

2378. CASTRO, A.   "Lo picaresco, " (en su El pensamiento de
Cervantes.   Madrid, 1925, pp. 230-39.).
Reimp. :   RO, IV (1926), pp. 349-61.
Atenea, LXXXVIII (1947), pp. 223-45.

2379. AMAYA VALENCIA, E.   "El picarismo en las novelas ejemplares, " RIn, XCVIII (1947), pp. 263-72.

2380. SANTULLANO, LUIS A.   "Mateo Alemán, Cervantes y los
pícaros, " Españas.
V. no. 1368.

2381. CASALDUERO, JOAQUÍN.   "Dos capítulos cervantinos: I
Cervantes y lo picaresco, " Atenea, LXXXVIII (1948),
pp. 223-45.

2382. GHIANO, JUAN C.   "Alemán y Cervantes, " (en su Cervantes novelista.   Buenos Aires: Centurión, 1948.
97pp. V. pp. 59-80.).

2383. _____   "Actitudes humanas y literarias: Alemán y Cervantes, " CA, a. VIII (1949), pp. 189-211.

2384. PIERCE, FRANK.   "Reality and Realism in the Exemplary
Novels, " BHS, XXX (1954), pp. 134-42.

2385. BLANCO AGUINAGA, C.   "Cervantes y la picaresca. Notas
sobre dos tipos de realismo, " NRFH, XI (1957), pp.
313-42.

2386. PÉREZ DE AYALA, R.   "Rinconete y Cortadillo en Oliver

Twist," (en su Principios y finales de la novela.
Madrid: Taurus, 1958, pp. 67-69.).
Refund. en ABC (6 de mayo de 1965).

2387. BREHM, E. J. "El mitologema de la sombra en Pedro
Schleminh, Cortadillo y Berganza," AC, IX (1961-62),
pp. 29-36.

2388. CASALDUERO, JOAQUÍN. Sentido y forma de las "Novelas
Ejemplares." Buenos Aires, 1943; Madrid, 1962, pp.
99-118.

2389. BĚLIČ, OLDŘICH. "Cervantes y la novela picaresca,"
VI (1963), pp. 113-23.

2390. CROS, EDMOND. "A propos de la première traduction
italienne de la Gitanilla, une vocation essentielle du
récit dit picaresque," LLN, LIX (1965-66), no. 175,
pp. 35-38.

2391. SUPERVÍA, R. "Sobre lo que hizo el pastor a Berganza,"
Hispano (1965), no. 24, pp. 19-24.

2392. GUILLÉN, CLAUDIO. "Luis Sánchez, Ginés de Pasamontes
y los inventores del género picaresco," (en Homenaje
a Rodríguez Moñino. I, 1966, pp. 221-31.).

2393. BAADER, HORST. "Die pikareske als Formproblem bei
Cervantes," (en Cervantes - Sonderheft. Vorträge und
Diskussionen des Internationalen Kolloquiums der
deutschen Akademie der Wissenschaften zu Berlin über
"Das literarische Werk von Miguel de Cervantes" 29
September - 1 Oktober 1966. Berlin: Rutter und
Loening, 1967. 219pp. V. pp. 35-44.). (Beiträge
zur Romanischen Philologie).

2394. PREDMORE, RICHARD L. "Rinconete y Cortadillo: Realismo, carácter picaresco, alegría," Ínsula (1968), no.
254, pp. 17-18. Suplemento.

2395. VARELA, JOSE L. "Sobre el realismo cervantino en Rinconete y Cortadillo," Atlántida, VI (1968), no. 35,
pp. 434-49.

2396. BUXÓ, JOSEPH P. "Estructura y lección de Rinconete y
Cortadillo," (en Lavori ispanistici. Serie 2. Firenze:
Univ. degli Studi di Firenze, Fac. di Magistero, 1970,
pp. 69-96.).

2397. KATTAN, OLGA. "Algunos paralelos entre Gerónimo de
Pasamonte y Ginesillo en el Quijote," CH (1970), no.
244, pp. 190-206.

B) Sobre La Picaresca De Manuel De León Marchante

2398. FOULCHÉ-DELBOSC, R. "La picaresca de Manuel de León Marchante," RHi, XXXVIII (1916), pp. 532-612.

C) Poesias Picarescas De Don Francisco De Quevedo

2399. QUEVEDO Y VILLEGAS, F. DE. Poesías picarescas. Madrid, 1834. 12º.

2400. _____ Poesías picarescas inéditas de Don... entresacadas de varios manuscritos de las Bibliotecas Nacional y del Duque de Osuna. Por un bibliófilo. Madrid: Librería de Durán, 1871. viii + 121pp. 8º. Colección de cincuenta poesías inéditas, de las cuales sólo dos son auténticas.
　　Reimp.: Madrid: Imp. Miguel Ginesta, 1873. 94pp.
　　+ 2 hojas. Madrid. Biblioteca Nacional.
　　　　　　　Madrid, 1884. 16o.
　　　　　　　Madrid, 1894, 125pp.

D) Sobre La Picaresca De Jaime Roig

2401. AGÜERA, VICTORIO G. Jaime Roig and the Picaresque Tradition. Diss. Washington, 1971. Tesis doctoral inédita de la Catholic University.

E) Sobre La Picaresca De Gregorio González

2402. CARRASCO, HAZEL. A Critical and Annotated Edition of "El guitón Honofre," an Unpublished Picaresque Novel of the Early Seventeenth Century. Diss. Los Angeles, 1971. Tesis doctoral inédita de la Univ. of California.

2403. ANTONIO, NICOLÁS. Bibliotheca Hispana Nova... 2ª. ed.,
dirigida por J. de Santander y realizada por Tomás
Antonio Sánchez, J. A. Pellicer y R. Casalbón.
Madrid: Ibarra, 1783-88. 2 vols.

2404. _____ Bibliotheca Hispana Vetus... 2ª. ed., por F.
Pérez Bayer. Madrid: Viuda de Ibarra, 1788. 2 vols.

2405. BARRERA Y LEIRADO, CAYETANO ALBERTO DE LA.
Catálogo bibliográfico y biográfico del teatro antiguo
español, desde sus orígenes hasta mediados del siglo
XVIII. Madrid, 1860. xiii + 727.

2406. HIDALGO, D. Diccionario general de bibliografía española.
Madrid, 1862-81. 7 vols.

2407. GALLARDO, BARTOLOMÉ J. Ensayo de una bibliotheca española de libros raros y curiosos, formado con los
apuntamientos de Bartolomé José Gallardo, coordinados
y aumentados por D. M. Zarco del Valle y D. J. San-
cho Rayón... Madrid, 1863-89. 4 vols.

2408. SALVÁ Y MALLÉN, P. Catálogo de la biblioteca de Salvá,
escrito por ... y enriquecido con la descripción de
otras muchas obras, de sus ediciones ... Valencia,
1872. 2 vols.

2409. BOEHMER, E. Spanish Reformers of two Centuries from
1520. Their Lives and Writings According to the Late
Benjamin B. Wiffen's Plan and the Use Material. New
York: Burt Franklin, 1874. 3 vols.

2410. SEÑÁN Y ALONSO, E. D. Diego Hurtado de Mendoza.
Apuntes biográfico - críticos, por ... Jerez, 1886.
xiv + 104pp.

2411. KAYSERLING, M. Biblioteca Española-Portuguesa-Judaica.
Dictionnaire bibliographique des auteurs juifs, de leurs
ouvrages espagnols... Budapest, 1890. xxi + 155pp.

2412. PÉREZ PASTOR, C. Bibliografía madrileña o descripción
de las obras impresas en Madrid (1566-1625). Madrid:
Huérfanos, 1891-1907. 3 vols.

2413. QUARITCH, BERNARD. Bibliotheca Hispana. A Catalogue
of Books in Castilian, Catalan, Portuguese or Other-
wise of Spanish Interest. Bernard Quaritch, 15 Pic-
cadilly, London, 1895.

2414. CATALOGUE Génerale des livres imprimés de la Bibliothèque
Nationale. Paris: Imprimerie Nationale, 1897-1967.
197 vols.

2415. CHANDLER, F. W. Romances of Roguery. The Picaresque
Novel in Spain. New York: Macmillan, 1899, pp.
399-469.

2416. FOULCHÉ-DELBOSC, R. "Remarques sur Lazarillo de
Tormes. I: L'édition princeps, " RH, VII (1900),
pp. 81-86.

2417. SERRANO Y SANZ, M. Apuntes para una biblioteca de es-
critoras españolas desde el año 1401 al 1883. Madrid,
1903-05. 2 vols.

2418. ZACCARIA, ENRICO. Bibliografia italo-iberica, ossia, edizioni e versioni di opere spagnuole e portoghesi fattesi
in Italia. 2ª. ed. , Carpi: Ravagli. 1908. 1 vol.

2419. FOULCHÉ-DELBOSC, R. Bibliographie hispano-francaise,
1477-1700. New York: Hispanic Society of America,
1912-14.
Reimp. : New York: Kraus, 1962.

2420. VAGANAY, HUGES. "Bibliographie hispanique extra pénin-
sulaire. Seizième et dix-septièmbre siècles, " RHi,
XLII (1918), pp. 1-304.

2421. FOULCHÉ-DELBOSC, R. Y BARRAU-DIHIGO, L. Manuel
de l'hispanisant. New York: Putnam, 1920-25. 2
vols.

2422. THOMAS, H. Short-title Catalogue of Books Printed in
Spain and of Spanish Books Printed Elsewhere in
Europe before 1601 Now in the British Museum.
London, 1921. vii + 101pp.

2423. BOURLAND, CAROLINE B. The Short Story in Spain in
the Seventeenth Century, with a Bibliography of the
Novels from 1576-1700. Northampton, Mass. : Smith
College, 1927. x + 215pp.

2424. PENNY CLARA L. List of Books Printed Before 1601 in
the Library of the Hispanic Society of America. New
York, 1929. Pp. 143-44.

2425. NÚÑEZ DE ARENAS, M. "Impresos españoles publicados

en Burdeos hasta 1850, " RHi, LXXXI. 2ª. Parte,
1933, pp. 456-97.

2426. PENNY, CLARA L. List of Books Printed 1601-1700 in the Library of the Hispanic Society of America. New York: Hispanic Society of America, 1938. xxvi + 972pp.

2427. GRISMER, RAYMOND L. A New Bibliography of the Literatures of Spain and Spanish America. St. Louis: Dubuque, 1941. Vols. I-VIII, A-Cez (1946).

2428. GIVANEL MAS, J. Catálogo de la exposición bibliográfica hispano-italiana de los siglos XVI a XVIII. Barcelona: Escuela, 1942. 64pp.

2429. PALAU Y DULCET, A. Manual del librero hispano-americano; inventario bibliográfico de la producción científica y literaria de España y de la América ... 2ª. ed. Barcelona, 1948-1971. 23 tomos.

2430. SERÍS, HOMERO. Manual de bibliografía de la literatura española. Syracuse, N. Y. , 1948, pp. 325-29.

2431. TIEMANN, H. Leben und Wandel Lazaril von Tormes. Verdeutzch 1614. Nach der Handschrift herausgegeben und mit Nachwort, Bibliographie und Glossar versehen von ... Hamburg: Gluckstadt, 1951. 151pp.

2432. BROWN, REGINALD F. La novela española, 1700-1850. Madrid: Servicio de Publicaciones del Ministro de Educación Nacional, 1953. 221pp. (Bibliografía de Archivos y Bibliotecas).

2433. SIMÓN DÍAZ, JOSÉ. Bibliografía de la Literatura Hispánica. Madrid: C. S. I. C. , 1955; vol. IV, pp. 304-10; vol. V [1958], pp. 53-56, 126-58; vol. IX [1971], pp. 571-72, 679-81.

2434. BUENDÍA, FELICIDAD. Don Francisco de Quevedo y Villegas. Obras Completas. Tomo II. Madrid: Aguilar, 1960. Pp. 1276-1358 y 1375-1384.

2435. THE HISPANIC Society of America Catalogue of the Library. Boston, Mass. : G. K. Hall, 1962. 10 vols.

2436. BRITISH Museum. General Catalogue of Printed Books. London, 1965. 263 vols.

2437. SIMÓN DÍAZ, JOSÉ. Impresos del siglo XVI: novela y teatro. Madrid: C. S. I. C. , 1966.

246

2438. LAURENTI, JOSEPH L. Ensayo de una bibliografía de la novela picaresca española, años 1554-1964. Madrid: C. S. I. C., 1968. 151pp. (Cuadernos Bibliográficos, 23.).

2439. SIRACUSA, JOSEPH Y LAURENTI, JOSEPH L. Relaciones literarias entre España e Italia (Ensayo de una bibliografía de literatura comparada). Boston: G. K. Hall, 1972. 255pp.

ÍNDICE ONOMÁSTICO/INDEX OF NAMES

Cabrera, Rosa M., 1050
Cadorel, R., 376, 2027
Calabritto, Giovanni, 39, 445, 1344, 1573
Calder, John, 800
Camargo y Zárate, Jerónimo de., 94
Cameron, W. J., 943
Campins, Pablo, 1998
Campoamor, Clara, 1869
Campuzano, Elizabeth, 164
Canal, M., 1484
Caneva, Rafael, 173
Cañedo, Jesús, 237-238, 259
Cañizares, José de, 489
Capdevila, Arturo, 189, 1375
Capecchi, Fernando, 15
Carballo Picazo, A., 919, 938, 1616-1617
Carboneres, Manuel, 75
Carey, Douglas M., 1041
Carey, Matías, 554
Carilla, Emilio, 190, 939-940, 953, 973, 1882, 2360
Carlesi, Ferdinando, 818
Carmo, José A. P. Do, 453
Carnero, Domingo, 538
Caro, Rodrigo, 1339
Carrasco, Hazel, 2402
Carrasco Urgoiti, S., 1545a
Carrito, Enrique, 1365
Carro Celada, E., 353
Casalduero, Joaquín, 1043, 2381, 2388
Casanova, W., 1051
Caso González, J., 669, 1017
Castellanos, Rosario, 10, 480b
Castellet, José M., 946
Castelli, H., 766
Castillo, Homero, 917
Castillo Puche, J. L., 475
Castillo y Solórzano, A. de, 14, 16a, 18, 1930-1980
Castro, Adolfo de, 72
Castro, Américo, 137, 150, 161, 262, 485, 913, 1341, 1452, 1683, 1723, 1855, 1865, 1723, 2378
Castro, C., 611, 660
Catone, Brune, 1786
Cavaliere, A., 631
Cavillac, M., 1456
Cejador y Frauca, J., 29, 594,

618, 627, 641, 653
Cepeda, Enrique de, 2073
Cervantes, Saavedra Miguel de, 15-16a, 21, 575, 1555, 2375-2397
Cetina, Gutierre de, 93, 1496
Cirot, Georges, 45, 871, 2235-2236, 2238-2239
Cisneros, Luis J., 623
Clarke, Dorothy C., 1577-1578
Clarke, H. Butler, 80, 89, 581
Cleef, P. van, 2101
Clements, J., 1805
Coello, Pedro, 1654
Colie, Rosalie L., 337
Collard, Andrée, 1030
Collman, O., 355
Colmenares, D. de, 1629
Colón, Germán, 1915
Commyns, E., 1802
Conant, Isabel P., 1598
Contini, G., 824
Cooke, C., 2180
Cordasco, F., 363
Cordero de Bononis, I., 2314
Cormellas, Sebastián de, 516, 1114, 1141-1142, 1437, 1458, 1646, 1945, 1988, 2035
Corneille, M., 370
Corominas, Joan, 58, 262
Corrales, Egea J., 260
Cortazar, Celina S. de, 1406-1407
Cortés de Tolosa, Juan, 1103-1106
Cortés Faure, P., 1569
Cosin, Pierre, 511
Cossío, José Maria de, 340, 1069, 1580
Cotarelo y Mori, E., 105, 847, 1104, 1512
Cotinet, Arnould, 742
Coup, W. de, 1277-1278
Courbe, Augustin, 739, 1965
Covarrubias, Sebastián de, 52
Cox, Jessica B., 441a
Crasbeeck, Pedro, 1137-1138
Crawford, J. P. W., 491
Criado de Val, M., 215, 229
Crivelli, Arnaldo, 1356, 1453
Croce, A., 909
Croce, Benedetto, 900, 910
Crockett, Harold K., 408

Hollingsworth, J. K. , 421
Hollmann, Werner, 920
Holmes, Henry A. , 1637
Hornedo, R. M. , 1983
Houssaye, Denys, 1209
Howells, W. D. , 859
Hoyas A. de, 54
Hubert, S. , 1762
Hume, Martin, 394
Hurtado de Mendoza, Diego, 556-564, 567-569, 572, 575, 586, 588-591, 617, 702, 709
Hutman, Norma L. , 981

I

Iansens, Guislain, 729
Icaza, Francisco A. de, 1336, 1571
Ilie, P. , 2371a
Isasi Angulo, A. , 680
Iventosch, H. , 1903
Izquierdo Izquierdo, Lucio C. , 219

J

Jacobson, J. W. , 327
Jacome, Benito V. , 1709
Jaén, Didier T. , 1032
Jarnés, Benjamín, 463
Jauss, Hans R. , 948
Jenisch, E. , 277
Jeune, Genet, 2119
Johnnot, Tony, 2184, 2189
Jolles, André, 262, 282
Joly, Monique, 1434a
Jombert, J. , 1971
Jones, C. A. , 1033
Jones, Claude E. , 1323
Jones, Royston O. , 656
Jones, W. K. , 2311
Joset, Jacques, 1026
Josset, Helie, 1760
Juderías, Julián, 1852
Jung, C. G. , 184, 262
Junta, Juan de, 508

K

Kaula, D. , 431
Kattan, Olga, 2397
Kayserling, M. , 2411
Keil, J. G. , 1819, 1822-1824
Keil, J. J. 550

Keller, Daniel S. , 504, 954
Keniston, Hayward, 216, 887
Kihlman, Erik, 724
Kirkpatrick, F. A. , 122
Kissel, K. , 278
Kljucarev, A. , 1311
Knapp, L. M. , 402
Knight, K. G. , 309
König, H. , 287
Körting, Gustav, 26
Koschlig, M. , 300
Kraemer, Erik V. , 362
Krag, E. , 389
Krappe, Alexander H. , 50
Krauss, W. , 914
Kremer, M. , 319
Kressner, Adolf, 579
Kruse, Margot, 966

L

Labourdiaque, B. , 1456
Lacavallería, Antonio, 2036, 1460
Lacruz, Mario, 353a
La Du, Robert R. , 975
Lafond, E. , 73
Lages, A. , 613
La Grone, G. C. , 1518
Laiske, Miroslav, 329-330
Lambert, M. , 1011
Lamsveld, W. van, 1276
Langeard, P. , 128
Languionie, Gaultier, 555
Laplane, Gabriel, 898
Lara, M. V. de, 2023
Lasala, Basilio, 661
Lasso de la Vega, A. , 1328
Latorre, Federico, 922
Latronico, G. , 823
Launette, H. , 767
Laurenti, Joseph L. , 4, 232-233, 248, 268, 500-502, 505-506, 1094-1098, 1101-1102, 1111, 1324, 2437-2438
Lauser, W. , 703
Lawrence, A. , 397
Layton, J. 2287
Lázaro Carreter, F. , 217, 1034, 1042, 1722, 1904
Leake, William, 787-788, 791
Lecker, J. , 391, 988
Lecrea y García, C. , 1631
Ledoux, E. , 2267

Osmont, Carlos, 1650
Osterhousen, Christiano de, 527

P

Palafox Aguila, José de la, 945
Palau y Dulcet, A. , 2429
Palazzi, F. , 14
Palumbo, C. , 607
Pane, Remigio U. , 405
Pantucková, L. , 417
Papell, Antonio, 1880, 2345
Pardo Bazán, E. , 2010
Parducci, Amos, 446, 1360, 1591
Parker, A. A. , 170, 250, 262, 1881, 1924
Pastalosky, Rosa, 436
Pastor Fuster, J. , 1447
Pasynkova, G. , 2208
Paulson, R. , 429
Payer, Rudolf von, 272
Payne, O. , 2284
Paz y Melía, A. , 2225
Pedro, Valentín de, 1389, 1592
Peers, E. Allison, 600a
Peiser, W. , 288
Pellegrini, Carlos, 657
Pelletier, Horace, 1861
Pelorson, Jean-Marc, 1099-1100
Penny, Clara L. , 2424
Peñuelas, Marcelino C. , 411 926, 2365
Penzol, Pedro, 135, 1575, 1634, 1861-1862
Peralta, Bernardo de, 2263
Pereda Valdés, I. , 167
Peregrín Otero, C. , 932
Perés, R. D. , 1847
Pereyra, C. , 123
Pérez, Alonso, 2033
Pérez, Ambrosio, 1500
Pérez, Louis C. , 978
Pérez de Ayala, R. , 415, 2386
Pérez y González, F. , 2058, 2226
Pérez Goyena, A. , 2350
Pérez de Guzmán, J. , 1534-1535, 1562-1563, 1585
Pérez de Herrera, C. , 68
Pérez del Hoyo, J. , 681, 1960
Pérez Mayor, J. , 220

Pérez Minik, D. , 343, 1398, 1897
Pérez Navarro, F. , 1899
Pérez Pastor, C. , 103, 1335, 1513, 1567, 2227, 2412
Permskij, Michail, 837
Perry, Anthony, 1055
Peseux-Richard, H. , 47, 1848-1849
Petit Caro, C. 1877a.
Petr, Pavel, 331
Petriconi, H. , 124, 262, 317
Petters, R. , 2019
Pfandl, Ludwig, 1613, 1853
Pierce, Frank, 2384
Pietersz, A. , 1273-1274
Piferrer, Juan Francisco, 547, 2335
Pinciano, López, 1455
Piper, Anson C. , 984
Pitollet, Camille, 605, 888
Pizarro Casas, A. , 968
Place, Edwin B. , 117, 1514-1516, 2022-2022a, 2233
Polaino, Lorenzo Ortega, 234
Poliak, N. , 1314
Pons, Joseph, 171
Porqueras Mayo, A. , 1043
Porras, Andrés de, 1504
Porter, Thomas, 1318
Praag, J. A. van, 138, 141, 144, 204-205, 256, 262, 388, 1373, 1390, 1793, 1867, 2026
Praag-Chantraine, J. van, 346, 348
Prado Coelho, J. D. , 450
Prault, Pierre, 1229
Praz, M. , 418
Predmore, Richard L. , 2394
Price, R. M. , 1929
Pring-Mill, R. D. F. , 969
Pritchett, V. S. , 406, 423
Puyol y Alonso, J. , 1466
Pytlík, Radko, 329-330

Q

Quaritch, Bernard, 2413
Quevedo y Villegas, Francisco de, 14-16a, 21, 575, 1644-1833, 2399-2400

R

Raffé, Antoine de, 1756
Raja, Elena, 609, 826, 1980
Ramírez de Alda García, M. ,
199
Ramón, Michel R. , 194
Rand, Marguerite C. , 985
Randall, Dale B. J. , 424, 1910
Rascoe, Thomas, 74
Rathje, J. , 385
Rauhut, Franz, 285, 448
Rausse, Hubert, 21, 101, 273
705, 710-711
Real Díaz, José J. , 472
Reichard, Dieter, 328
Reille, J. F. , 13
Reinhardstöttner, Karl von, 270
Remenyi, J. , 392
Retana, W. E. , 1851
Révah, I. S. , 2258
Rey, A. , 1615
Reyes, Alfonso, 959, 1399,
1840, 1898
Reynier, G. , 104
Ribau, Pierre, 1223
Ribrou, Pierre, 2085-2086
Ribton-Turner, C. J. , 77
Ricapito, Joseph V. , 2, 1056,
1063, 1430, 1432
Richardson, Ch. C. , 804
Rico, Francisco, 269, 673,
1019, 1058, 1415, 1428
Riemeck, Renate, 1554
Rigaud, Simon, 1211
Rincón, Eduardo, 2013
Ríos, José Amador de los,
2256
Riquer, Martín de, 644
Rivington, John, 2176
Robert, A. , 766
Roca Franquesa, J. M. , 2030
Rodríguez, Gregorio, 1528,
2260
Rodríguez Diéguez, J. L. , 998
Rodríguez Luis, J. , 1433a
Rodríguez Marín, F. , 1332,
1338, 1346, 2062, 2070,
2223, 2228
Rodríguez Moñino, A. , 1349,
1888, 1900
Rodríguez Torras, F. , 412
Rogers, Paul P. , 359

Rohan, Henriette de, 527-528
Rohrbach, G. , 301
Roig, Jaime, 2401
Rojas, Fernando de, 682
Rojas Carrasco, G. , 109
Roland, Brother A. , 181
Romains, J. , 364
Romberg, B. , 224
Roncaglia, A. , 65
Ronquillo, Pablo J. , 1493
Roques, Mario, 869
Roscoe, Thomas, 798, 1295,
2014
Rose, Constance Hubard, 1925
Rose, R. Selden, 1682, 1839
Rosell, Cayetano, 18, 1531
Roselli, Ferdinando, 2241
Rosenblat, Ángel, 1866
Rossi, Giuseppe Carlo, 264
Rossi, Natale, 1020
Rotunda, Dominic P. , 1343
Rötzer, Hans G. , 328a
Roux, Philippe, 1247
Rowland, David, 786, 788
Roy, Bernardo, 771
Rozas, Manuel, 1523
Rubiños, E. , 1536
Ruiz, Ramón, 1995, 2041, 2266
Ruiz de Galarreta, J. , 1409
Ruiz Martín, F. , 1643
Ruiz Morcuende, Federico, 5
Ruiz Vallejo, V. , 882
Rull, Enrique, 2073
Rumeau, A. , 990, 999-1002,
1013, 1021, 1045-1046
Russel, P. E. , 409-410

S

Sahlsted, Abraham, 2197-2198
Salas Barbadillo, Alonso Jeróni-
mo de, 18, 1494-1507
Saldaña, Quintiliano, 38, 118
Salillas, Rafael, 83-84
Salinas, Pedro, 160, 262, 925
Salomon, Noël, 481
Saludo, M. S. , 1070, 1072
Salvá y Mallén, P. , 2408
Salverda de Grave, Jean-
Jeacques, 46
Sánchez, J. M. , 1316
Sánchez, Luis, 520
Sánchez, Melchor, 1989

W

Wachsman, Mich, 685
Wagner, M. L., 51, 457
Ward, C., 1801
Wardropper, Bruce W., 987
Warne, Frederick, 1806
Warner, John M., 436a
Warren, F. M., 81
Wasmuth, Hans W., 342
Watt, Kian P., 414
Weber de Kurlat, F., 480, 495-
496
Weil, H., 292
Weiner, Jack, 1039, 1059, 1064
Welzig, W., 262, 305
Weydt, G., 315
Wharey, J. B., 398
Widmer, Walter, 719
Wilkin, R., 793
Will, Wilfried van der, 352
Willers, W., 2232
William, Robert H., 1068
Williams, Harry F., 625
Willis, Raymond S., 970
Wilson, Edward M., 407, 1889
Wilson, William E., 145, 148
Wiltrout, Ann, 1049
Winkelfelder, Isaak, 21
Winter, C. J. 2320
Wolfsy, Samuel A., 603
Woodward, L. J., 1015

Ziomek, Henryk, 1060
Zúñiga, Juan de, 1462
Zurita, Marciano, 108
Zwez, Richard E., 106a, 1073

X

Xammar, Luis Fabio, 465

Y

Ynduráin, Francisco, 257

Z

Zaccaria, Enrico, 2418
Zahareas, A., 2281
Zamora Plowes, L., 467
Zamora Vicente, A., 225, 918,
961, 1587
Zanucca, Cesare, 1780
Zarandieta Mirabent, E., 107
Zarco Cuevas, J., 1574
Zayas y Sotomayor, María de,
16a, 18, 1985-2017

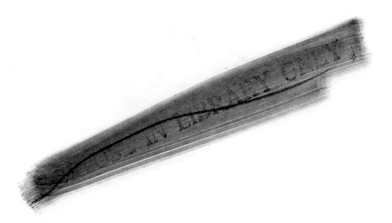